本成果受中国人民大学2018年度
“中央高校建设世界一流大学（学科）和特色发展引导专项资金”支持

Housing Price Determination and the Real Estate Finance in China

中国房地产市场价格决定机制与房地产金融

刚健华 / 著

中国财经出版传媒集团
经济科学出版社
Economic Science Press

前言

本书以中国商品房住宅（以下简称“商品房”或“住宅”）市场的价格变动为研究对象，并在住宅销售价格的决定因素中着重探讨租金价格变动的贡献。在相关文献中，租金和住宅租赁市场经常被提及，但却罕有提及住宅租赁市场如何影响商品房销售价格的严谨分析。本书致力于将住宅租赁市场与销售市场的联动关系清晰简便的展现在读者面前，并做出严谨的学术分析。

本书首先回顾了中国住宅市场发展的重要节点，向读者展现中国商品房价格的跃升事实上是跟随房地产市场的逐步深入化的典型事实；随后基于中国一线城市商品房住宅销售和租赁市场的互动机制，构造包含双市场的结构化方程组，从理论上分析了不同市场环境下的双市场动态均衡机制；并在无套利假设下，引入基于开放经济的戈登（Gordon）增长模型计算住宅租售比的理论值。实证结果表明：自2005年以来，由于应然性需求者和住宅投资者的行为，中国一线城市房地产市场租售比存在与理论值的显著偏离，结合一线城市持续人口净流入的现状，楼市存在基于预期的价格虚高，且程度随时间变化，呈现结构化和趋势性并存的特征。利用数学模型进一步分离城区和城市的平均价格（即城区、城市商品房均价）中的不同信息，发现中国住宅市场的房价对于租金是过度反应的，这在一线城市表现得尤为明显，反映了住宅市场价格中的非理性情绪。本书通过分析认为，近年来的限购政策在实际效果上确实对商品房销售价格有抑制作用，但在中长期却带来扭曲住宅租赁市场从而推高租金水平的后果，因而不能解决中国房地产市场房价过高的根本问题。为了落实“房子是用来住的，不是用来炒的”政策定位，促进房地产市场平稳发展，需要充分调动金融、土地、财政等全方面的手段，政策协同一致，重视商品房销售价格的同时更要注重住宅租赁市场，积极推动房地产融资方式的彻底转变，促进房地产投资信托基金（REITs）的建立，以更加多样化的方式满足家庭居住需求。

刚健华

2019 年 1 月

目录

Contents

第 1 章

绪　论

中国商品房住宅销售价格自 2005 年以来的快速跃升，引发了消费者、学术界和政府对房地产市场存在潜在价格泡沫这一问题的担忧。伴随房价高涨，银行信贷也呈现过度扩张的态势，似乎表明房地产市场存在相当规模的价格泡沫。价格泡沫会造成企业和居民负债率的快速提升，造成福利损失的同时蕴含系统性金融风险。从房地产市场（尤其是住宅市场）有效性的角度分析，由于高昂的交易成本和对冲价格下跌风险机制的缺乏，世界主要国家的商品房住宅市场都难以达到有效市场，因而住宅价格的变化往往是序列自相关的，外部冲击可能使价格周期被放大。住宅市场对经济的潜在负面影响使该问题广受关注。

中国城市住宅商品化从 20 世纪 80 年代后期已开始，但直到 2005 年土地招拍挂制度实施之前，住宅价格并未出现明显上涨。2004 年第三季度生效的土地招拍挂制度增强了市场对住宅价格上涨的预期，并导致投机行为的增加，实证数据表明，中国一线城市住宅价格从 2005 年至今至少上涨了 300% 。基于对投机行为引发价格上涨并导致住宅市场过热的判断，中国政府实施了一系列房地产调控政策，例如，新购住宅五年内出售须缴纳 20% 的所得税和 5% 的营业税；二套住宅 40% 首付比例要求等。2011 年以来，中国 4 个一线城市和其他 43 个主要城市均出台了更为严厉的调控政策，包括家庭住宅套数限制、非本地户籍者购房限制等。所有这些政策的目的都是为中国房地产市场降温，以防止更大价格泡沫的产生。

有关中国房地产市场价格现象和泡沫的研究很多，但其中罕有在确定价格泡沫大小时考虑住宅租赁市场影响的，更鲜有研究考虑住宅销售市场和住宅租赁市场的相互作用关系。对于中国房地产市场从 20 世纪 90 年代开始、在 2005 年之后加速的价格跃升现象的典型研究方法，是对一组变量构建回归模型并分析每一变量对价格变化的影响。其研究结论有相互矛盾的两种：第一，住宅价格的高涨与房地产政策的变化高度相关，价格高涨的主要原因是价格投机导致的非理性行为。余华义（Yu，2011）对中国 35 个城市 1999 ~2010 年的数据样本进行分析，分解了这些城市的房地产泡沫，结论认为价格泡沫中的绝大部分是非理性泡沫而不是理性的内生泡沫。因此，在北京、上海等住宅价格泡沫快速膨胀的城市施行调控政策是抑制非理性投机合理、有效的方式。陈和文（Chen and Wen，2014）则运用二期基准模型指出，中国过去十年的房地产价格高速飞涨和高资本回报率是由非理性投资引起的，同时此地产泡沫挤出了其他社会投资，带来了资源低效配置，延长了经济转型时间，降低了社会总福利。第二，中国一线城市的房价 2005 ~2010 年确实有中度偏离基础价值的情况，但这种偏离仍处于早期阶段，且与发达经济体 2007 ~2008 年的情况不同，考虑到中国持续的实际利率低、可替代投资品不足、抵押贷款占 GDP 比率快速增长等实际情况，中国的住宅价格仍将继续快速增长。这一结论由阿乌哈等（Ahuja et al.，2010）提出，他们基于一系列基本面分析，计算了住宅价格与由经济基本面因素（如地区人均国内生产总值、土地价格、人口密度和利率）决定的基础价值的偏离程度。该研究结论表明，中国部分城市（尤其是一线城市）自 2010 年以来大力实施的房地产市场降温政策是有消极作用的。邹至庄和牛琳霖（Chow and Niu，2010）的研究结论也支持这一观点，他们将耐用消费品的标准供求理论应用于住宅市场，基于截至 2006 年初的数据集计算了住宅的均衡价格。其模型表明，中国城市住宅价格的增长主要是由可支配收入和建筑成本的增加而非投机导致的，因此，1987 ~2006 年房地产市场不存在泡沫。但该模型分析的是整个中国住宅市场的平均房价，不排除某些特定城市存在住宅价格泡沫的可能性。

尽管所有的基本面分析都试图找到商品房住宅的基础价格，但多数研究的基础假设都是将人们购买自有住宅作为获取居住权的唯一方式。因此，回归模型中所有解释变量的统计显著性都仅能解释住宅价格的波动性，而无法解释人们为获取居住权而实际发生的其他住宅搜寻行为（如租赁等），片面忽略考虑住宅租赁市场的均衡及其与住宅销售市场的相互作用是不合理的。实际上，房地产销售市场和租赁市场之间存在高度的相关性。中国一线城市的城镇化进程及住宅供给的相对不足必然会导致住宅价格的上涨，这种上涨既包含理性泡沫，比如居住的刚性需求以及购买房屋出租收取租金的投资需求，也包含投机行为导致的非理性泡沫。使用管制性政策和税收措施来限制投机、降低住宅价格似乎是合理的选择，但管制性措施不仅降低了住宅销售市场的总需求，也降低了住宅租赁市场的总供给，这种仅考虑住宅销售市场的政策扭曲了住宅租赁市场。而在全球各国，尤其是正处于快速城镇化进程中的发展中国家的大城市，住宅租赁市场具有极其重要的经济意义，如果不能形成合理的租赁价格，城市居民的福利将受到损害。为使普通承租人有能力支付租金，住宅租赁市场中必须有足量的供给，旨在打击住宅销售市场投机性购买行为的政策不应以减少作为租赁市场供给的投资性住宅购买行为为代价。

本书着眼于探究商品房销售—租赁双市场均衡的价格决定机制，认为商品房住宅均衡价格是一个相对基础价格而言更为一般性的定义。它所代表的价格决定机理不仅包含商品房住宅的基本面变量，还包含商品房住宅的可租赁属性所隐含的价值。同时构建了在不同情景（正常市场、泡沫市场、受管制市场）下的结构模型。首先，在稳健、无泡沫的市场条件下建立双市场均衡，该均衡状态是健康且可持续的；其次，引入市场中存在住宅价格上涨一致预期的条件，模型显示出住宅销售价格上涨和租赁价格下降的结果，该结果是应然性需求从租赁市场转向销售市场导致的；最后，引入政府增加交易难度和成本、抑制投资性购买的管制性政策条件，该条件改变了房地产市场的微观结构，双市场模型显示出与当前中国房地产市场相同的、管制政策条件下的次级均衡。通过基本面测算和双市场均衡测算，中国一线城市自2005年起，商品房住宅市场呈现明显的价格泡沫，且泡沫规模在近几年政府颁布积极限购管制房地产市场的诸多政策之后表现出明显萎缩的趋势，出现暂时性的住宅销售价格下跌现象，但是房屋租赁价格却在限购管制措施实施后上涨，租售比的动态调整最终将导致销售价格再次攀升。可见，“限购令”并非长期有效，也不是促进市场出清的充分条件，它所带来的副作用是将刚性购房需求传递到租赁市场成为租赁需求方，从而在租赁市场供给有限的情况下抬高租金价格，因而导致城市中普通安家者面临“不能买，租不起”的困境，最终降低居民福利。

本书共分为10章。第1章为绪论；第2章简要介绍了中国房地产业发展历史；第3章建立不同情景（正常市场、泡沫市场、受管制市场）下的双市场均衡模型；第4章分析实证数据集并测算住宅价格泡沫规模；第5章实证分析了中国住宅市场中房价对于租金的反应；第6章分析了中国住宅市场和中国宏观经济的关系；第7章介绍了资产证券化的概念、交易结构及在我国的发展历程；第8章介绍了房地产市场的多样化融资方式；第9章分析了房地产信托基金（REITs）的融资方式及其在中国的发展和演变；第10章总结全书并提出促进中国房地产市场稳健发展的政策性建议。

第 2 章

中国房地产业发展历史

2.1 原始社会及封建社会

在原始社会，人们依氏族划分领地，群居生活。土地为氏族公有，人们集体耕种，粮食平均分配。当时的人们主要利用自然遮蔽物遮风挡雨，如山洞、树木等，不存在房屋。经过一段时间的发展，人们逐渐开始建造一些简易的人工建筑，居住空间向高空发展，是人类房屋最早期的雏形。原始社会没有阶级，也没有等级之分，所有的土地资源为氏族公有。

从原始社会末期起，社会开始发生分层分化，伴随着阶级的萌芽，也萌发了等级的胚芽。人类进入文明时代后，等级分化进一步深入发展，于是在古代国家中便出现了各种社会等级制度。随着社会等级制度的进一步明晰，资源不再为人们所公有，土地逐渐为贵族私有。

全国范围性的房产等级制度很早就有所体现。唐朝以后，中国在土地管理方面有立契、申牒和过割制度。土地买卖需要通过官府，进行书面申报和登记，否则不仅交易无效，还会受到当时律法的严厉制裁。从古代的登记制度来看，土地登记制度是伴随着土地赋税制度而存在的，主要目的是为了税赋的征收。地契只是一种附带性的证明，并不能作为土地的确权证书，所以当时的产权不明晰。且地契资料都掌握在官府手中，普通民众不能随意查阅，所以在当时查验地契的真伪绝非易事，土地交易也难上加难。

严格地说，我国在民国之前并没有形成以公示为目的的地产登记制度，但以征收税赋为目的的土地登记从周朝就开始了。从当时的情况来看，我国古代房产和田产大多是同步登记的，田宅一体。按照周朝建立时的制度，周天子拥有对全国土地的所有权，他直接统治的区域称为王畿。王畿之外的土地进行分封：诸侯所分得的土地称为诸侯国；卿大夫所分得的土地称为采邑；士所分得的土地称为禄田。他们对自己所分得的土地享有使用权，不能任意处分；他们还必须定期向周王交纳贡赋，土地的所有权还是掌握在周王手里。

南宋时期，民众按照统一要求制作砧基簿，全面记载户主、田产面积、街坊四邻、来源等土地情况，附以地形图，经邻保正长统计查勘无误后上报经界所，经界所验证核实后交付给产权人，收存于各地的官府。进行田产交易时，买卖双方持砧基簿到官府进行审批，方为转让成功。在当时，出卖不动产不仅要上报官府进行审批，还要经过亲邻的同意。在宋朝的土地交易制度中，亲邻具有优先购买权。中国古代的社会基础是宗族制度，一切的不动产在法律和道德两个层面都是个人与族人所共有的，尤其是房屋这种由祖上遗留的房产，如果未经叔伯兄弟同意就出售，很可能伤害其情感与利益。为了维护这种基础制度的稳定，减少宗族内部的纠纷，朝廷规定在卖房前一定要先征求亲属的同意，这也是为了政府能更好地控制每一户居民，减少征税、破案、统计人口的难度。当时正规的做法是：第一步，将所有亲邻列成一个清单，要求每个人在上面签字。只要有其中一人不同意，交易就算失败。第二步，亲邻同意之后，就要按国家统一格式制作契约并拿到官府印契。契约中包括双方当事人的姓名、交易原因、标的价金、担保条款等内容。第三步，缴纳契税，官府在契约上加盖官印，表明契约生效，并受到当时的法律保护。私下的房屋交易不仅不具有法律效力，还是偷税漏税的违法行为。历朝房屋交易税额不等，但对于购房者都是不小的负担，所以民间常有私下交易的情况发生。私下交易的确能省下不少的税费，但私下交易没有法律效力，不受官方保护，久而久之造成了交易混乱、产权不明、档案管理无效等严重后果。

清末民初，房屋的租赁、典当、买卖三者交叉出现，共同建构了清末民初房屋交易市场。当租、典、卖之间发生叠加矛盾时，一般民事习惯认为租约的效力低于典约、典约的效力低于卖约，即承租人的权利不能对抗出典契约的成立、承典人的权利不能对抗买卖契约的成立。人们普遍将租、典、卖三者“权重”从高到低按“买卖权、典当权、租赁权”次序排列，证明业主享有房屋的最终处置权。每当出现因“三权”重叠引发纠纷而诉至法院时，地方审判庭往往会将“租不拦典、典不拦卖”的习惯作为根据加以采信，似乎更能说明私有财产权概念和意识已深入社会各阶层。

总体而言，古时的土地房屋登记制度是伴随着土地赋税制度存在的，其主要目的是为征税，产权证明性质很弱，产权不明晰，管理难度大，使我国在清朝末期之前都不存在完善的产权交易制度。且历朝历代朝廷对于房屋的出售、购买都有非常严格的规定，即使能交易，也会产生沉重的中介费和交易税，还影响个人综合缴税基数的确定，从而千年以来，我国房屋都无法自由交易。

2.2 19 世纪中期：房地产业萌芽

1840 年鸦片战争后，帝国主义入侵中国，对于房屋和土地的需求迅速扩大，城市房地产应运而生。

1845 年，上海地方官员与英国领事签署《上海土地章程》，将黄浦江下游外滩的居住权租用给洋人。当时的外滩只有寥寥几处茅舍，而我国最早的近现代商品房就在此初步诞生。

我国自古就有土地买卖，以出租、典当、抵押的形式存在，但居住用房产的交易一直不成规模。传统中国居住需求受有限的流动人口规模限制，居民对于城市居住的需求有限，建造住宅基本自用，不用于出售，因而房产价值被限制，不曾赋予房屋作为投资对象的可能性。加之传统中国产权制度不健全，房屋皆以家族的形式所有，受亲族干预下的个人无法私自出售房屋。从而，“租界”的诞生将私有产权和自由交易为前提的房地产业强行输入清朝。

传统的土地凭证缺乏动态变更和规范化管理，造假和篡改现象十分严重。而 1845 年签署的《上海土地章程》中，使用了道契制度作为新的土地契约。道契制度有严格周密的登记流传制度，在契约内详细标明所有权、地块的面积、位置、交易价格，便于土地流转，伪造难度大，是当时土地产权的唯一凭证。

一系列制度为房屋自由买卖打下了基础。来租界的人越来越多，对租界房屋的需求也随着暴涨的人口急剧增加。房产成了当时低成本、高利润的投资项目，上海租界在短短十年间地价暴涨十余倍。而人们对于土地的需求并没有受到高昂的地价限制，即使是天价的地皮也被争相购买。

来到租界的人带来的不仅仅是人口和对房屋的需求，还带来了巨额的资本，使人口的增加有了持续的经济基础。1880～1890年《海关十年报告》中提到，即使租界房租昂贵、税赋繁重，但因地处交通运输中心，生活环境较为舒适娱乐，财产更加安全，吸引了越来越多的富商在此定居。抓住商机的房地产商开始兴建楼房，每年建造上万栋新式房屋，获取巨额利润。房地产业规模剧增，外资、中资纷纷投入房地产业，房地产公司大批涌现，推动了近代上海房地产业走向成熟。

2.3 20世纪20年代初：房地产业蓬勃发展

第一次世界大战结束后，中国军阀割据，帝国主义的经济实力也在远东卷土重来，相对受保护的通商口岸成为各势力的驻地。此时社会动荡，大批乡镇人民进入城市谋生，城市人口急剧膨胀，房屋需求日渐增加。房地产业成为大量涌入的外资相继投资的对象，产业蓬勃发展，这个时期是中华民国时期房地产业的黄金时期。

1865～1936年租界人口增长迅速。与人口的爆炸性增长相对，土地供给相对不足。1925年南京国民政府管辖后，租界扩张遭到遏制，本就紧张的土地停止供给，租界的房地产价格持续走高。租界的财政税收也成为房价持续走高的因素之一。房屋住户需要缴纳地税和房产税，至1880年，地税和房产税的收入总和达到了当时工部局财政年收入的近六成。工部局每隔三年会对各处土地重新估值，估值的上升导致房产税的上升，从而间接作用于土地的租金，使房价一路攀升。1932年淞沪抗战爆发，上海地价一落千丈，新建的沿街商铺一时间无人承租。众多地产商在此次危机中资金链断裂，破产倒闭。

2.4 1937～1948 年：房地产业走向衰落

1937 年抗日战争全面爆发导致沿海城市相继沦陷，资本家投资力度大幅降低，房地产业走向衰落。1949 年前，外资投入中国的房地产业分布在各大中城市，总面积达 1000 多万平方米，城市房地产是以市场为主进行资源配置调节的，随着城市化的推进也取得了一定的发展。但 1945 年抗战胜利后，中国人民民族意识高涨，帝国主义不得不放弃在各租界的驻扎，停止了在租界房地产业的投资活动。外来资本家停止投资房地产业，导致房屋停建，需要长期投资的房地产业遭受重创。加之战争对于房屋的破坏以及人口的增加，城市住宅供不应求，房租不断提高，各种名目的加租情况严重，租赁关系十分紧张。另外，在住宅分配上也存在严重不均情况，富商投资兴建花园住宅，但大量的劳动人民还在棚户区居住，住房条件恶劣。总体而言，1937～1948 年这一阶段国内房地产业处于衰落和停滞状态。

2.5 1949～1978 年：整顿与严格管制

1949 年中华人民共和国成立后，民主革命和社会主义改造的推进使城市房地产业逐步走向国有化。根据《中国人民政治协商会议共同纲领》，中央政府于 1949 年颁布了《公房公产统一管理的决定》，对属于国民党政府以及地主、官僚资产阶级、反革命分子、战犯、汉奸的房产分别采取了接管、没收、征收、征用的政策。原属于官僚资本家的房屋、工厂等房地产资产被没收充公成为国有资产，并被分配给国家机关、企事业单位等使用。

中华人民共和国成立后，为了维护社会的稳定和工人生产的积极性，在三年恢复时期，政府为国营企业职工在上海、北京等地建成一批工人新村，人均住房面积约 4 平方米，与之配套的还有一批公共设施，初步改善了从前低矮、潮湿的棚户区的居住条件。

1959～1964 年，根据宪法“任何组织或者个人不得侵占、买卖、出租或者以其他形式非法转让土地”的规定，全国范围内开展了对房地产行业的社会主义改造，消除了以私人经营为特征的房屋租赁活动。这就形成了旧的国有土地使用制度的主要特征：一是土地无偿使用；二是无限期使用；三是不准转让。此时城市土地实际属于国家。标志着房地产业不再以独立行业的形式存在，国家建立了以公有制为主的城市房地产经营模式和管理体制。

1953～1957年的第一个五年计划期间，国家在各个新兴的工业城市投资建设国营事业单位职工住宅。按照国家当时的经济条件，建成人均9平方米的职工住宅很难实现，所以这批住宅仅能解决最基本的居住问题，配套的服务设施很不完善。1956年，我国完成了国民经济恢复，开展了大规模的工业化建设，社会主义改造的基本完成，标志着从原先的多种经济成分并存的新民主主义经济转变到单一国有制和计划经济体制。除生产资料的生产完全纳入国家计划管理外，生活资料的生产和消费也被纳入国家计划管理，其中就包括住宅建设。在一定时期内给以房屋占有者固定的租金，逐步改变房屋的所有制。我国在这个时期优先发展重工业，在资源短缺的条件下，国家对城市的非生产性投资尽可能压缩，以保证生产性投资的资金和物资供应。与此同时，维持社会稳定和调动城市职工的积极性同样至关重要，国家需要解决城市居民的住房问题，满足城市居民的最低住房需求。所以，在鼓励企事业单位集资建房外，主要通过低水平分配缓解住房总量不足和人口日益增加的矛盾。这个时期的城市居民住房分配相对公平，人均水平较低。由于在建设投资中对于生产型投资支出的比例较大，到1977年全国平均每人居住面积仅有3.6平方米，比1952年的4.5平方米还要少。城市缺房户达26万户，约占城市总户数的37%。[①] 1978年我国住房与世界其他国家相比差距较大，经济发展水平是主要原因，但与我国这段时间实行的生产优先、住房紧缩的政策也有很大的关系。

从住房投资的角度来看，我国住房投资占基建比重在1953年曾上升到12%，之后走低，长期保持在8%，1958年、1959年、1967年与1970年下降到4%以下。[②] 但与此同时，我国居民对于住房的需求与日俱增，农村劳动力进入城市参与工业化进程，城市人口自身也日益增加，使我国住宅供需关系十分紧张。即使我国采取了抑制城市化的策略，但城镇人口比重

①② 国家统计局国民经济综合司：《新中国五十年统计资料汇编》，中国统计出版社1999年版。

仍然从1949年的10.6%上升到1978年的17.9%。[①]

从城市职工住房的分配情况看，形成了国家和企事业单位统包、低租金的实物福利分房制度。房屋的建设资金来源于国家财政和企业福利，是纯粹的福利性支出，事后不收回投入资金。分配以员工的级别、工龄、家庭人口等为依据，是无偿的实物福利分配制。

分房制度所收取的租金较低，1955年机关干部的工房每平方米月租只有0.12元，仅仅靠租金缴纳不能抵偿住房的维修成本和管理成本，亏损由国家和企事业单位补贴，以租养房很难维持分房政策继续进行。针对这一问题，1957年党的八届三中全会提出应适当提高职工住用公房的租金，租金中应包含折旧、维修、管理三项费用，按照每户16～20平方米的居住面积计算，每月房租应提高至4～5元，占职工工资收入的6%～10%。

2.6 1979～1987年：房地产业重生

1978年以前我国将发展的重点放在重工业上，在全国范围内实施高积累、低消费的战略，将有限的资源投入生产领域，生产性投资过度挤占非生产性投资，住宅建造严重不足，总体按照福利分房政策进行分配无法满足居民对住房的总体需求，城市居民住宅短缺已成为极为紧迫的问题。

1978年党的十一届三中全会确定以经济建设为中心，中国进入改革开放新的历史时期，在实行多种经济成分并存和市场经济体制的同时，发展战略从之前的优先发展重工业转变到农业、轻工业、重工业协调发展，从生产先行转变为生产和生活并重。20世纪80年代初，城市国家企事业单位职工住房制度改革提上了日程。这一时期城市经济体制改革的总体特点是“放权让利”，提出了土地产权、住房商品化的概念，国营企事业单位和集体企业逐渐成为中国住宅建设投资的主要力量。为弥补之前住宅建设的缺口，城市住宅建设出现补偿性快速增长。1980年我国住宅投资占固定资产投资积累份额达到20%，比1979年的14.8%高了5.2%；1981年和1982年更分别提高到25.1%和25.4%。[②] 但补偿性建设还是难以弥补计划经济时期在城市化和职

① 国家统计局国民经济综合司：《新中国五十年统计资料汇编》，中国统计出版社1999年版。

② 国家统计局固定资产投资综合司：《中国固定资产投资年鉴1949—1995》，中国统计出版社1997年版。

工住宅方面的缺口，加之20世纪50年代初“生育潮”时期出生的人口进入婚育期，城市居民的住宅需求仍然无法得到满足，同时，福利性分房制度和农民向城市的流动又进一步加剧了供求矛盾。在这种体制内无法解决居民住宅供求矛盾的情况下，房地产商品化进程开始启动。

1980年4月，邓小平在关于住宅制度改革的讲话中指出：“关于住宅问题，要考虑城市建筑住宅、分配房屋和一系列政策，城市居民可以购买房屋，也可以自己盖房。不但新房可以出售，老房子也可以出售。可以一次付清，也可以分期付清。”“房屋出售后，房租恐怕要调整。”这成为我国住宅制度改革的政治起点，也是后期住宅制度改革的基本思路。

1980年6月，中共中央、国务院批转《全国基本建设工作会议汇报提纲》，正式宣布将实行住宅商品化的政策。于1979年在西安、柳州、梧州、南宁四市开展的中央拨款、地方建设、向居民全价售房的试点工作取得初步成功，试点范围在1980年扩大到50个城市，1981年又扩大到23个省（自治区、直辖市）的60多个城市及部分县镇。

1982年，国家在郑州、常州、四平和沙市四市试行补贴出售住宅的试点，即政府、单位、个人各负担房价的1/3（“三三制”），1984年试点范围扩大至北京、上海、天津三个直辖市。1982年，深圳特区开始按城市土地等级不同收取不同标准的使用费。

1984年，我国成立住宅租金改革小组，正式提出了提租补贴或提租增资的改革思路。同年，国家计划委员会（以下简称“国家计委”）和城乡建设部联合发布文件，允许进行房地产开发活动，从此，房地产行业在中国大地上开始复苏。

1985年6月，《中华人民共和国土地管理法》（以下简称《土地管理法》）颁布。当年8月1日，国家土地管理局成立，标志着我国土地管理工作纳入依法管理的轨道。但是，由于当时正是我国经济改革的初期阶段，土地管理带有浓厚的计划经济色彩。

1986年1月，国务院召开城镇住宅制度改革问题座谈会。会议决定成立国务院住宅制度改革领导小组和领导小组办公室，负责领导和协调全国的房改工作。这一时期的房地产改革主要特点是针对传统住宅制度的核心，即低租金，提出了以大幅度提租为基本环节的改革思路。“三三制”是我国最早期的一套房改方案，在实施过程中，人民的购买力不高，租买比价不合理，导致了“三三制”的失败。从失败中吸取了经验，国家将住房制度转向了租金制度改革的研究中。从 1986 年到 1988 年上半年，以提高房租、增加工资鼓励买房等为内容的“提租增资”改革，开始在山东省烟台市试行，继之在河北省唐山市和安徽省蚌埠市进行试点。从结果来看，这是一次成功的试点，国家、企业和个人之间的利益关系得到很好的调节，有了住宅体制改革的意义，它将行动的方向直接指向了低房租这一旧体制的基本支点，为后续成功的房改制度奠定了基础。

1987 年，深圳批租了三宗国有土地使用权，启动了土地使用权交易市场。劳动力市场开放，大批农村人口和外来城镇居民到东部城市打工，当地村民使用宅基地、集体土地为他们建造廉租廉价房，自发开启了集体土地房地产市场。1987 年 7 月 1 日，深圳市政府提出以土地所有权与使用权分离为指导思想的改革方案，确定可以将土地使用权作为商品转让、租赁、买卖。1987 年 8 月 1 日，烟台市住宅制度改革开始运行。同日，《土地管理法》正式实施。8 月 2 日，国家计委、建设部、国家统计局联合发出《关于加强商品房屋建设计划管理的暂行规定》，决定自 1987 年起，各地区的商品房屋建设纳入国家计划。1987 年 9 月，深圳率先试行土地使用有偿出让，出让了一块 5000 多平方米的土地使用权，期限 50 年，揭开了国有土地使用制度改革的序幕。1987 年 10 月，党的第十三次全国代表大会报告首次提出社会主义市场体系应包括房地产市场。1987 年 11 月，国务院批准了国家土地管理局等部门的报告，确定在深圳、上海、天津、广州、厦门、福建进行土地使用制度改革试点。1987 年 12 月，国家在保留土地所有权的前提下，深圳市在我国首次以拍卖方式转让第三块国有土地使用权，公开拍卖一幅 8588 平方米地块 50 年的使用权，44 家在深圳有法人资格的企业展开激烈角逐，一家房地产公司最终以 525 万元竞得。这拉开了土地供应市场化的序幕，突破了土地使用权不允许转让的法律规定，创立了以市场手段配置土地的新制度。

2.7 1988 ~ 1990 年：土地市场建立

1988 年万科完成股份制改革，正式更名为“深圳万科企业股份有限公司”。11 月 18 日，王石以 2000 万元的价格参与投标买地，夺得荔泉地块，正式进入房地产业。1988 年，国务院决定在全国城镇普遍实行收取土地使用费，同时开始试行土地所有权有偿转让，定期出让土地使用权。1988 年上半年，第一次全国房改会议召开，在总结了烟台、唐山、蚌埠试点经验后，国务院住宅改革领导小组向全国下发了《关于在全国城镇分期分批推行住宅制度改革实施方案》，确定了以提高房租为重点的改革战略。1988 年 4 月 12 日，宪法修正案删除了土地不得出租的规定，规定土地使用权可以依照法律的规定转让。同年 12 月，通过《土地管理法》的修改议案，规定国家依法实行国有土地有偿使用制度。这是一次历史性突破，是我国土地使用制度的根本性变革，标志着我国的根本大法承认了土地使用权的商品属性。全国各城市开始建立房地产交易所，各专业银行成立房地产信贷部。

1990 年 5 月，国务院颁布了《中华人民共和国城镇国有土地使用权出让转让暂行条例》，我国城镇土地正式告别了无偿、无限期、无流动的使用，为土地市场的发育提供了法律支持，为房地产市场建立奠定了基础；同时还发布了《外商投资开发经营成片土地暂行管理办法》。随后，在各地相继设立开发区，流动人口规模迅速膨胀。亿万农村人口在改革开放的大潮中，从农村涌入城市，投身城市化和现代化建设。

2.8 1990～2003 年：房地产市场的改革

20 世纪 80 年代末，初步建立的房地产市场有许多不成熟之处：当时的城市住宅建设由国家统一投资、统一征地、统一设计、统一建设、统一管理、统一分配，住宅单体几乎都是千篇一律的平顶板式楼，风格单调，缺乏多样性；住宅产品仅能满足人的基本生活需求，缺少户型的概念，不强调功能的合理程度；以福利性住宅为主的供给结构限制了住宅需求者的选择余地。

1990 年，上海市房改方案出台，开始建立住宅公积金制度。1990 年 5 月，《城镇国有土地使用权出让和转让暂行条例》出台，为土地使用权有偿出让提供了具体依据，为房地产流转机制的建立和房地产市场的形成奠定了基础。1991 年，得益于上海浦东新区的开发，上海的投资环境进一步优化，房地产市场交易呈现逐渐活跃的趋势。

1991 年 11 月 23 日，国务院发布《关于全面推进城镇住宅制度改革的意见》，明确规定了房改的分阶段及总目标、基本原则、有关政策、工作部署、工作领导等，对房改的深化进行起到了重要的依据作用。

1992 年，在邓小平南方谈话的带动下，我国对外开放及市场化改革的步伐加快。全国房地产价格逐渐放开，许多政府审批权力下放，金融机构开始发放房地产开发贷款，借助宏观经济“加快改革开发建设步伐”的大环境，中国房地产市场进入了快速扩张期。同年，房改全面启动，住宅公积金制度全面推行，“安居工程”开始启动。房地产业在有利的政治、经济环境下得到了迅速的发展，房地产市场兴起，交易活跃。其重要标志是 1992 年前几个月社会各界普遍公认的一个社会新热点——“房地产热”的出现：全国前四个月与上年同期相比，工业总产值增长 18.3%，全民所有制单位固定资产投资增长 38.6%，社会商品零售额增长 14.6%，商品房完成投资却增长 78%，商品房销售额增长 63.3%。到 1992 年下半年，房地产市场迅速膨胀，全年完成房地产开发投资比 1991 年底增长 175%，新开工面积增长 78.1%，利用外资增长 228%，全年商品房销售额比 1991 年增长 80%，房地产公司数量增加 2 倍。①

1992 年下半年至 1993 年初，局部地区的房地产市场一度出现混乱的局面，个别地区甚至出现明显的房地产泡沫。1993 年 6 月 23 日，国家宣布终止房地产开发企业上市，控制银行信贷资金进入房地产业；6 月 24 日，中共中央、国务院印发《关于当前经济情况和加强宏观调控的意见》，提出整顿金融秩序、加强宏观调控的十六条政策措施，引导过热经济实现“软着陆”。自此，国家开始对房地产行业进行大规模的清理和整顿。1992 年 10 月 12～18 日，党的十四大在北京召开，明确经济体制改革的目标是建立社会主义市场经济体制，国家计划是宏观调控的重要手段之一，这项决定对房地产行业的发展具有深远意义。随后，宏观调控在短时间内有效控制了房地产行业虚高、混乱的局面，使房地产泡沫迅速破灭，并进入到数年的修复期。

1993 年，宪法修正案将宪法第十五条修改为“国家实行社会主义市场

① 国家统计局：《1992 年国民经济和社会发展的统计公报》。

经济”“国家加强经济立法，完善宏观调控”“国家禁止任何组织或者个人扰乱社会经济秩序”，这为房地产行业的健康发展指明了道路。1993 年 7 月，政府开始对房地产行业实施宏观调控政策。由于市场参与主体对政策的判断有差异，市场呈现整理态势，主要表现在三个方面：一是心态方面，很多参与者认为宏观调控是暂时的，调控结束后的价格将出现新一轮高增长；二是实际价格方面，很多大城市楼盘价格没有明显松动，有价无市的情况突出；三是投资方面，虽然投资增速有所下降，但高于 1992 年。市场呈现的这种局面大致持续到 1994 年 3 月。

1994 年 3 月至 1995 年，房地产进入理性回落、平稳发展阶段。1994 年 3 月“两会”之后，房地产市场开始理性回落。《政府工作报告》中提出的经济增长速度 9% 和固定资产投资规模 13000 亿元的计划减弱了社会上对房地产市场出现新一轮高潮的预期。在制度建设方面，1994 年发布实施的《国务院关于深化城镇住宅制度改革的决定》中，新提出的建立住宅公积金制度、开展国家安居工程等内容进一步完善了房改政策，其中，住宅公积金制度的建立是住宅分配货币化的起点，是新的住宅制度的雏形。

1995 年，国家宏观调控继续深化，并在房地产领域取得明显成效，房地产市场进入平稳发展阶段。住宅、办公用房、商业服务业用房等商品房的投资比重更趋于市场需求结构；地区差异有所减小；用于炒作的资金和投机性的投资明显减少；中介咨询、物业管理也获得相应的重视和发展。当年海南房地产泡沫的破灭事件成为中国局部泡沫经济的典型样本，在中国地产的发展史上占据着特殊的地位。

1990 ~ 1996 年房地产商品化程度加深、房地产市场快速发展，但其中还带有浓厚的计划经济色彩，购买者以单位、集体为主，辅以少量的个人购房。通常是单位统一购买以后，根据职工的工龄、职龄等相关要素评分，然后根据分数多少排序将住宅分配给单位职工，个人对房子地段、户型等条件的选择自主性很小。早期的住宅只能满足基本居住需求，住宅功能设计不够合理，如客厅面积小、客厅餐厅混合使用、住宅交通流线互相穿越、卫生间面积小等问题突出。总的来说，当时我国城市居民的居住环境是不理想的，住宅理念只是解决居民没有足够居住空间的住宅紧缺状态。

1997年，“北戴河会议”提出把居民住宅业列为国民经济新增长点，住宅开始真正成为支柱产业。1997年4月，中国人民银行颁布实施《个人住房担保贷款管理试行办法》，统一规范了过去各家商业银行开办的个人住房担保贷款业务，贷款对象不再局限于当地正式户口的居民，而扩大到完全具备民事行为能力的人；贷款最高期限延长到20年；贷款方式由过去局限于用住房抵押，改为任何能保证银行信贷资产的没有风险的方式；贷款金额拓展到购房价的70%。同时提出解决商品房空置的措施，部分城市决定停止福利分房，实行新房制度。1997年5月，中国人民银行公布《住宅担保贷款管理试行办法》，不仅为房地产按揭业务提供了法律依据，对房地产金融的发展也起到决定性作用，使房地产行业真正走向市场化。然而，随之而来的亚洲金融危机给了刚刚步入市场化的中国房地产业一记重击。尽管当时福利分房制度还占主导地位，但银行贷款是中国房地产行业的主要融资渠道，给房地产业带来了极大的负面影响，使其进入低迷期。1997年9月12日，党的十五大明确了非公有制经济的重要性，提出了鼓励、引导个体、私营等非公有制经济的目标。宏观调控应履行其保持经济总量平衡、抑制通货膨胀、促进重大经济结构优化、实现经济稳定增长的主要任务。在“促进消费、扩大内需、推动生产”新的历史使命下，房地产行业借宏观调控之机开始走出泡沫时期的低迷，逐步成为拉动中国经济增长的新动力。

1998年是中国房地产业的关键之年，众多房地产开发企业在上半年因资金链困境而卖出库存土地、退出市场。但在1998年6月，政策面开始发生变化，一系列刺激房地产发展的政策相继出台，包括停止全国城镇住宅实物分配，实行住宅货币化；新建住宅原则上只售不租。建立以经济适用房为主体的多层次新的住宅供应体系，对不同收入层次的居民供应不同住宅，实行不同定价原则的政策导向也得到明确：为收入较高的家庭提供经济适用商品住宅并实行政府指导价，对最低收入家庭提供廉租房并实行政府定价。这就意味着居民需要通过购买途径取得住宅，住宅问题需要通过市场解决。这一根本性的政策转变使有效需求在短期内迅速释放：一方面，有资金实力的单位利用政策严格实施前的缓冲期大量购买现房；另一方面，金融和税收的优惠政策，如低住宅贷款利率、低首付比例刺激个人购买住宅。在价格政策方面，完全市场化后的商品房价格不再受物价局管制，房地产开发企业可以根据供需情况自主决定楼盘价格。个人成为购买房地产的主体，并掌握了房屋选择的自由，不同家庭对住宅的多样化需求对房地产企业提供更加丰富的住宅产品提出了要求。此后，大量效率和创新性更高的中外合资、私人投资的房地产企业参与到房地产的开发和销售中，房地产市场呈现开发主体多元化和购房主体需求多样化的态势。这些根本性的变化使中国房地产业进入高速增长期，但也为房价过高、结构不合理等问题的出现埋下伏笔。

1999 年，宪法修正案将宪法第十一条修改为："在法律范围内的个体经济、私营经济等非公有制经济，是社会主义市场经济的重要组成部分。"其对房地产影响最大的表现为，增强了房地产从业的竞争力，随着房地产私营新力量的不断崛起，房地产行业也从低迷中进一步复苏。

2000 年房企上市禁令到期，1993 年起对房地产企业关闭的资本市场大门重新开启。2001 年建设部发布我国第一部《商品房销售管理办法》，重点解决商品房销售环节中存在的广告、定金、面积纠纷以及质量等问题，对规范房地产市场销售起到了积极作用。2001 年，北京申办奥运会成功使在全国最具代表性的北京房地产市场进入"奥运时代"，开始新一轮的高速发展，中国房地产市场也随之驶入发展的快车道。

2002 年 7 月，国土资源部颁布《招标拍卖挂牌出让国有土地使用权的规定》，地方政府基础设施建设速度和城市化进程加快，随之而来的大量征地、拆迁行为制造了被拆迁居民对住宅的消费需求，成为房价上涨的助推器。市场化的推进和居民生活品味的提高，使住宅需求者开始注重产品、环境、功能、布局，消费者变得愈加成熟。11 月 8 日，党的十六大在北京召开，提出发展产权、土地、劳动力和技术等市场；调整投资和消费的比重，促进消费；推进利率市场化改革，优化金融资源配置，加强金融监管，防范和化解金融风险。这为刚刚走出低迷期的中国房地产行业提供了广阔的市场环境。

2003 年 1 月，北京市政府明确"经市区政府批准的土地一级开发项目，都由土地整理储备中心采取公开招标的方式确定一级开发单位，开发商不能再介入这一领域"的规定，标志着地方政府完全掌握土地转让权的开始。北京正式进入了以土地储备制度为主要特征的供地新机制时代，实行多年的土地协议转让制度宣告终结。

2.9 2003～2009 年：房地产价格泡沫形成

伴随着中国经济的快速增长，房地产市场呈现快速发展的态势，虽然经历了 2004 年、2005 年的调控，但 2008 年为应对金融危机而采取的宽松政策导致房地产市场出现非理性增长，投机行为增多并逐渐成为主导市场的力量，房地产价值脱离其基础价值，房地产泡沫开始形成，严重威胁房地产市场的稳定。政府为保证国民经济的健康稳定发展，开始实施多项房地产调控政策。

2003 年 4 月，中国人民银行下发《关于进一步加强房地产信贷业务管理的通知》，对购买高档商品房、别墅或第二套以上（含第二套）商品房的贷款人，适当提高首付款比例，不再执行优惠住宅利率规定。这是中国第一轮房地产牛市后，中央政府第一次采取抑制房地产过热的措施，是房地产政策转向的风向标。随后到来的“非典”疫情对 2003 年第二季度经济造成了严重的影响。在此种情况下，国务院下发《国务院关于促进房地产市场持续健康发展的通知》，将房地产业确定为国民经济的支柱产业，要求充分认识房地产市场持续健康发展的重要意义，根据城镇住宅制度改革进程、居民住宅状况和收入水平的变化完善住宅供应政策，调整住宅供应结构，增加普通商品住宅供应，加强对土地市场的宏观调控。“非典”疫情过后，房产价格持续上升，超出消费者承受范围，房地产市场出现过热现象，多项房地产市场调控政策相继出台。2004 年 3 月，国土资源部、监察部联合下发《对房地产市场使用权招标拍卖挂牌出让情况执法监察工作的通知》，严令各地方政府须在 2004 年 8 月 31 日前将协议出让土地中的“遗留问题”处理完毕，房地产开发企业必须及时缴纳土地出让金，并从 9 月 1 日开始取消国有土地使用权协议出让，国有土地使用权一律采用招、拍、挂方式。

2004 年，宪法修正案将宪法第二十条修改为：“国家为了公共利益的需要，可以依照法律规定对土地实行征收或者征用并给予补偿”；将第二十二条修改为：“公民的合法的私有财产不受侵犯”“国家依照法律规定保护公民的私有财产权和继承权”“国家为了公共利益的需要，可以依照法律规定对公民的私有财产实行征收或者征用并给予补偿”。这些修改对于以私权为主的房地产行业来说具有重大的历史意义，它不仅解开了民众多年来对土地、财产问题存在的心结，也给资产庞大的私营房地产吃了颗“定心丸”，为房地产行业的深入发展提供了新动能。2004 年 4 月，中央通过严控信贷投放和土地供给来有效控制房地产投资。这些严控房地产投资的政策未能显著抑制房产价格的快速上涨。

2005 年 3 月，国务院下发了《关于切实稳定住宅价格的通知》（以下简称“国八条”），将稳定房价提高到政治高度并建立政府负责制的同时，调整住宅供应结构和用地供应结构，正确引导居民合理消费需求，并明确了房地产调控成功与否关系到国民经济的健康发展。5 月，国务院办公厅转发《关于做好稳定住房价格工作的意见》（以下简称“七部委文件”），从调控需求、调整供应、整顿市场秩序来抑制房价过快上涨，并规定普通住宅标准。个人购房不足 2 年即转手交易的，缴交全额营业税。自此，房地产调控已进入实质性阶段。10 月，国家税务总局发布了《关于实施房地产税收一体化管理若干具体问题的通知》，明确了个人买卖二手房必须缴纳个人所得税，在办理二手房过户时不能只征收契税，其他税种如营业税、城建税、教育费附加等税种也要同时进行征收。2005 年国家出台的多项调控政策有效调整了市场预期，房地产过热的局面得到缓解，表现在房产价格增幅趋缓，房产成交量减少，投资增幅回落，中小户型、中低价位的普通住宅销售比重增加。

2006 年初，受需求推动，北京、广州、深圳等一线城市的房价仍大幅度上涨。5 月，国务院总理温家宝主持召开国务院常务会议，提出了促进房地产业健康发展的六项措施（以下简称“国六条”）；国务院转发《关于调整住宅供应结构稳定住宅价格的意见》（以下简称“九部委文件”），对房地产新项目开发面积、二手房销售营业税的收缴和个人住宅按揭贷款比例做了非常严格的要求。此后，政府对外商投资我国房地产、外资流入房地产市场和招标、拍卖、挂牌或协议出让国有土地使用权的范围做了进一步的严格规定。10 月，建设部颁发《房屋权属登记信息查询暂行办法的通知》，增强了房地产交易的透明度并保障房屋交易安全。

2007 年，政府从增值税管理、房地产市场秩序、多层次住宅保障体系的建立、信贷调控等角度进一步抑制和规范房地产市场。1 月，国家税务总局颁布《关于房地产开发企业土地增值税清算管理有关问题的通知》，规定房产项目应该进行土地增值税清算的三种情况，并规定税务机关可要求未办理土地增值税清算手续的纳税人进行土地增值税清算。4月，建设部、国土资源部、财政部、审计署、监察部、税务总局、国家发展改革委、工商总局等联合发布《房地产市场秩序专项整治工作方案》，加强对房地产开发企业依法进行审计、检查以及对房地产市场的监管，对交易、开发、中介等环节中的违法行为进行严厉打击。8月，国务院下发《国务院关于解决城市低收入家庭住宅困难的若干意见》，提出建立多层次住宅保障体系，将低收入家庭住宅困难的解决工作纳入政府公共服务职能，加快建立健全以廉租住宅制度为重点，旨在解决城市低收入家庭住宅困难的住宅保障体系。8月30日，建设部开新闻发布会，证实住房保障司相关申请已经得到了中央编制办公室的正式批准，这标志着保障中低收入者的住房机制已趋于成熟，这将对未来商品房的发展产生深远的影响，同时，它也加速了房地产行业深度调整期的到来。9月，为限制个人投机购房，中国人民银行、银监会出台《关于加强商业性房地产信贷管理的通知》，规定购买首套自住宅且套型建筑面积在90平方米以下的购房者，贷款首付款比例不得低于20%；对购买首套自住宅且套型建筑面积在90平方米以上的购房者，贷款首付款比例不得低于30%；对已利用贷款购买住宅、又申请购买第二套以上住宅的，贷款首付款比例不得低于40%。10月15日，党的十七大在北京召开。十七大提出近年出现的问题有“劳动就业、社会保障、收入分配、教育卫生、居民住房、安全生产、司法和社会治安等方面关系群众切身利益的问题仍然较多，部分低收入群众生活比较困难”，提出“以建设和谐社会，加快推进以改善民生为重点的社会建设”的新目标，这预示着，关系普遍民生的房地产行业将进入新的角色转型期，成为政府为民谋福利的一个工具。12月11日，中国人民银行、中国银行业监督管理委员会发布《关于加强商业性房地产信贷管理的补充通知》，明确“第二套房”的认定标准。

2008年世界金融危机对中国经济造成巨大冲击，房地产市场也受到影响，商品住宅销售近十年来首现负增长，退房潮波及全国。中国经济出现“硬着陆”风险，“四万亿救市计划”出台，房地产政策出现从限制到鼓励的反向变化。2008年初，房地产政策依旧沿袭从紧的态势。

1 月，为限制房地产商囤积土地行为，国务院颁布《关于促进节约集约用地的通知》，要求对满足期限的闲置土地无偿收回或者按出让或划拨土地价款的 20% 征收土地闲置费。5 月，汶川大地震对我国国民经济产生冲击，我国房地产业也遭到了巨大打击。第二季度深圳房地产市场首次出现断供和价格的迅猛下降，随后全国的房地产市场交易量和房产价格大幅下跌。与此对应地，各地政府加入救市的行列。例如，上海上调补充住宅公积金贷款额度；南京对购房者给予房款总额一定比例的补贴；全国范围内，央行六年来首度降息，首次放松货币政策。为应对金融危机给我国房地产市场造成的冲击，中央和地方政府出台各项政策鼓励购房，全国性救市行动开始。2008 年 11 月 1 日起，对个人首次购买 90 平方米及以下普通住宅的契税税率暂统一下调到 1%；对个人销售或购买住宅暂免征收印花税；对个人销售住宅暂免征收土地增值税。金融机构对居民首次购买普通自住宅和改善型普通自住宅提供贷款，其贷款利率的下限可扩大为贷款基准利率的 0.7 倍，最低首付款比例调整为 20%；同时，下调个人住宅公积金贷款利率，各档次利率分别下调 0.27 个百分点。

2009 年，银行和信托公司掀起授信狂潮，房地产企业资金状况大为好转，全国楼市价格创下历史新高，房地产从萧条走向火热。2009 年上半年，我国房地产政策沿袭 2008 年的宽松政策，但随着房地产市场的持续好转，政策调控有从紧的趋势。宽松的货币政策导致大量资金涌入房地产市场，投资和投机需求在市场需求中的占比增加，在北京、上海等一线城市甚至成为主导需求，房价也呈现出快速上涨的态势。货币政策方面，2009 年 3 月，央行提出要保持适度宽松货币政策的连续性和稳定性。6 月，银监会规定严格遵守第二套房贷的有关政策不动摇。二套房贷政策逐渐由“放松”转为“严格执行”。房地产政策方面，二手房转让营业税免征时限从 2 年恢复到 5 年，对普通住宅和非普通住宅区别对待，表明中央对房地产市场采取“有保有压”的政策。契税、二手房土地增值税、印花税减免等税收政策将可能陆续取消。同时，五部委联合发文明确提出规范土地出让收入分期缴纳期限，土地政策趋于从紧。此外，2009 年我国政府大力提倡加大保障性住宅的建设力度，加快棚户区的改造。12 月 14 日，以“国四条”为标志预示政策开始转向。

2.10 2010～2011 年：房地产市场的积极调控

2010 年开始，我国政府开始进行新一轮严厉的房地产调控。1 月，国务院办公厅发布《关于促进房地产市场平稳健康发展的通知》（以下简称“国十一条”），提出要加强保障性住宅和普通商品住宅的有效供给，合理引导住宅消费，抑制投资投机性购房需求，并严格控制贷款首付比例，对已利用贷款购买住宅、又申请购买第二套（含）以上住宅的家庭（包括借款人、配偶及未成年子女），贷款首付款比例不得低于 40%，贷款利率严格按照风险定价。从严控制商品住宅项目单宗土地出让面积。4 月，国务院下发《关于坚决遏制部分城市房价过快上涨的通知》（以下简称“新国十条”），出台“限贷”政策，要求商品住宅价格过高、上涨过快、供应紧张的地区，暂停发放购买第三套及以上住宅贷款；对不能提供 1 年以上当地纳税证明或社会保险缴纳证明的非本地居民暂停发放购房贷款，被称之为“史上最严厉的调控政策”。北京率先出台楼市限购令，规定同一家庭限新购一套房，暂停对购买第三套及以上住宅以及不能提供 1 年以上本市纳税证明或社会保险缴纳证明的非本市居民发放贷款。9 月，“新国五条”出台，要求房价过高、上涨过快城市限定居民购房套数。“限购”政策由此而来。11 月，银行全面取消房贷 7 折利率优惠，给予房贷客户的利率优惠下限调整为同档期基准利率的 85%。

2011 年，在“调结构、稳物价”的大背景下，中央政府继续加强房地产调控。调控政策持续加码，限购、限贷、限价全面升级，全国土地市场一片萧条。各房企先后揭开价格战的序幕，降价幅度高达 20%～40%。此轮调控下，虽然商品房销售面积和销售额依旧创了新高，但调控效果在实行限购令的城市显现，城市住宅成交面积同比下降，成交量下降，百城房地产价格指数连续 3 个月下跌，二手房的主要城市成交量和价格降幅均大于新房，住宅用地量价持续下降。1 月，国务院办公厅出台《关于进一步做好房地产市场调控工作有关问题的通知》，要求各省会城市和房价过高、上涨过快的城市，从严制定和执行住宅限购措施，并要求地方政府合理确定本地区年度新建住宅价格控制目标，并于一季度向社会公布。1 月 26

日，国务院常务会议再度推出八条房地产市场调控措施（以下简称“新国八条”），要求地方政府合理确定本地区年度新建住宅价格控制目标，并于一季度向社会公布，并强化差别化住宅信贷政策，对贷款购买第二套住宅的家庭，首付款比例不低于60%，贷款利率不低于基准利率的1.1倍。此后，限购城市从2010年的不足20个大幅增加到40多个。7月初，国务院常务会议明确“二三线城市也要限购”，随后台州、珠海等二三线城市实行限购，限购城市数增加到近50个。

2.11 2012～2015年：调整限购政策

在严厉的“限购令”下，楼市逐步降温，非常有效地限制了房屋成交量的大幅增加，在一定程度上抑制了新建住宅与二手房价格的过快上涨。2013年下半年，银行系统对房地产业开始收紧信贷，6月下旬出现的“钱荒”更是给市场泼了盆冷水，房地产市场开始全面降温，“入冬”速度远超预期。特别是二三线城市，存在着房价增速放缓、楼市库存畸高、去化压力陡增的形式。

2014年6月26日，呼和浩特房地产开发监督管理处正式发表取消楼市限购令的实施意见，成为全国首个“破限”的城市。8月1日，合肥市房地产管理局发布取消楼市限购令意见，次日起，购房人在合肥市范围内购买住宅（商品住宅、二手住宅）时，无须提供居民家庭住宅信息查询证明。随后，众多城市纷纷限购松绑，并发布不同力度的公积金松绑政策。截至2015年6月15日，除了北京、上海、广州、深圳和三亚外，全国其他地区都已取消房地产限购令。但是，恰恰是限购令未除的一线城市，房地产成交量活跃；而二三线城市，虽然限购令已解除，但市场交易依然不太活跃。连续的成交萎靡与库存积压，让促销打折风潮席卷全国，重点城市成交量有所回升。虽然多个城市松绑限购限贷，但大多数购房者尤其是刚需购房者仍然选择观望等待最佳出手时机，房地产低速增长成为新常态。

在进行限购令调整的同时，国家不断完善住宅保障机制，以全体人民住有所居为目标，坚持分类指导、分步实施、分级负责，加大保障性安居工程建设力度。2012 年 6 月 12 日，住建部发布《公共租赁住宅管理办法》，进一步对公租房的申请条件、运营监管、退出机制等做出明确规定。2013 年 4 月 9 日，住宅和城乡建设部联合发布了《住宅城乡建设部关于做好 2013 年城镇保障性安居工程工作的通知》，对当年全国城镇保障性安居工程建设任务做出指示，2013 年末，中国城镇保障性安居工程超额完成，基本完成建成 470 万套、新开工 630 万套的建设任务。中央安排 230 亿元补助资金，支持了全国 266 万贫困农户改造危房。2014 年，中国城镇保障性安居工程建设的目标任务是基本建成 480 万套以上，新开工 600 万套以上，其中棚户区改造 370 万套以上。

2.12 2015～2016 年：房地产市场调整期

2015～2016 年我国房地产市场形成了新的发展模式和特点。在本阶段，“去库存”仍旧为主要的政策方向，为了进一步缓解房地产库存过大带来的投资增速下滑、宏观经济增长缓慢、金融体系风险等问题，中央和地方政府采取了更加复杂多元化的政策消化房地产库存量，促进楼市回暖。其间，城市之间分化的特点尤为明显，“因城施策”的政策导向具有一定的现实意义。

2015 年，我国政府主要通过调整首付比例、信贷政策、公积金制度、户籍制度、货币政策等，从供需两端刺激楼市的回暖。中国人口红利在这一年见顶，楼市的刚需高峰正在过去。央行五次降准、五次降息，宽松化政策刺激需求释放，多轮救市政策刺激下，一线城市行情有所好转，但全国范围内库存依然在增加。3 月 30 日，“330 新政”发布，规定：对拥有一套住宅且相应购房贷款未结清的居民家庭购二套房，最低首付调整为不低于 40%；使用住宅公积金贷款购买首套普通自住住宅，最低首付 20%，拥有一套住宅并已结清贷款的家庭，再次申请住宅公积金购房，最低首付 30%；个人将购买两年以上（含两年）的普通住宅对外销售的，免征营业税。同时，我国继续推进保障房建设和公积金制度的调整。8 月，住建部和国家开发银行发布《关于进一步推进棚改货币化安置的通知》，提出推进保障性安居工程建设，逐步实行实物保障与货币补贴并举，推进存量房转为公租房和安置房，鼓励社会资本参与保障性住宅的建设和运营管理，各地区按照不低于50%的比例确定棚改货币化安置目标。地方省市也跟随中央的指示和行动，密集放宽公积金政策。11 月 20 日，国务院法制办公室发布《住宅公积金管理条例（修订送审稿）》，具体范围拓宽至个人；公积金管理中心分省级管理，可在县级设立分支机构；拓宽公积金使用范围；公积金贷款可以进行资产证券化；富裕的公积金可以购买高等级债券。为了鼓励农民工进城购房的需求，我国提出应进行户籍制度改革。11 月，《中共中央关于制定国民经济和社会发展第十三个五年规划的建议》提出，深化户籍制度改革，促进有能力在城镇稳定就业和生活的农业转移人口进城落户。实施居住证制度，实现基本公共服务常住人口全覆盖。11 月 10 日，中央财经领导小组第十一次工作会议上明确提出，“化解房地产库存，促进房地产业持续发展”。这是党的十八大以来首次明确提及房地产，赋予了增加住宅需求、降低购房门槛、降低房企融资难度等政策要求更多的现实意义。值得注意的是，本阶段各个城市对以上一系列去库存政策的反应程度存在明显的差异。由于我国城镇化进程使大量人口流入北京、上海、广州，珠三角地区，长三角地区等发达地区，大都市内房源紧张，导致一线和部分二线城市的房价持续上涨，而大部分二三四线城市库存压力仍然较高。12 月 18 日，习近平、李克强在中央经济工作会议中明确“去库存、去产能、去杠杆、降成本、补短板”三去一降一补任务的同时提出，现阶段存在一二三线城市房地产市场的分化问题，去库存任务难度更大、复杂性更强，已经不再适用“一刀切”的调控手段，而应该采取“分类调控，因城施策”的方式。

2016 年初，在去库存压力下，国家继续出台相应的包括信贷和税收政策在内的楼市刺激措施。2 月 2 日，央行与银监会下发《关于调整个人住宅贷款政策有关问题的通知》，下调不限购城市的首付比例，其中首套房首付比例最低降至 20%。2 月 17 日，财政部、国家税务总局、住宅城乡建设部联合发布了《关于调整房地产交易环节契税营业税优惠政策的通知》，将首套房面积 140 平方米以上的契税，从 3% 减按 1.5% 的税率征收；二套房契税从 3% 降为 1% ~ 2% 不等。相当于房价下调 1% ~ 2%。截至 2 月，全国首套房平均房贷利率降至 4.58%。在此基础上，地方各城市也密集出台了一系列鼓励购房措施。3 月 1 日，沈阳市政府下发 22 条新政条款，对毕业未超过 5 年的高校、中等职业学校毕业生，购房实行“零首付”；济南市、广州市发布通知，对首套自住住宅已经结清购房贷款，为改善居住条件购买二套自住普通商品房，申请适用住宅公积金贷款的家庭，购买 90 平方米及以下的商品房首付比例为 20%。受刺激政策和心理预期的推动，楼市在春节后迅速“入春”。中国指数研究院的数据显示，2 月 15 ~ 21 日，北京、上海、广州、深圳的销售套数最低的为深圳，销售 958 套；而销售量最高的上海，则卖出 2740 套。杭州楼市在年初迎来了第一个“日光盘”；在之后的 3 月，商品房地价超过 4 万元/平方米，单月成交量突破 2 万套，创下杭州楼市史无前例的新纪录。在此背景下，房价上涨明显的城市转变政策方向，出台了一系列楼市收紧政策。3 月 25 日，上海市政府发布《关于进一步完善本市住宅体系和保障体系促进房地产市场平稳健康发展的若干意见》，提出二套普通房首付将不低于五成，二套非普通首付不低于七成，非本市户籍居民家庭购房缴纳个人所得税或社保年限由两年提高至五年，严禁房地产开发企业、房产中介机构从事首付贷、过桥贷等场外配资金融业务。4 月，河北省廊坊市房管局等六部门制定的《关于完善住宅保障体系促进房地产市场平稳健康发展的若干意见》，规定非当地户籍居民家庭限购 1 套住宅且购房首付款比例不低于 30%。5 月 5 日，北京市通州区出台新政，将商住宅纳入限购范围，向三类家庭暂停出售商务型公寓。该区新建商业、办公项目按照规划用途销售，不能卖给个人，只卖给企业。政策实行后，一线城市的房价上涨现象得到了一定程度的抑制。2016 年下半年，房价“高烧”持续发酵，在部分二线热点城市出现了加剧趋势。7 月，国家统计局发布的 70 个大中城市房价相关数据显示，合肥、南京等 8 个二线城市环比涨幅超过上海、广州、深圳等一线城市；其同比平均增速为 6.35%，增幅较上月扩大 0.61 个百分点。对此，各个二线热点城市相继实施楼市“降温”政策，一线城市也在之前政策的基础上加码。新一轮“分区限购”热潮出现。8 月 11 日，江苏省苏州市政府出台《市政府印发关于进一步加强苏州市区房地产市场管理的实施意见的通知》（以下简称《通知》），成为全国第一个重启限购的二线城市。《通知》中对于二次使用公积金贷款的家庭，首付款比例下限从住宅总价的 20% 调整为 30%，贷款利率从执行首套房贷款利率调整为按首套房贷款利率上浮 10%。当日，南京市对拥有 1 套住宅且相应购房贷款已结清的居民家庭，最低首付款比例调整为不低于35%（除高淳、溧水）；对拥有1套住宅且相应购房贷款未结清的居民家庭，最低首付款比例调整为不低于50%。9月1日，湖北省武汉市《中国人民银行武汉分行 湖北银监局关于调整武汉市差别化住宅信贷政策通知》中提出，在武汉拥有一套住宅的居民家庭，再次申请商贷最低首付比例为40%。拥有2套及以上住宅并已结清相应购房贷款或还有1套住宅贷款未结清的居民家庭，贷款最低首付比例为40%。名下有2套房且2套房贷款都未结清的，停止发放贷款。随后，福建省厦门市、浙江省杭州市、山东省济南市、河南省郑州市相继重启限购政策，通过提高首付比例、分区限购等方式给房地产市场降温。

第3章

商品房均衡价格

3.1 商品房住宅“双市场”均衡机制

在商品房住宅市场，人们希望并且有能力购买住宅的需求主要分为两部分（假设无泡沫情况下不存在投机需求）。第一，对应住宅居住属性的刚性需求，取决于住宅的基础价格。这个需求是刚性的，因为正常情况下，人们总是需要一个住所容纳自己个人或者家庭，满足饮食起居的需要。这个需求无论在什么年代、什么情况下对于一般的民众而言都是存在的，不易改变。第二，对应于住宅的投资品属性的投资需求，取决于住宅的投资品价格。住宅除了可以给人们提供一个饮食起居的场所外，也可以作为一个投资品。人们在满足了自己的居住需求之外，在收入能力允许的情况下，可以购买或者租赁住宅进行投资，投资品的价格取决于未来收入的现金流，这里可以认为租金是未来的每期现金流收入，当然还包括最后的住宅转让收益。现实生活中也存在这种将住宅持有后出租，以获取租金收益的投资需求。在理想的市场环境下，可以认为二者构成了住宅销售市场的总需求。

如图3-1所示，双市场（左边为销售市场，右边为租赁市场）应当首先具备双均衡：二手商品房住宅销售市场的销售价格水平应当客观反映销售供给稀缺和购房总需求之间的矛盾；二手商品房住宅租赁市场的租金水平应当客观反映租赁供给稀缺与租赁（居住）需求之间的矛盾。“双市场、双均衡”为“双市场一般均衡”的前提条件。

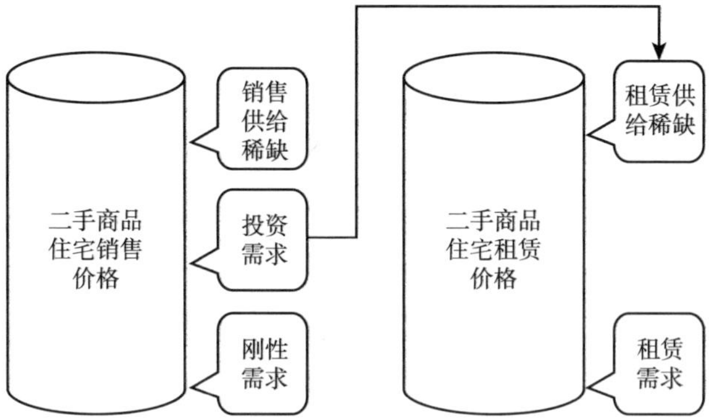

图3－1 稳健的二手房（商品房住宅）销售市场价格与租赁市场价格形成机制

在给定的“双市场、双均衡”前提条件下，“双市场一般均衡”条件由商品房销售市场中资金充裕方的投资需求（购转租）基于有效价格调节机制实现。图3－1进一步显示，投资性购买需求①（投资需求）隶属于构成销售价格的总需求方，且迅速转变为租赁市场的总供给方，进而与租赁需求共同形成均衡的二手房租赁价格。虽然以上价格机制受诸多外生经济变量影响，但其关键在于：假定短期内（通常指一年内）市场无显著外生租赁需求冲击，则二手商品房住宅租赁市场名义租金只取决于租赁供给方，即二手商品房住宅销售市场当期投资（已实现的购买需求）规模。故短期内租赁供给决定租赁价格，且租赁供给等于销售市场资金充裕方的购房投资规模。如果进一步假定短期内总居住需求在规模上无显著外生冲击，且二手商品房住宅销售供给规模短期内亦不受外生变量影响，那么二手住宅销售即期价格完全由已实现的投资性购买需求的规模所决定。

基于以上理论可得出如下结论：短期内商品房价格波动完全来自投资需求规模波动；投资需求规模受投资回报率影响，即租赁价格水平。图3－2所示为短期内销售市场投资需求拉动租赁市场供给的动态均衡过程。图3－2考虑了变量租售比，即每平方米年度二手商品房住宅租赁价格除以每平方米商品房住宅售价，租售比亦可看作相对投资回报率水平，即

① 投资性购买需求即在总购买需求中区别于居民居住性购买需求的部分，以下如无特别标识，与“投资需求”的表述同义。

从投资成本（销售价格）和投资收益（租赁价格）的角度看待该指标。因而，单位“租售比”的波动要反映在两个市场的供求关系再平衡上，即市场根据相对价格确定供求关系从而在长期达到双市场的一般均衡价格。从这个意义上讲，如果排除外生因素影响（如人口结构、城市化进程或宏观经济政策等），“租售比”应当在一个相对恒定的水平上呈现平稳的均值回归过程，而不具备确定的单调趋势（上升或下降）。

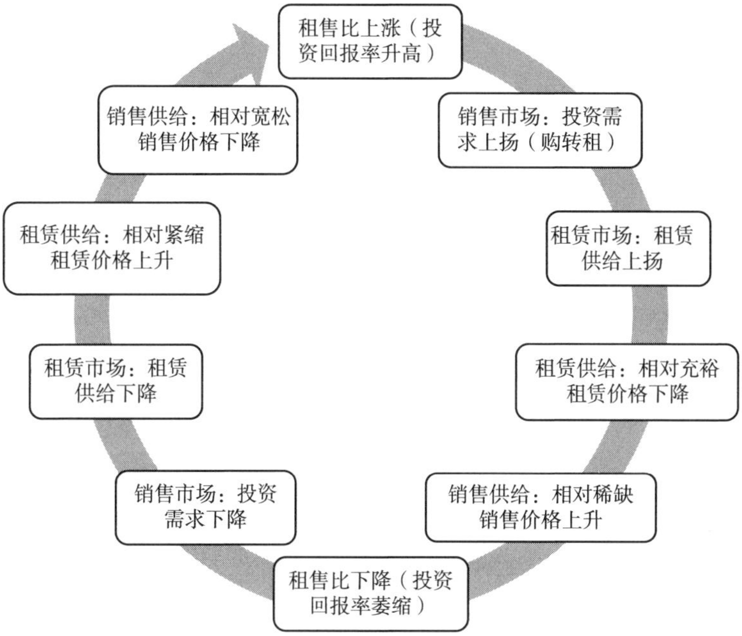

图 3-2 稳健的二手房（商品房住宅）销售市场价格与租赁市场价格再平衡机制

因此，稳健的商品房住宅市场应当具备有效的内生价格调节机制，即理论上给定某国特定发展阶段，根据该国宏观经济政策和经济体基本特征，应当存在一个适应于该国特定发展阶段的相对恒定的租金、价格比率（租售比），原因亦可狭义的解释为：在给定经济体的特定发展阶段，二手商品房销售价格和租赁价格根本上被同一个变量（投资需求）所推动。

基于短期内给定总居住需求（租赁需求和购买居住需求总和）相对恒定、双市场的总商品房住宅供给相对不变的假设，本节做出以下分析。

3.2 无泡沫的商品房住宅均衡价格决定

总的来说，无泡沫的稳健商品房住宅市场应为“双市场（商品房住宅销售市场与商品房住宅租赁市场）一般均衡”结构，即二手商品房销售市场和二手商品房租赁市场具备联动、健康的价格发现功能和供给、需求再平衡功能。

3.2.1 销售市场

二手商品房住宅销售市场的销售价格应当等于商品房供给的稀缺性与购买需求总和（包含居住性购买需求和投资性购买需求）之间的动态均衡价格，即销售市场购买总需求可以写为：

$$D_t^a(P_t,R_t) = I_t(P_t,R_t) + L_t^a(P_t,R_t) \tag{3-1}$$

其中，$D_t^a(P_t, R_t)$ 为内生二手商品房住宅销售市场购买需求总和；$I_t(P_t, R_t)$ 和 $L_t^a(P_t, R_t)$ 分别代表购买需求总和中的投资需求和居民购房居住需求（刚性需求①），其中短期内购房居住需求相对刚性，所以其价格弹性远小于投资需求的价格弹性。即：

$$-\infty \ll \frac{\partial L_t^a(P_t,R_t)}{\partial P_t} \ll \frac{\partial I_t(P_t,R_t)}{\partial P_t} < 0 \tag{3-2}$$

式（3－2）显示，在销售市场中，若假定短期内销售供给相对恒定，则销售价格波动完全取决于投资性购买需求，即市场中资金充裕方的购转租行为，而并非取决于刚性需求。式（3－2）中的其他变量定义如下：R 代表二手商品房租赁市场租金变量；P 为销售价格变量；上角标 a 代表各变量隶属于销售市场，下角标 t 代表各变量为连续的时间序列在 t 时点取值。

基于式（3－1）的基本设定，可归纳如下定理：

定理1 二手商品房住宅总购买需求为租赁市场名义租金水平和销售市场名义销售价格水平所共同决定的函数，且总购买需求在数量上可分解为投资性需求与居民购房居住需求（刚性需求）两部分（亦分别为销售价

① 本书界定“居民居住性购买（或购房）需求”即为“刚性需求”，独立于“投资性购买（或购房）需求”或“投资需求”。在二手商品房住宅销售市场中，两者加总即为购房总需求。

格和租金价格的函数)。其中短期内刚性需求相对稳定，若假定供给不变，则短期内销售价格水平完全由投资需求决定。

销售市场供给方同样为销售价格和租金的函数，根据本书对供给方的定义，可以用 S_t^a（P_t，R_t）代表二手商品住宅总供给函数。由于本书将双市场（销售、租赁市场）看作一个系统，故在该系统内研究内生二手商品房住宅供给时，可以进一步界定该供给函数具备如下性质：

$$\frac{\partial S_t^a(P_t, R_t)}{\partial P_t} > 0,\ \frac{\partial S_t^a(P_t, R_t)}{\partial R_t} < 0 \qquad (3-3)$$

式（3-3）显示：在不考虑系统外变量冲击的情况下，系统内生的销售供给随名义销售价格上涨而膨胀，随租金上涨而萎缩。故二手商品房住宅销售总供给由住宅销售价格与租金水平所共同决定（或由租售比决定）。根据本书理论基础，租售比为广义资本红利，其当期数值受宏观经济政策、名义利率和本国货币相对价格的影响，与房地产市场本身无关。

推论1 相对于二手商品房住宅市场（包含销售市场和租赁市场）的供给方和需求方依据各自价格水平（销售价格和租赁价格）的再平衡过程，市场均衡租售比为前定变量。即，双市场供给需求再平衡过程为系统内由价格驱动的动态过程，且该系统内短期租售比值波动服从均值回归过程。

本节界定短期内供给函数的动态过程如下：根据房地产为资本品（不易消耗）的性质和建筑业新建商品房住宅供给周期相对其他工业商品较长的特性，把销售供给拆分为存量和流量两个成分。

所以，在单市场均衡（单一销售市场均衡）的条件下，政府考虑外生政策调整当期均衡投资额，从根本上抑制二手商品房住宅销售价格波动的有效方法应为抬高二手商品房住宅销售市场中买卖双方的成交比例；相反，任何造成刚性需求被人为压低的政策，会进一步刺激投资购买需求，增加二手房销售价格的不确定性。

3.2.2 租赁市场

就房屋的租赁市场而言，同样也分为供给部分和需求部分。就供给方面分析，因为排除了投机的存在，在正常的商品房住宅租赁市场上，房源来自那些持有房屋进行价值投资，享受租金收入的投资者。从这个意义上说，房屋的投资品属性提供了租赁市场供给的主要来源。因此，如果假设这个市场是理想且均衡的，即所有进行房屋投资者所持有的房屋都进行出租（空置率为零）①，那么房屋租赁市场的供给应该等于房屋销售市场需求方的投资需求。至于供给曲线的形状和斜率，当租赁市场的租赁价格上升时，会有更多的投资者愿意投资且出租手中的房屋，在持有成本不变的情况下，享受更高的收益，实现利润最大化，使租赁市场房屋供给量增加。反之，租赁价格下降会导致房屋租赁市场供给量下降，所以租赁市场的供给曲线呈现斜右上方倾斜状态，斜率表示租赁住宅供给的价格弹性，即住宅租赁价格每变动1/100所带来租赁住宅供给量的百分比变动情况。

就需求方而言，当房屋租赁价格上升时，本来愿意租房但是也有能力购房居住的人（应然性承租人）基于自身福利考虑有可能选择购房居住而离开租赁市场，导致租赁市场总需求降低；反之，租赁价格降低时，会有更多有意愿租房的人进入租赁市场，使总需求升高，所以，需求曲线呈现斜率为负、向右下方倾斜的状态。斜率反映房屋租赁需求的价格弹性，即租赁价格每变动1/100所引起的房屋租赁需求的百分比变动情况。相对于销售市场，二手住宅租赁市场的租金水平应当反映租赁市场供给稀缺和租赁居住需求之间的动态均衡。如图3-3（b）所示，$S_{1t}^{b}(P_t, R_t)$为当期供给曲线，$D_{1t}^{b}(P_t, R_t)$为需求曲线，P_1^b为均衡价格水平。

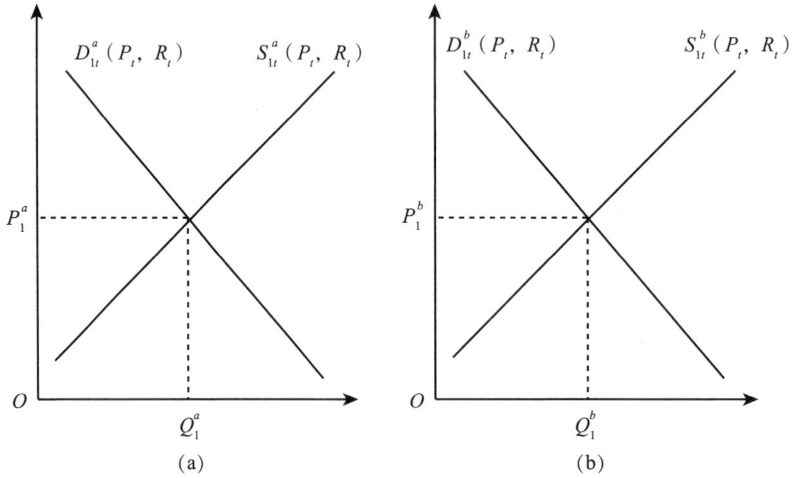

图3-3 稳健的二手房（商品房住宅）销售市场与租赁市场均衡价格决定

注：上角标a代表二手房销售市场经济变量；上角标b代表二手房租赁市场经济变量。下同。

---

① 以上结论成立的前提为全社会政府提供的保障性住宅处于供不应求的局面。

定理 2 二手商品房住宅总购买需求中投资性购买需求在数量上等于租赁市场总供给；租赁市场总需求等于租赁居住需求。租赁居住需求中部分为应然性需求，即应然性需求方可随机地选择成为承租人或者成为购房居住者。

所以，如果调控政策使租赁价格失去作用，不再进入住宅需求者决策信息集，造成流量投资不足，这暗示着租赁市场流量供给不再能满足长期（确定）租赁需求部分，造成租赁市场严重供不应求的局面。由此可得，对稳健租赁市场的扭曲使租赁需求最终失去价格（销售价格、租赁价格）弹性，理论上，只要租赁市场存在，不论价格多高，承租人都必须承担，除非承租人脱离该市场。

如果房地产的单一市场价格调控①的实际效果造成租赁市场需求膨胀，则该政策必然会扭曲稳健的租赁市场，使价格失去调控作用，且长期无法回归市场均衡，则政策本身是不可持续的。

3.3 泡沫化的商品房住宅均衡价格决定

3.3.1 销售市场

在泡沫化市场中，普遍且持续的价格上涨预期带来了系统内新生购房需求，且这个增量与滞后期投资额呈正相关，即扣除真实购买居住需求之后，由市场中资金充裕方原本的投资需求转变为投机需求。两种需求的区别在于投资需求在乎成本和收益，例如，如果销售市场价格过高，则投资需求下降；如果租金市场价格过低，则投资需求也下降。然而，若考虑被持续的价格升高预期所推动的投机行为，则有投机者只在乎价格上涨所带来的资本利得，而根本不在乎市场销售价格和租金价格。理论上，在房产泡沫存在的前提下，只要投机者资金充裕，则不论多高的销售价格或多低的租金价格，投机者仍然会在销售市场买入商品房且持有，且并不在乎租金价格的高低。

---

① 此处“单一市场价格调控”特指二手商品房住宅销售市场的价格调控。

根据以上描述，投机行为在商品房住宅销售市场中会呈现需求方的价格弹性逼近于零的性质，如图3－4所示。图3－4（a）显示销售市场供给双方在价格泡沫存在的情况下，偏离原本均衡点（Q_1^a，P_1^a）的动态过程。原本的需求曲线$D_{1t}^a(P_t, R_t)$首先被持续的价格升高预期扭曲至虚线位置，继而被系统内（租赁市场中资金较充裕的应然性承租人）转移至销售市场的新生购房需求拉高到新的需求曲线$D_{2t}^a(P_t, R_t)$从而产生新的需求—供给均衡。图3－4（a）双线交叉点即为新的均衡点（Q_2^a，P_2^a），为了表示方便，假定供给方曲线维持不变。①

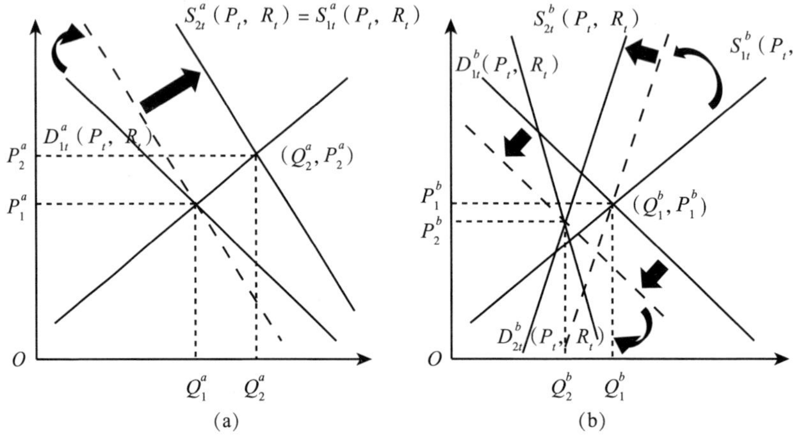

图3－4　泡沫化的二手房（商品房住宅）销售市场与租赁市场均衡价格决定

所以，基于持续（销售）价格上涨的泡沫化市场，需求对于当期价格呈现刚性（价格失灵）。

3.3.2　租赁市场

相对于泡沫化的销售市场，泡沫化的二手住宅租赁市场的租金水平此时也不能反映租赁市场供给稀缺和租赁居住需求之间的动态均衡，如图3－4（b）所示的偏离于稳健状态的供给曲线$S_{1t}^b(P_t, R_t)$和需求曲线

① 即如图3－4中S_{2t}^a（P_t，R_t）＝S_{1t}^a（P_t，R_t），这个限制将在后续模型中被放松。

$D_{1t}^{b}(P_t, R_t)$ 交叉点（P_1^b，R_1^b）的新均衡价格水平（R_2^b，P_2^b）。新的需求曲线（如图3－4（b）所示）不但由于应然性承租人的撤出（转为购房居住需求）造成总体需求显著下滑，且在新的需求水平产生一定的扭曲效应，即新的需求曲线斜率亦有所变化：$D_{2t}^{b}(P_t, R_t)$ 呈现价格刚性。

租赁市场预期流量供给不再能满足固定（非随机）的承租需求，即基于理性预期两者之间的缺口为严格的复数，其结果是租赁供给方持续萎缩，随时间推移，若假定时间足够长，且泡沫化的市场长期持续，则当市场中存量租赁供给耗尽时，会最终呈现出承租需求方严重高于租赁供给方，造成租赁市场严重供不应求的局面，即图3－4（b）中供给方曲线持续向左平移，而新的需求方曲线维持不变，届时租金价格大幅飞涨。理论上，以上的过程呈现非线性，即在存量租赁供给尚未被固定承租需求耗尽之前，租金的价格水平呈现先抑后扬的动态过程。

结论 泡沫化市场条件下的租赁市场租金价格水平动态路径为非线性过程，由应然性承租人离场所带来的租赁需求下降所引起的价格下跌，在短期内被供给的同方向移动冲销而到达新的租金价格均衡，这个均衡的价格水平随着时间的推移呈现先抑后扬的过程。长期内，租赁市场如果无外生供给参与，则双市场系统内自我调节乏力，承租需求曲线运动方向反转，即流量租赁供给最终不能满足租赁需求而造成租金价格快速膨胀。

结论暗示的规律符合2005～2011年中国一线城市商品房年“租售比”持续下降且速率严重偏离均衡“售租比”的客观事实。在此阶段中，由于房地产市场中存在普遍且持续的销售价格上涨预期，造成资金相对充裕的应然性租赁者转而在销售市场中进行购买性居住，而不再租赁，故租赁需求降低。租赁需求下降对于租金价格水平的影响短期内被租赁供给方的萎缩所冲销，故租赁市场租金价格水平数据短期内（年度窗口样本）并未呈现显著波动，然而租金价格在长期却呈现明显上升的趋势（全样本），即当租赁需求反转之后存量耗尽而流量不足（相对于稳健市场而言），不足以满足逐渐膨胀的固定租赁需求，故呈现租赁价格上涨。总的来看，价格上涨速率显著超越租金上涨速率除以全社会金融资本红利，是房地产市场中商品房住宅市场价格泡沫持续膨胀的基本特征。

3.4 管制性商品房住宅均衡价格决定

为平抑商品房住宅销售价格，给过热的商品房住宅市场降温，2010 年 9 月 29 日“新国五条”出台，要求房价过高、上涨过快城市限定居民购房套数；2011 年 1 月 26 日出台的“新国八条”又进一步加强了这一措施。限购政策开始全面施行，并进一步扩散到二三线城市，实施限购令的城市数量也由最初的 20 个大幅增加到 50 个。由于政府单市场调控政策脱离租赁市场均衡考量，对于租赁市场并无政策干预，则均衡情况很有可能产生意想不到的后果。

如图 3－5 所示，在配额管制期间的租赁市场中，由于大量新增（流量）应然性租赁需求不再能转化为购房居住需求，导致持续膨胀的承租方需求，否则承租方离开该房地产市场。因此，调控的关键在于：是否存在大量的投机需求开始在销售市场卖出商品房住宅，即增加商品房住宅总供给，同时意味着该政策成功打破投机者对于销售价格的普遍看涨预期。但是，如果仅仅讨论单一商品房住宅销售市场，则不能准确分析政策效果，所以，必须结合租赁市场来对管制政策的有效性进行进一步的深入分析。

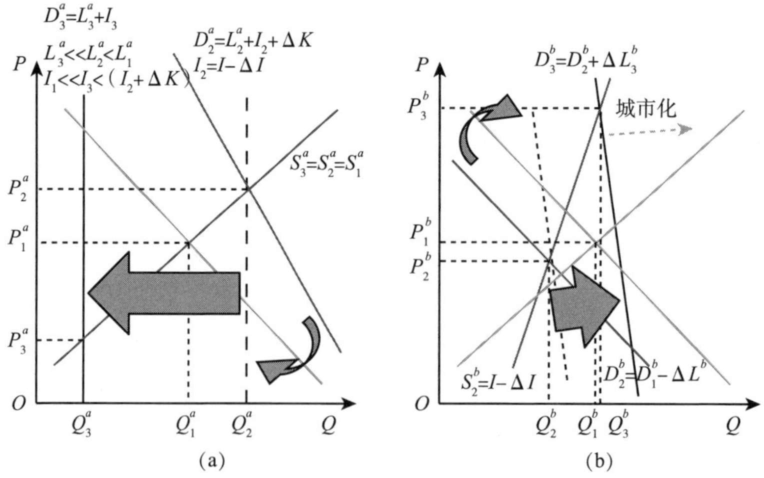

图 3－5 配额管制下的二手房（商品房住宅）销售市场与租赁市场均衡价格决定

由于租赁市场在此状况下相对自由，并无政策调控租赁市场，则基于单市场（销售市场）数量调控下的均衡状况可有如下效果：限购令必须维持相当长的时期才能产生政策效果，即让投机需求方转而进行价值投资（抑或在销售市场抛售），补足总居住需求，即限购下的均衡形式至少令投机需求对租赁市场预期流量供给产生正向作用；但同时，限购令的效应具有不可预测性，即有可能不能完全对冲租赁需求增长，则总效应仍然为租赁市场预期价格大幅上扬。

综合商品房住宅销售市场和租赁市场均衡，可进一步得到以下结论：在销售市场施加配额制行政管制，则直接效果是在人为降低销售市场总需求的同时造成超量的租赁市场需求，其综合结果是造成房地产市场普遍对于商品房住宅租赁市场预期供给持续不能满足租赁需求，继而造成持续租金价格上涨预期。配额制总的效果为：市场参与者对于租赁市场价格的看涨预期会对冲销售市场政策效果。使（存量中）投机方不愿意卖出，转而进行价值投资，即销售市场相对泡沫化市场而言，购房需求、供给同时锐减。供求同方向运动造成均衡价格水平波动且具有不确定性。但如果考虑在长期政府进行积极干预，则结合外生新生商品房供给，可以预测商品房住宅销售价格长期将会出现稳中有降，但租赁市场仍然租金水平大幅上扬的局面。

通过对以上各种市场形态的分析，结合房地产调控政策可知：在治理泡沫化的商品房住宅销售市场中所采用的主要价格、数量调控政策中，罕有繁荣住宅租赁市场的具体手段。所导致的结果是：基于投资预期（租金回报）购买所产生的租赁市场供给与城市化所带来的强劲长期租赁需求之间存在相当规模（且越来越大）的缺口，即租赁市场的供给方越发显得不足。因此，城市居民获得居住权的唯一方式即倾其所有储蓄（或者几代人的储蓄）在销售市场购买商品房住宅，持续推高商品房住宅销售价格。销售价格持续上涨的市场信号形成投机者的理性预期，进而投机资本进入房地产市场各个环节，从而进一步抬高房地产市场价格。

当房地产市场年度平均价格的上涨速率超越全社会普遍资本红利的上涨速率时，大量投机资本涌入，刚性需求方不得已接受早已虚高的价格，则此时体现为房地产市场的泡沫化。若以获取资本利得而非租金收入的投机行为持续，则由于购房转租的高成本，住宅租赁市场的供给将进一步萎缩，且该萎缩趋势不会因为政府调控销售市场而逆转，租金水平在中长期将呈现显著上升的态势。但在短期内，由于价格预期导致的应然性租赁需求离开租赁市场，转而成为销售市场的购买需求，则租赁市场需求减少，抵消了投资性供给的减少，使租金水平在短期内维持在相对稳定的水平。但若长此以往，当租赁市场流量供给短缺积累到一定程度且存量耗尽，则租金水平将大幅度持续上升，此现象现在已经成为中国一线城市的客观现实，特别体现在“限购令”颁布以后。扭曲的市场结构所带来的后果是：地产商利润并不从单一的销售楼盘过程中获得，转而从租赁市场中取得。对于地产商而言，可以采用维持更高的房价且自己转而成为租赁市场的做市商，进而推高租金的“双高”博弈方式对冲“限购令”的政策效果。至此，“限购令”无效。它所带来的后果只会将刚性购房需求传送到租赁市场成为租赁需求方。城市中普通安家者面临的困境最终体现为“不能买，租不起”，这种现象是社会福利的普遍减低和人均真实可支配收入的实际下降。

第4章

商品住宅价格泡沫测度

4.1 房地产市场价格泡沫

4.1.1 泡沫的定义

“房地产泡沫”是“经济泡沫”的一种，在给“房地产泡沫”下定义前不妨先来看看国内外专家学者对“经济泡沫”的定义。1926年出版的《帕尔格雷夫英文大字典》将“泡沫经济”定义为：任何高度投机的不良商业行为。美国经济学家金德尔伯格（1978）认为：泡沫状态这个名词，随便一点说，就是一种或一系列资产在一个连续过程中陡然涨价，开始的价格上升会使人们产生还要涨价的预期，于是又吸引了新的买主——这些人一般只想通过买卖牟取利润，随着涨价，常常是预期的逆转，接着就是价格暴跌，最后以金融危机告终或者以繁荣的消退告终而不发生危机。1992年修订版《新帕尔格雷夫货币与金融大词典》对“经济泡沫”做了补充，就主要引用了来自金德尔伯格的这一观点，该词典认为：在市场经济中，如果一种或一系列资产价格出现了突然上升，并且这种上升使人们产生对这种资产的远期价格继续上升的预期和持续的购买行为，那么这些资产就会出现泡沫行为。持类似观点的还有美国学者斯蒂格里茨，他认为，当投资者预期未来某种资产能以高于他们期望的价格出售时，这种资产的现实价格将上升，从而出现泡沫。凯斯和席勒（Case and Shiller，2003）将泡沫定义为：公众对于未来价格上升的过度预期致使价格呈现短暂上升的现象。在此，两位学者强调了“公众预期”和“价格快速增长”为泡沫的显著特征。他们认为：泡沫表现为在一个连续过程中一项资产或一组资产价格的急剧上升，并且最初的上升产生了对未来价格上升的预期并吸引新的购买者——通常是投机者（只对通过资产交易产生的收益而非资产本身的用途或生产能力感兴趣）。而这种上涨通常伴随着相反的预期和价格的急剧下跌进而导致金融危机。可以看出，虽然表达方式不同，但是也强调了“预期”和“价格的急剧上升”，与上述定义有异曲同工之处。也有学者从信用供给的角度考虑了泡沫的形成，认为对于未来价格增长的预期会通过刺激信用供给使当前价格增长，也就孕育了泡沫。此外，还有学者探讨了次级贷款与市场泡沫的关系，认为两者互为因果。而泡沫则定义为：与基础面无关的价格快速增长。以上学者都强调了泡沫是一个由资产价格从持续上涨到价格暴跌的过程，同时强调了预期在这个过程中特别是价格逆转过程中的重要作用。总结来看，美国学者们倾向于将“泡沫”的定义表现为资产价格的快速增长，而其中对未来资产价格进一步上涨的非理性“预期”扮演了十分重要的角色。之所以说这种预期是非理性的，是因为这种快速增长与基础面无关。

此外，还有一批以日本经济学家为主的专业学者认为泡沫是资产价格相对于经济基础条件背离的膨胀过程。三木谷良一（1998）认为，所谓泡沫经济就是资产价格（具体指股票和不动产价格）严重偏离实体经济（生产、流通、雇佣、增长率等）的暴涨，然后暴跌这一过程。铃木淑夫（1987）则认为，泡沫是指地价、物价等资产的价格持续出现无法用基础条件来解释的猛烈的上涨或下跌。日本《经济白书》（1993）指出，所谓泡沫，一般而言就是资产价格大幅度偏离经济基础（经济的基本要素）而上升。这部分专家学者更倾向于将泡沫和经济要素联系起来，认为泡沫是价格与经济要素偏离的结果，其变化是价格由暴涨到暴跌的过程。

我国学者王子明（2002）把泡沫定义为某种资产价格对其基本面决定的理论价格的非平稳向上偏移。他主要从理性预期和非均衡的角度进行了分析，对资产而言，基本面的价格极为重要，当资产价格与基本面脱轨后，势必会引起资产价格的暴跌，最终达到与一般均衡一致的长期均衡。持类似观点的还有黄明坤博士。黄明坤（2002）指出，资产的基本价值来源于实体经济，是实体经济体系达到最优动态均衡时的价格（等于资本边际产出率)，他把实体和虚拟两种经济模式联系起来，对基本价值做了进一步的阐述和说明。

目前，虽然国内学术界对泡沫具体概念的定义还存在一定的分歧，但各位学者的概念中都存在着一定的共同点，即泡沫的存在是相对于资产的基础价值表现的，它是资产价格脱离市场价格持续上涨的过程及状态，表现为资产价格高于市场基础决定的合理价格的部分。

“房地产泡沫”是“经济泡沫”的一种，它是指以房地产为载体的泡沫经济，是指由于房地产投机引起的房地产价格与价值严重背离，市场价格脱离了实际使用者支撑的情况。通过类比泡沫经济的定义，我们可以进一步把房地产泡沫理解为，在一个连续的周期内房地产价格持续上涨，这一上涨加强了人们对房地产持续上涨的预期，并不断吸引新的买主和房地产投机者加入房地产市场，使房地产价格严重脱离实际价值和内含价值，进而导致房地产泡沫的形成。特别地，在房产泡沫中，购房者觉得他们通常认为价格过高的房产现在却是可以接受的，因为他们会在未来价格的显著增长中获得补偿。为什么购房者会认为过高的价格是合理的呢？这是因为房地产泡沫一般首先因为一些利好因素引发价格上涨，使短期内房地产被大众所追捧，这一上涨加强了购房者的心理预期，早期购入者通过牟取买卖差价获得了丰厚的收益，起到了强烈的心理暗示。这时人们已不再注重房地产的实际价值，而是注重通过买卖能够从中牟取多少收益。

更进一步讲，我们可以把房地产泡沫分为三种：房价泡沫、地价泡沫、房贷泡沫。(1) 房价泡沫。房屋价格增长过快且价格过高，并背离了房屋的真实价值，同时大量的投机者涌入房屋市场，使房屋市场进一步远离房屋本身的价值。(2) 地价泡沫。土地价格过高，或者溢价率过高，背离了土地本身的价值，同时使大量开发商进入土地市场，更有甚者在拿到土地后在同一区域恶性竞拍，使土地价格进一步背离其真实价值。(3) 房贷泡沫。房贷规模大，比重高。购房市场的高热度会引起房贷规模的增加，同时也会刺激银行业增加房贷的房贷规模，两者共同作用，使房贷在信贷市场的占比越来越大，信贷的安全系数逐渐减小。

基于过往文献中的观点分析，本书认为，房地产泡沫是由于投机资本等因素使房地产价格持续上涨，偏离其真实价值，并由此导致市场崩溃的一种经济现象。

4.1.2 泡沫的表现

房地产泡沫到底有哪些具体的表现呢？或者说我们应该如何识别房地产泡沫呢？针对这一问题，国内外诸多学者做出了不同的阐述。以美联储前主席格林斯潘为代表的学者认为泡沫是无法被识别的。例如，格林斯潘曾经指出：泡沫只有在破灭后才能判定是泡沫。还有一批学者则认为房地产泡沫可以通过一些指标来识别。利默尔（Leamer，2002）指出，购买房屋所支付的价格应该反映未来房屋租金的贴现值，房屋的购买价格与这套房屋在市场中的租用价格的比率能够反映购买房屋的报酬和风险，同时可以用来度量房地产泡沫，房地产泡沫的重要表现之一就是这一比率过高。凯斯和席勒（2003）则认为，房地产泡沫表现为家庭收入与房屋价格之间的不稳定关系。

本书认为房地产泡沫的表现主要有四个：出售价格过高、出售价格快速上涨、实际租金下跌、消费者和投资者的非理性乐观。

1. 出售价格过高

房地产价格高低的基本指标是房价收入比，即住房价格与城市居民家庭年收入之比。过高的房价收入比意味着房地产价格脱离需求基础。世界银行公布的世界96个地区的统计资料显示，家庭年收入在999美元以下（最低收入户）的国家（地区），房价收入比平均数为13.2；家庭年收入在3000～3999美元（中等收入户）的国家（地区），房价收入比平均数为9；家庭年收入在10000美元以上（高等收入户）的国家（地区），房价收入比平均数为5.6。根据这一数据，世界银行提出，发达国家正常的房价收入比一般在1.8～5.5，如美国2015年的房价收入比为3.39；而发展中国家合理的房价收入比则在3～6，如南非2015年的房价收入比为3.18。房价收入比比值越大，说明居民家庭对住房的支付能力越低；一般而言，房价收入比超过6就可视为泡沫区。根据世界银行2015年数据显示，中国的房价收入比是22.95，远大于6。同时，这一现象随着时间的推移，更加显著。根据另一个权威平台NUMBEO公布的2018年统计数据，房价收入比前五位的地区分别是：中国北京48.13；中国上海42.84；中国香港

41.08；中国深圳40.29；印度孟买28.17。20世纪80年代，日本东京爆发了房地产泡沫危机，在房地产泡沫破灭前，东京的房价收入比约为18；泡沫破灭后，东京房价收入比降至11.4。

2. 出售价格快速上涨

房地产价格持续急剧上扬是房地产泡沫的重要表现。合理的出售价格增长不应高于可支配收入的增长，否则这个增长将不可能长期持续。以2017年为例，房地产价格仍然保持持续上升的态势，根据智研咨询网发布的《2018~2024年中国房地产行业深度调研及投资前景预测报告》显示，2017年全年商品房销售金额为13.4万亿元，同比增长13.7%，销售面积16.9万平方米，同比增长7.7%，销售均价升至7892元/平方米，同比增幅5.6%；2018年一季度商品房销售金额同比增长10.4%，销售面积同比增长3.6%，销售均价升至8507元/平方米，同比增速6.6%。2017年全年商品住宅销售金额11.0万亿元，同比增长11.3%，销售面积5.3万平方米，同比增长7.7%，销售均价升至7614元/平方米，同比增幅5.7%；2018年第一季度商品住宅销售金额同比增长11.4%，销售面积同比增长2.5%，销售均价升至8275元/平方米，同比增速8.7%。另外，根据国家统计局数据显示，2017年，全国居民人均可支配收入为25974元，比上年名义增长9.0%，扣除价格因素，实际增长7.3%，人均可支配收入中位数为22408元，增长7.3%。其中，城镇居民人均可支配收入为36396元，增长8.3%，扣除价格因素，实际增长6.5%，人均可支配收入中位数为33834元，增长7.2%；农村居民人均可支配收入为13432元，增长8.6%，扣除价格因素，实际增长7.3%，人均可支配收入中位数为11969元，增长7.4%。2018年第一、第二季度，全国居民人均可支配收入为14063元，比上年同期名义增长8.7%，扣除价格因素，实际增长6.6%。对比两项数据我们不难发现，房地产价格增长大于可支配收入的增长。1990年日本东京新房价格增速高达17.2%，而反观与人均可支配收入息息相关的M2和GDP增速，两者均低于房屋价格的增速，其中M2增速11.7%，GDP增速仅为7.7%。

3. 实际租金下跌

房地产市场总体可分为房地产销售市场和租赁市场，一般租赁市场能够准确反映真实的消费需求。当房地产销售市场投机需求旺盛时，租赁市场上供给大体保持不变的同时需求大量转向销售市场，结果将导致房地产的租赁价格下降。房地产租金上涨低于房地产销售价格的上涨意味着租赁市场可能存在泡沫，而房地产租金价格下降则意味着销售市场可能存在泡沫。我们可以用房价租金比或租金收益率来衡量这一表象。房价租金比即每平方米的房价与每平方米的月租金之间的比值，大致反映了房屋以出租方式取得的投资回报；租金收益率指月租房获得租金同房屋价钱的比值，其反映了地产方面投资收益情况；从计算公式上看，我们可以把租金收益率看作房价租金比的倒数。租金收益率越低，意味着房地产市场的投机成分越大；同样，房价租金比越大，房地产泡沫情况就越显著。根据中国社科院财经战略研究院住房大数据项目组公布的数据显示，2018 年 1 月厦门的房价租金比为 1100，同比上涨 11.19%；上海的房价租金比为 644，同比下降 1.52%；深圳的房价租金比为 627，同比上涨 7.57%；北京的房价租金比为 594，同比下降 5.75%。房价租金比是一个国际通行指标，国际普遍认为该指标超过 300，即意味着房价存在泡沫。日本房地产泡沫前租房市场一直表现平稳，但 1988～1994 年租房市场爆发性增长，累计涨幅达 16%，随之带来了房价租金比的快速下降。

4. 消费者和投资者的非理性乐观

投资者对于未来房地产市场走势的乐观态度是房地产价格和需求泡沫增长的心理基础，而这种乐观心理改变也是导致泡沫破灭的充分必要条件。本书认为，消费者和投资者的非理性乐观又可以概括为三个方面，即房地产市场短期内被大众所追捧、大量受从众心理暗示的消费者参与、非理性预期引发的过度投机者参与。（1）房地产市场短期内被大众所追捧。以 2016 年初为例，央行和银监会下调不限购城市的首付比例，其中首套房首付比例最低降至 20%，财政部将首套房面积 140 平方米以上的契税从 3%减按 1.5%的税率征收；二套房契税从 3%降为 1%～2%。在政策的利好和心理预期的推动下，房地产市场迅速回春，随着越来越多炒房者的加入，房地产市场的需求被虚假放大，从而营造了楼市过于旺盛的假象。房地产价格的持续上涨使其资产价格与其实际价值发生较大的偏差，导致了泡沫的产生。（2）大量受从众心理暗示的消费者参与。通常投机者购买房产，并非他认为房地产值这个价钱，而是买入以后可以以更高的价格卖出，即购房者认为可以在未来的价格上涨中得到补偿。受羊群效应影响，不断有购房者中途进入房市，因为每个人都觉得房价会一直涨，而自己不可能是房地产最后的“接盘侠”。如果前期的购房者已经通过低买高卖赚了钱，就会造成潜在房地产投机者一拥而上的集聚效应。(3) 非理性预期引发的过度投机者参与。整个房地产市场的过热会对购房者的欲望和冲动等非理性心理产生影响，而房价在一段时间内只升不降会进一步影响消费者的认知和决策。消费者预期房价会进一步增长，而现在的观望只会导致房价越来越高，如果现在不买，以后会更买不起。由于人们的心理预期足够强烈，导致购房者完全忽略了投资房地产带来的风险。这种预期导致人们的行为逐渐偏离最优化，由心理预期而无实际经济支持的房地产价格是不稳定的，当人们意识到房价开始下跌时，预期推动的高房价体系就会崩溃，进而导致泡沫的破裂。

4.1.3 中国房地产市场价格泡沫形成的原因

1. 基本供求关系

就供给角度而言，房地产行业本身就有不同于其他行业的特殊性，主要表现为房地产行业严重的供给约束，即资本、劳动力、土地三个生产要素的供给弹性的限制。就需求角度而言，随着城市化进程的加快和人口结构的改变，房地产的不可替代性导致了人们对房地产的价值投资需求和刚性需求也在日益增长，这也在一定程度上带动了房地产均衡价格的上涨。

就房地产的供给因素来讲，房地产的成本主要由三个方面组成：土地价格、建筑成本和相关税费。其中，土地价格在房地产成本中占比最高。因此，土地价格是决定房地产价格的重要因素，而土地的价格又受到土地供给的影响。通常核心地段由于供给较小，土地价格较为坚挺，在房价上涨期涨幅最大，在房价下跌期跌幅最小。中国的土地都是国有或集体所有的。在人多地少的国情下，房地产供给的三个生产要素中土地的供给弹性最小。土地要素方面，我国现行两种土地所有制度，城市国有土地可以经过政府征用，再卖给开发商使用；而农村集体土地不允许出让。这样，国有土地上建设的商品房可以卖高价，而集体土地上建设的房子叫“小产权房”，不允许交易和出售，结果就造成了土地供给严重不足。而且，与转让土地相关的税费是地方政府财政来源非常重要的一部分，近些年保障性住宅的建设在一些地方基本处于停滞，又进一步加剧了房地产市场上的土地供应不足。在我国，由于公有制经济和农业经济基础地位的特殊国情，在短时间内，有效的土地市场化制度和农村土地流转制度还难以广泛推行，因此，土地资源的稀缺仍然会持续相当长一段时间。

就需求角度而言，人口结构和城市化进程影响着人们对房地产的需求。从人口结构上看，我国在20世纪60年代末和70年代开始鼓励生育，导致人口增长率直线上升。更多新生家庭的出现导致了房地产需求大增。随着城市化进程的发展，新一批年轻人进入成家立业的阶段，他们对住宅有着刚性需求，再加上大量农村人口涌入城市，这就导致对住宅的消费需求会保持较快速度与较大规模的增长。据国家统计局统计，2009～2014年，中国流动人口增加0.73亿人，较2009年的1.8亿人增加了40.5%。2011～2017年，伴随着乡村人口的下降，城镇人口平均每年增加2100万人，城镇化率从51.27%增长到58.52%。此外，城乡收入差距持续缩小，收入的增长提高了人们的购买力，这就导致人们对住宅的改善需求和其他一些（如拆迁带来的）需求均有较大的增长，也表现出一定程度的刚性。而且，随着居民储蓄的增加，在我国社会保障体系尚未健全的情况下，房地产作为一种投资保值、养老工具的需求也进一步体现出来，这种非消费性的投资需求也在持续增加。据国家统计局统计，1992年居民储蓄率仅为20.7%；2010年增长到25.8%，增长率远高于发达国家。因此，在经济飞速发展的时期，由于对房地产市场旺盛的需求，房地产的均衡价格也会持续上升。此外，房地产具有异质性，即房屋之间的可替代性较差。决定房地产价格的一个重要因素就是地理位置。地理位置导致了城郊房屋不能有效替代核心地段的房屋，即便加大城郊房屋的供给，但只要有持续增长的人口从农村流动到城市，人们对于核心地段房屋的需求也会持续增加，这就进一步加剧了房地产的紧缺。

2. 投资者预期与投机

传统经济学认为，资本市场的参与者都会在理性预期的基础上进行决策。所有的信息对于所有的参与者都是平等的，参与者会利用市场上一切有用的信息进行决策，因而所有信息都会立刻反映到市场价值中。这是“有效市场假说”理论的前提条件和逻辑思路。但在现实生活中，完全信息的收集成本对于个人而言非常巨大，因而人们得到的信息往往是不完全的，即使得到了充分的信息，这些信息也是过去的资料，并不足以使市场参与者凭此获得平均收益。斯蒂格利茨认为，所有预测未来的方式都存在的问题是历史从来不能完全重演。当市场环境是完全竞争的时候，资产的市场价格受到市场上供求关系的影响，等于其重置价格。在开发商和购房者的博弈中，由于严重的信息不对称，造成购房者是相对弱势主体，开发商则是相对强势主体。在这种情况下，过度的投机行为会导致投资者过高地、错误地估计未来收益，难以对不断变化的市场做出及时的反应和准确的判断。房地产较长的开发周期，使市场上房屋的有效供给常常滞后于市场需求的变化，从而加快了房地产市场上泡沫的生成和膨胀。从房地产的金融属性上来说，按揭和预售制度是房地产重要的特征。按揭使消费者可以通过杠杆来提前消费，向市场释放购买需求；预售制度则为开发商提供了尽早回笼资金的可能性，这也解释了为什么房市可以在短期内迅速膨胀。房地产在具有普通消费品特性的同时，兼具投资品的特性，而投资品的价格主要取决于对未来收益的预期。而投资者的预期总会有一定的惯性，也就是说，如果最近一段时间市场是上涨的，那么在未来一段时间的预期也倾向于上涨；而如果最近一段时间市场下跌，那么未来也会预期市场下跌，这种追涨杀跌的心理在中国市场上尤为明显。对于投资品而言，与消费品不同的是，投资品的价格不存在均衡点，预期价格一旦上涨，就会导致需求增加，而下跌则会导致需求减少，其最终表现为市场的价格跟随着未来市场预期价格的波动而波动，即预期的自我实现效应。预期的两个核心特点是：预期的同质性——经济主体对价格的发展趋势具有共同的预期，这是形成泡沫的基础；需求与价格预期的正反馈——人们判断较高的资产价格是否会持久的主要原因是价格能不能够长期保持在稳定水平，而不是价格是不是合理。

3. 政策激励

从房地产开发的整个过程来看，金融伴随始终。高杠杆和高负债是我国房地产的主要特征。曹如月（2014）认为，房地产企业自有资金比例较低，主要依赖银行贷款。银行信贷资金贯穿于土地储备、交易、房地产开发与销售的整个过程。根据央行和银监会对30个省（区、市）的调查数据显示，我国的房地产开发资金来源中有55%的资金直接来自银行系统，而另外的自筹资金主要由商品房销售收入转变而来，大部分来自购房者的银行按揭贷款，按首付30%计算，企业自筹资金中有大约60%来自银行贷款；“定金和预收款”也有30%的资金来自银行贷款，如果将施工企业垫资中来源于银行部分加上的话，来源于银行的资金总比例将高达60%以上。而这个比例在国外一般只在40%左右。

我国房价的上涨是典型的资金推动型上涨，即有多少钱流入房地产市场是决定房价能否大涨的关键。我国的房地产市场是一个高度依赖信贷资金的市场，每一次信贷规模扩张都与房价的上涨高度重合，如2008年金融危机时政府向市场投发的4万亿元和2013年初的9000多亿元的信贷，以及央行多次降准降息，都刺激了地价和房价的飙升。实体经济回报率低以及物价水平的持续上涨，导致了大量的信贷资金流进房市，拉高了房价。房地产开发项目周期较长，如果没有资金的持续供应，开发商一旦资金链断裂，就难以用自有资金顺利完成房地产开发全过程。我国房地产企业开发资金不足，而近年来国家对房地产企业的资本金要求比例提高到35%，房地产企业通过各种变通方式如关联企业贷款、销售回款等方式来拼凑自有资金。与此同时，发放房地产开发贷款可以派生大量的存款和零售业务、中间业务，因此，房地产的大量贷款开发也为银行自身创造了高成长性和高利润性。金融自由化特别是利率市场化使资本的流动性大大增强，资金流动更为迅捷，资源配置更加优化，很大一部分资金进入了房地产市场，促进了房地产泡沫的形成与膨胀。政府对房地产的干预比其他任何市场都要多，这是由于房地产具有投资和消费的双重特性，干预方式除了城市规划、土地、利率和税收政策外，还包括政府直接投资和以转移支付的方式进行投资。当政府利用手中的权力为短期政治和经济目标服务时，就会导致政府干预的失误，而房地产业的发展又会带动相关产业的共同发展，当房地产业产生泡沫时，其泡沫破灭产生的负效应也会波及其他行业。在房地产开发的产业链中，地方政府扮演着土地供应者的角色，高涨的房价不仅能为地方政府带来很好看的GDP政绩，还能带来现金流，提供地方财政收入，如多个环节的税收收入、巨额的土地出让费等；与此同时，与房地产和建筑相关的上下游产业也能够得到快速发展。另外，目前所实行的财税体制是分税制，地方政府的事权和财权明显不相匹配，导致地方政府的财政支出严重依赖房地产，提高地价和房价有时成为地方政府的无奈之举。据万得（Wind）金融终端数据显示，来源于房地产业的土地出让金、税费等收入占地方财政总收入的30%，在某些房地产热点城市，所占的比例甚至超过了50%。一旦房地产市场陷入萧条，土地卖不出去或者卖不到好的价格，这显然是地方政府不愿意看到的。

通常来说，仅仅由资本、劳动力和土地等基本因素导致的房价大涨通常不足以构成房地产泡沫。平安证券在宏观专题报告《房地产泡沫的成因和识别》（2013年）中指出原因：供求失衡导致的房价上涨必然反映到租金的上涨，而租金的上涨会使未来现金流上升，转而拉动房屋内含价值的增加。因此，非金融供求因素导致地房地产上涨支持了房地产泡沫识别指标（如房价收入比、房价租金比）的合理性，即房价上涨伴随着收入和租金的上涨，房价收入比和房价租金比不会有显著的上升。另外，由低利率、低首付等政策支持的房价上涨通常会引发房地产泡沫。原因在于，政府出台的房地产刺激计划会提高居民购买力，增加居民对房地产的需求，同时刺激房地产投资需求。然而，房地产具有一定的经济周期，政策的刺激势必会打破房地产的周期，使原有条件下的房地产供求关系发生改变，提高房地产价格预期，房地产泡沫累积到一定程度后一旦被刺破，将引发一系列的金融危机。有三个案例可以来证明这个观点。

案例一 日本房地产泡沫（1985～1991年）形成的最为重要的两个原因：一是“广场协议”的签订加速了日元升值，加之日本货币政策的失误（日本采用宽松的货币政策，在1986～1987年连续5次降息，货币的供应量每年都超过10%，导致日元急剧膨胀）。二是金融自由化导致银行实施激进的放贷行为。1985～1989年，信贷增速由个位数激增到20%左右，而过多的流动性资金并没有像政府期望的那样流入制造业和服务业，而是流入了最容易吸收资金的股市和房地产市场，导致了泡沫的产生与迅速膨胀。

案例二 泰国房地产泡沫（1991～1997年）形成的最为重要的两个原因：一是政府和民众对经济增长和信用膨胀过分自信，银行信贷的迅速扩张使大量的钱纷纷投入房地产市场，导致了虚拟经济对实体经济的严重偏离。二是金融自由化、利差等因素导致国外大量外资涌入房地产市场，外债余额急速攀升，从1990年的180亿美元上升到1996年的1120亿美元，在短短的7年时间里翻了6倍。

案例三 美国房地产泡沫（1998~2007年）形成的最为重要的两个原因：一是美联储采用宽松的低利率政策，在2001~2003年连续13次降息，联邦基金利率从2001年初的6.5%降低到了2003年6月的1%，30年固定利率抵押贷款合约利率从2000年5月的8.52%下降到2004年3月的5.45%（王曦，2007）。二是以次级按揭证券化为核心的房地产金融创新。大量的金融杠杆导致居民过度借贷，加速了房地产泡沫。

4.1.4 房地产泡沫的影响

房地产价格对实体经济的影响研究一直是近些年来国内学者高度关注的问题。我国学者纷纷用不同的计量模型从不同的角度进行了实证研究。

第一，陈彦斌和刘哲希（2017）利用动态随机一般均衡模型（dynamic stochastic general equilibrium，DSGE），采用萨缪尔森-戴蒙德-梯若尔（Samuelson-Diamond-Tirole）框架，并针对近期中国经济的实际情况（企业部门的融资约束相对收紧、个体投资者部门占主体地位）进行了模型调整刻画。为了补充刻画市场参与者在悲观预期下选择主动不交易的情况，以完善马丁和文图拉（Martin and Ventura，2016）为代表的相关研究中将资产泡沫破裂概率外生给定，并且设定一个阈值使该资产泡沫爆裂概率不超过该阈值，市场参与者只在乐观预期下进行资产交易。为了全面刻画市场预期的内生变化过程以及预期变化对资产交易决策的影响，引入了资产泡沫破裂概率的内生动态变化机制。由此，模型将资产泡沫的运动轨迹内生化，弥补了之前文献中将资产泡沫动态过程外生设定的不足，从而更好地与现实情况拟合。针对企业部门的融资约束相对收紧，在企业部门的生产决策函数方面调整了预算约束条件。针对个体投资者部门占主体地位，在异质性两期家庭求取效用函数最大化时调整了约束条件。

陈彦斌和刘哲希（2017）得到以下主要结论：一是资产价格上涨将会抑制经济增长。当资产价格被推动上涨1%时，经济产出水平将会下滑约

0.8%。这是因为，在考虑市场预期内生变化时，在如商品房地产这样的资产价格上涨过程中，市场会显著增加资产的购买规模并减少对实体经济的投资。同时，融资约束收紧会进一步降低企业投资意愿，提高企业购买资产意愿，使更多资金“脱实向虚”。二是当资产泡沫规模不断扩张时，会导致产出水平出现下降，市场对于缺乏基本面支撑的资产价格持续上涨，使信心不断减弱，市场预期脆弱程度加剧，市场参与者转向悲观预期的倾向明显增强。一旦资产泡沫发生破裂，将显著拉紧企业面临的融资约束并使居民财富大幅缩水，从而带来约 7.5% 的产出损失。

第二，刘晓星和姚登宝（2016）利用 DNK - DSGE 模型，在已经广泛应用的金融摩擦和价格黏性的基础上（金融摩擦是指由于金融市场上信息不对称产生的主要成本，主要包括信息成本、控制成本、监督成本以及市场分割成本。价格黏性是指价格调整的过程长而缓慢，难以适应市场供求形势的变化），使用银行法定存款准备金率因素来刻画银行信贷的“杠杆效应”，在考虑生产技术冲击、货币政策冲击等常见的冲击因素之外，考虑中国现今全社会金融脱媒（随着直接融资的发展，资金的供给通过一些新的机构或新的手段绕开商业银行这个媒介体系）和资产价格波动改变家庭的违约行为这两个事实。将流动性冲击、金融脱媒冲击和资产价格冲击引入宏观经济的多部门均衡问题中，尝试构建了一个涵盖家庭、银行、政府、厂商和零售商等多部门的 DNK - DSGE 模型。其中，由于流动性本身就是一个多维度概念，难以全面描述，他们采用从因家庭储蓄违约所引发的流动性冲击。金融脱媒直接使用直接融资和间接融资之比来进行刻画。在 DNK - DSGE 模型中通过冲击反应函数，让经济体系各个外生冲击的动态传导过程透明化，进而了解不同的冲击对于经济体系的动态影响。此模型中，利用校准方法和贝叶斯估计方法估计模型参数，并且结合应用方差分解和脉冲响应分析来研究各个冲击对于产出、消费、通货膨胀、信贷、劳动、投资等主要经济变量的影响。

刘晓星和姚登宝（2016）得出以下主要结论：金融脱媒和资产价格冲击能使产出、投资、劳动和信贷等出现较大提高，其中正向的资产价格冲击能分别使产出和投资增长达 6% 和 20% 左右，银行融资杠杆率和全社会融资杠杆率表现并不一致。流动性冲击会引起消费、信贷和通货膨胀等多个变量的小幅下降，但能增加产出、投资和劳动需求。当实施扩张性货币政策时（如降低法定存款准备金率），产出、消费、劳动、信贷总量、通货膨胀率和投资等主要经济变量的波动有所加剧。

第三，刘雅娇和胡静波（2018）应用差分广义矩估计（GMM）方法和平分GMM估计方法相结合的系统广义矩估计（SYS－GMM）模型估计方法，使动态面板的参数估计是无偏有效的。为了减少不同省（区、市）地区经济异质性带来的影响，在SYS－GMM模型中加入控制变量。这些控制变量包括以下会对实体经济波动产生影响的因素：金融信贷发展程度（银行业各项贷款/各省（区、市）GDP）、投资水平（全社会固定资产投资总额/各省（区、市）GDP）、人力资源（高中与大学专科文化程度占比之和）、政府规模（地方财政支出/各省（区、市）GDP）、对外贸易（进出口总额/各省（区、市）GDP）、外商直接投资（外商直接投资额/各省（区、市）GDP）。研究样本来自国家统计局网站、中经网数据库、CEIC数据库以及各省（区、市）统计年鉴。2001～2015年31个省（区、市）地区数据为基础数据，并根据时间维度和省份地区维度进行整理度。

基于实体经济波动回归结果得到结论：我国房地产市场价格起伏对实体经济波动具有显著的正向影响。对2001～2007年与2007～2015年两个子样本进一步进行检测，可以发现我国房地产市场价格与实体经济波动的联系日益紧密。对此，有两种猜测：其一可能是因为市场投资者对房地产市场价格有较为强烈的乐观预期，从而影响了实体经济资金流向；其二可能是实体企业正在逐步增加对投资性房地产的资金投入，以投资商品房地产作为企业盈利渠道。

从商品房地产行业的体量和涉及的行业数量不难看出，商品房地产企业不仅在我国宏观经济发展过程中发挥重要作用，也是泡沫经济的主要载体所在。在泡沫程度合理的范围内，正如前文提到“正向的资产价格冲击能分别使产出、投资增长达6%和20%左右”，商品房地产出现的资产性泡沫，不仅能够增强经济发展的效率，而且在一定程度上能够促进消费，促使各种资源的优化配置。但是，商品房地产泡沫不断膨胀，难免使投机行为增强以及商品房地差价格持续推高。

由于商品房地产企业投资回报率高于实体经济发展中的大多数实体行业，社会资本的流动会在一定程度上造成供求失衡的现象。同时，伴随着企业的资本在不断地进行流动，劳动力与土地等生产要素源源不断地向房地产企业流向，在实体经济发展中占据主导地位的生产企业将会出现萎缩现象，进一步恶化收益较低的生产企业的生存空间，从而市场上产品的供应量也会逐步减少，使商品价格因此上涨，从而出现通货膨胀现象。如果商品房地产泡沫崩溃，导致银行资金链断裂，则会引发严重后果。一旦这些方面出现问题，很容易导致商业银行的挤兑，央行只能救助，否则就可能带来货币危机和社会危机，造成严重的后果。中国的银行体系主要使用抵押贷款机制。商业银行使用房屋和土地作为抵押物的贷款金额接近贷款总金额的一半，而另外一部分主要使用信用贷款和其他贷款机制，当房屋价格下跌时，财政收入和个人财富缩水、上述基础行业开工率不足，就会导致财政、个人和大量的国企丧失信用基础，导致信用贷款也失去信用。而无论财政收支还是抵押贷款机制，都是货币信用的根基，容不得半点马虎。

4.1.5 商品房地产泡沫的测度分析

对于如何衡量商品房地产泡沫程度，主要有基础价值法、资本边际收益率法和多元统计法。

1. 基础价值法

基础价值法也称作收益贴现法。基础价值法主要源于古典经济学中的地租理论。此方法在 2008 年之前使用较多，2008 年之后对于商品房地产泡沫度的测度研究中以多元统计法为主导。基础价值法的主要思想是，通过计算商品房地产的理论价格，然后将其与实际房价比较以判断是否存在房地产泡沫。计算商品房地产理论价格的基本原理为：商品房地产当前市场价格等于未来净收益的现值之和。

王维（2009）对 2003 年第四季度到 2008 年第三季度数据进行分析，得到结论：商品房地产实际价格与基础价格存在长期性的较大偏差，并且实际价格与基础价格之间的偏差不是一个纯随机的过程，存在实质性因素影响，即商品房地产泡沫确实存在。商品房地产价值偏离部分和收入与房地产价格存在显著正相关性，这表明商品房地产存在内生性泡沫和趋势性泡沫。并且，房地产价值偏离部分与基础价值的相关性要高于其与房价的相关性，表明内生性泡沫占据主导地位。

2. 资本边际收益率法

值得一提的还有基于宏观决定因素的资本边际收益率法。资本边际收益率测度法的核心观点在于，只有当商品房地产价格变化脱离实体经济发展和变化时才产生泡沫。王雪峰等（2005）最早借鉴拉姆齐（Ramsey）模型测度资产边际收益率，进一步得到商品房泡沫度。其主要思想依旧是：泡沫度 = 资产实际价格偏离其理论价值的程度。但是，对于如何确定基础价值，与基于古典经济学的地租理论选取收益贴现不同，王雪峰等（2005）引用拉姆齐模型，得出结论：我们所要寻找的资产基础价值就是资本边际回报率，即所谓商品房地产的基础价值就是经济动态均衡稳态是资本的边际收益率。

3. 多元统计法

由于资本边际收益率法基于的拉姆齐模型过于理想，难以贴合现实，近年来主流学者纷纷采用更贴近现实的多元统计方法。

对于多元统计方法，也就是经济基本要素回归法，我国学者纷纷使用不同的商品房地产泡沫指标和不同的指标处理方式进行商品房地产的泡沫度测度研究。张文斌、刘选和田玉忠（2016）应用层次分析法（AHP）和变异系数法进行组合赋权，确立综合泡沫度指数的计算公式，以进行房地产泡沫的测度分析。在模型指标选定时，考虑房地产泡沫的各个成因，将其归纳为投资层面以及价格层面。其中，商品房地产的投资层面，不仅反映商品房地产行业结构是否合理，更是衡量商品房地产行业发展规模与国民经济生产总量关系的主要层面。为了更好地刻画商品房地产泡沫的投资层面，主要使用房地产开发投资占固定资产投资的比重、房地产投资额占GDP的比重、商品住宅施工面积占竣工面积的比重等指标。在商品房地产价格层面，刻画主要使用房价增长率占实际GDP增长率的比重、房价收入比等消费性的指标。

具体方法为：根据这些指标进行计算，可以得到各个指标的期望值、标准差。再设定数据分布偏离期望值不超过1倍标准差的范围视作“正产”；数据分布偏离期望值超过1倍标准差而小于两倍标准差视作“基本正常”；数据分布在中心值左侧且超过1倍标准差而小于2倍标准差的视作“偏冷”；数据分布在中心值左侧且超过两倍标准差的视作“过冷”（低谷区）；数据分布在中心值右侧且超过1倍标准差而小于2倍标准差的视作“偏热”；数据分布在中心值右侧且超过2倍标准差的视作“过热”（泡沫区）。然后，将各地、各年、各项指标代入可以计算出单项指标的泡沫度指数，再对不同的单项指标赋权，利用层次分析法（AHP）求出主观权重，用变异系数法求出客观权重，两者相加得到组合权重。变异系数法受主观因素的影响较小，但会受到样本数据随机性的影响；层次分析法中指标的确定和分值的给定受主观臆断影响较大。通过组合赋权方法，将层次分析法体现评价者的主观论断与变异系数法随客观环境改变而改变的特点相结合，以期既能够照顾到决策者的主观偏好，又能够做到决策的客观真实。

得出组合权重，就可以得到综合泡沫度指数的计算公式以及以下结论：

（1）房价收入比泡沫指数曲线2001～2014年总体在波动中呈下降趋势，这说明在房价上涨的同时，收入水平得到了较为显著的提高，使部分有意愿购房者能够有支付能力。

（2）房地产投资占固定资产总投资比重的泡沫度指数曲线波动幅度较大，由于商品房地产受地产调控政策和货币政策影响较大，泡沫化程度没有明显规律。

（3）房地产投资占GDP比重的泡沫度指数曲线在2005～2012年呈稳步上升趋势，并在2012年之后出现快速上升趋势，表明从GDP角度考察商品房地产存在过热的趋势。

（4）商品房销售价格增长率占GDP增长率比重的泡沫度指数曲线呈波动性，由于GDP增长率一直维持在相对稳定的变化区间内，说明商品房销售价格增长率的变化较大。

（5）商品住宅施工面积占竣工面积比重的泡沫度指数曲线在波动中上升，并且在2008年之后出现稳步上升的态势，与房地产投资占GDP比重的泡沫度指数曲线相互印证。

（6）泡沫度综合指数曲线在波动中上升，除去2008年、2010年、2012年出现低谷之外，总体上呈现平稳上升的趋势，表明商品房地产泡沫总体呈现不断扩展的态势。

陈昭翔、陈立文（2017）指出，应该明确房地产发展景气指数与房地产泡沫指数的区别，选择直接影响房地产价格、规模的指标。通过因子分析，构建出商品房地产泡沫指数模型。采用以下指标计算：房价收入比 = 商品住宅平均单套价格/城镇家庭平均可支配收入 =（商品住宅平均销售价格 × 套均销售面积）/（城镇家庭人均可支配收入 × 户均人口数）；空置率 = 空置商品房屋面积/最近三年内竣工住房面积；空置面积/销售面积 = 空置面积/近三年销售面积；房价租金比。

陈昭翔、陈立文（2017）对北京、天津、石家庄进行了商品房地产泡沫指数测算分析，指出北京商品房地产泡沫指数上升速度较快，一直处于异常区间。2013 ~ 2016 年，天津、石家庄与全国商品房地产泡沫指数一致，均处于非正常区间。

4. 其他分析工具

在基础价值法、统计检测法以及多元统计方法等方法之外，也有许多新的分析工具加入商品房地产泡沫度测度的研究中。

（1）韩克勇、阮素梅（2017）应用单位根检验方法，建立了房地产泡沫检测流程与房地产泡沫测度指标，提出了在对商品房地产泡沫的成因分析中单单满足于分析单个因素对于商品房地产泡沫的影响是不够的，商品房地产泡沫由多个因素共同影响，需要同时考虑多个影响因素，才能够揭示商品房地产泡沫背后的基本原理，从而给出更准确的商品房地产泡沫测度。韩克勇、阮素梅（2017）分两部分分析了商品房地产泡沫度的测度问题。

其一，基于收入—房价、租金—房价之间基础关系模型使用单位根检验方法分析，对房价序列、租金序列、收入序列、房价租金比序列和房价收入比序列等进行平稳性检验，划分出四种情形刻画房地产泡沫检测流程，进而判断商品房地产泡沫是否存在；再依据平稳性检验的尾概率（p 值），从房价租金比与房价收入比两个方面构造了房地产泡沫测度指标，刻画房地产泡沫的大小。主要的理论依据为：当房价序列平稳时，不存在房地产泡沫；当房价序列出现不平稳时，存在商品房地产泡沫。

韩克勇、阮素梅（2017）对房价序列分四种情形进行讨论。

情形一　房价序列平稳且租金序列平稳，房价租金（收入）比平稳。此时确定不存在房地产泡沫，令房地产泡沫指标为0。

情形二　房价序列平稳，租金序列非平稳。从基本关系模型来看，这一结果实际中不会存在。然而，由于实际数据信号误差，可能出现这一情形的计算结果，继续考虑其房价租金（收入）比的单位根检验结果，将其纳入情形四讨论。

情形三　房价序列非平稳且租金序列平稳。此时，可以确定存在房地产泡沫，令房地产泡沫指标为1。

情形四　房价非平稳且租金（收入）非平稳。此时，无法明确判断是否存在房地产泡沫，可以报告房价租金（收入）比单位根检验的 p 值，来衡量房地产泡沫的大小。由单位根检验的 p 值可知，当 p 值越大时，越倾向于接受原假设（非平稳），意味着序列非平稳的可能性越大，从而房地产泡沫发生可能性越大；反之，反是。因此，使用房价租金（收入）比的单位根检验 p 值作为房地产泡沫测度指标的估计值，对房地产泡沫的大小进行测度，p 值越大，表明房地产泡沫越大。

其二，从货币政策与财政政策两个方面，综合考虑货币供应量、利率、汇率、财政支出、土地价格等因素对房地产泡沫的影响，建立相应的回归分析模型，通过回归系数的显著性以及回归系数的符号，揭示房地产泡沫的影响因素。

（2）王泽宇（2013）结合更为先进的数据分析方法，利用改进 BP 神经网络对商品房地产泡沫测度进行分析。神经网络的基本原理为：使用最速下降法，通过反向传播（即一层一层往前传）不断调整网络的权值和阈值，最后使全局误差系数最小。也就是利用输出后的误差来估计输出层前一层的误差，再用这层误差来估计更前一层误差，如此获取所有各层误差估计，再反复迭代使误差最小。王泽宇（2013）通过查阅统计年鉴，选取了 2011 年 30 个城市的商品房地产数据作为训练样本、4 个城市作为测试样本。30 个训练样本房地产泡沫测度值的取得是基于以测试结果集合为参照，测试结果由超级决策者组织群决策专家，可以依据几个常用指标先直观确定模糊语言值，再由语言值量化取得，尽管还是存在主观因素影响，但 BP 神经网络有助于揭示区域房地产价格与其影响因素间的内在作用机理，帮助解决理论研究房地产泡沫测度中建模及求解的困难。

4.2 租赁—销售双市场均衡价格测度法

4.2.1 理论框架

1. 经典资产价格决定理论

根据金融市场理论，投资者购买股票、债券、房地产等资产的目的在于保值增值，该目的的实现依赖于资产在持有期内为持有者带来的所有现金流入。不同投资品的现金流入方式不同，包括股利、利息、租金收入，以及在持有期结束时出售资产带来的现金流入。基于在当前时点对未来资产产生现金流能力及其波动性的预期，将持有期内所有预期现金流按其对应折现比率折现即得到资产的现时价格。因此，折现比率和对未来现金流的预期成为决定资产价格的关键。折现比率由现金流风险（即波动性）决定，风险越高则折现率越大，资产自身的特性决定其未来所产生现金流的波动性。对未来现金流的预期一方面基于资产本身特性及其现金流产生模式；另一方面则受到投资者对未来经济环境、资本市场以及资产本身特性变化的预期，预期的变化导致市场中投资者对资产当前价格的判断发生改变，这一改变则通过市场中竞价交易机制作用于其真实价格上。

现可将商品住宅市场的价格决定论以金融学基本理论引入。在各类保障性住宅尚未成为新生商品住宅市场上主要的居住需求供给方的情况下，基于房地产价格高昂、属于生活必需品且具备投资价值的各类属性，商品住宅市场的产权方行为不能单一界定为购买居住，应当允许销售市场中资金较充裕的投资者进行合理规模的价值投资以提供租赁市场出租供给。但是，类似金融市场上进行价格投机的短期行为在房地产领域不能被允许，其原因在于价格投机造成地产销售价格虚高，特别在商品住宅领域，这种价格波动不利于社会福利分配。下面引入理性预期假设对资产价格进行梳理和推导。

2. 基于简单价值投资的资产价格

假设投资者在第一天以价格 P_t 买入资产，并在第二天以价格 P_{t+1} 卖出，在这一天中资产产生现金流入（股利、利息、租金等）为 D_t，则在其资产持有期内的投资收益率 r_{t+1} 可以用如下公式定义：

$$r_{t+1} = \frac{D_t + (P_{t+1} - P_t)}{P_t} = \frac{D_t + \Delta P_{t+1}}{P_t} \tag{4-1}$$

即收益率由两部分构成，一部分是现金流入 D_t；另一部分是因资产价格在持有期内发生变化而产生的资本利得 ΔP_{t+1}。式（4－1）可以重新写成如下形式：

$$\begin{aligned} 1 + r_{t+1} &= \frac{D_t + P_{t+1}}{P_t} \\ P_t &= \frac{D_t}{1 + r_{t+1}} + \frac{P_{t+1}}{1 + r_{t+1}} \end{aligned} \tag{4-2}$$

式（4－2）将资产的现时价格与未来收益率（即折现率）、持有期内现金流入和期末资产价格联系在一起，而当持有期结束投资者出售资产时，期末资产价格即为持有期内的最后一笔现金流入。

3. 基于理性预期和一致收益率（折现率）的资产价格

假设投资者理性，且根据可得的信息对资产价格形成理性预期，则对式（4－2）求期望如下：

$$E_tP_t = P_t = E_t\left[\frac{D_t}{1 + r_{t+1}} + \frac{P_{t+1}}{1 + r_{t+1}}\right] \tag{4-3}$$

其中，E_t 表示在时间点 t 对未来的预期。假设投资者对未来所有时间段内资产收益率预期保持一致，即 $E_tr_{t+k} = r$，$k = 1, 2, 3, \cdots$，则式（4－3）可进一步改写为如下形式：

$$P_t = \frac{D_t}{1 + r} + \frac{E_tP_{t+1}}{1 + r} \tag{4-4}$$

式（4－4）表明当期资产价格为当期收益与预期价格折现的和，即资产价格应当与当期收益成正向关系。

4. 迭代方法处理一阶随机差分方程

式（4－4）是典型的一阶随机差分方程形式，是金融学理论中的典型分析工具，对该类方程可以使用迭代方法将变量的未来预期与现时值结合，先使用一阶随机差分方程的一般形式进行分析如下：

$$y_t = ax_t + bE_t y_{t+1} \tag{4-5}$$

式（4－5）在所有时间段内保持一致，因此，在理性预期假设下，投资者始终按照如下方程所示方式形成其预期：

$$Ey_{t+1} = aE_t x_{t+1} + bE_t y_{t+2} \tag{4-6}$$

将式（4－6）代入式（4－5），得到：

$$y_t = ax_t + abE_t x_{t+1} + b^2 E_t y_{t+2} \tag{4-7}$$

对式（4－7）重复使用迭代方法，将 $E_t y_{t+2}$、$E_t y_{t+3}$等代入式（4－7），得到：

$$y_t = ax_t + abE_t x_{t+1} + ab^2 E_t x_{t+2} + \cdots + ab^{N-1} E_t x_{t+N-1} + b^N E_t y_{t+N} \tag{4-8}$$

即：

$$y_t = a\sum_{k=0}^{N-1} b^k E_t x_{t+k} + b^N E_t y_{t+N} \tag{4-9}$$

5. 股息贴现模型

根据式（4－4）和式（4－9），综合一阶随机差分方程的迭代结果，将式（4－9）中各项替换如下：$y_t = P_t$、$x_t = D_t$、$a = \frac{1}{1+r}$、$b = \frac{1}{1+r}$，得到如下结果：

$$P_t = \sum_{k=0}^{N-1} \left(\frac{1}{1+r}\right)^{k+1} E_t D_{t+k} + \left(\frac{1}{1+r}\right)^N E_t P_{t+N} \tag{4-10}$$

由于回报率满足 r > 0，所以，当式（4－10）中 N 趋向正无穷时如下等式成立：

$$P_t = \sum_{k=0}^{\infty} \left(\frac{1}{1+r}\right)^{k+1} E_t D_{t+k} \tag{4-11}$$

式（4－11）表明资产价格等于其产生的所有未来预期现金流的折现值之和，即股息贴现模型。

6. 戈登股利增长模型

对式（4-11）做进一步的假设：资产未来产生的现金流按照一致速度增长。这一假设的逻辑基础在于通货膨胀会导致经济体中所有产品、劳务及资产价格的增长，而资产未来现金流的来源（包括股利、利息、租金等）都会随着经济系统中所有要素价格的普遍上涨而上涨。如果公司保持稳定规模、没有爆发式增长，房地产没有因为区位经济环境的变化而出现租金大幅上升或下降，那么唯一影响股利、租金等资产现金流的因素就是通货膨胀。因此，可以假设资产未来现金流按照不变速度增长，按照该假设，预期现金流可写为如下形式：

$$E_t D_{t+k} = (1+g)^k D_t \tag{4-12}$$

将式（4-12）代入式（4-11），得到如下结果：

$$P_t = \frac{D_t}{1+r}\sum_{k=0}^{\infty}\left(\frac{1+g}{1+r}\right)^k \tag{4-13}$$

在折现率高于现金流量增长率的情况下，即$\frac{1+g}{1+r}<1$时，有如下形式：

$$P_t = \frac{D_t}{r-g} \tag{4-14}$$

式（4-14）表明，在资产未来现金流均一增长率的前提假设下，资产价格是当期现金流和增长率与折现率的函数。资产价格与折现率呈反比，与当期现金流和未来现金流增长率呈正比，这是戈登（Gordon）股利增长模型的基本形式：

$$r_t = \frac{D_t}{P_t} + g \tag{4-15}$$

即单就金融资产而言，其总回报率等于股息率（相对于价格）与股息增长率之和。

7. 开放经济下的利率决定理论与资本红利

考虑式（4-15）中等号右边各项，如果将该模型左边变量看作开放经济下的全社会真实名义利率，则根据戈登模型，该利率即为全社会资本红利加上通胀水平。基于该假设，考虑开放的经济体中资本完全自由流动，即满足均衡条件下无风险套利不存在假设，则双边国家应遵循利率平价条件（UIP）：

$$\mathrm{UIP}: r_t^D - r_t^F = -\ln\left(\frac{s^E}{s_t}\right) \tag{4-16}$$

结合戈登模型式（4－15），代入 r_t^D 表达式，有：

$$\frac{D_t}{P_t} = r_t^F - \ln\left(\frac{s^E}{s_t}\right) - g \tag{4-17}$$

式（4－17）显示：开放经济体中，股息与资产价格的比率（平均值）与微观市场无关，只与股息自身动态过程（g）、他国利率（r_t^F）、双边即期汇率（s_t）和未来即期汇率（s^E）相关。即假定均衡状态下全社会金融资产（含不动产）已充分多元分配，长期不存在超额收益，则此条件下房地产市场价值投资（租售比）只与以上各变量相关。

式（4－17）经进一步整理可得：

$$s_t = s^E \exp\left(r_t^F - g - \frac{D_t}{P_t}\right) \tag{4-18}$$

此时考虑二手商品住宅房产作为投资品从商品房销售市场往租赁市场流动，则年度租金可看作年度股息，按照一般金融资产的性质，式（4－18）表明当期汇率与资本红利之间的关系。式（4－17）表明全社会资本红利为严格的外生变量，基于这个假设，房地产市场年度租售比亦为外生，与市场内部动态均衡无关。基于这个假设，可在理论上确定均衡状态下的外生租售比值，继而讨论市场内部均衡与房地产市场的扭曲程度。即当租售比高于社会名义资本红利时，高企的房地产市场价值投资回报率会吸引众多投资者投资房地产（“购转租”），由于过多的投资者进入该市场，会抬高租赁供给进而压低回报率（租售比），使超越社会名义资本红利的房地产投资价值回归均衡价值，反之亦然。

4.2.2 数据来源

本书中采用的租金价格和销售价格来自中原地产每月发布的二手商品住宅租金价格和二手商品住宅价格指数。中原领先指数（centaline leading index，CLI）以中原地产实际成交数据和监测数据为基础，由中原集团研究中心独立编制，是反映全国主要城市房地产市场价格走势的指数体系。中原领先指数包括一手住宅价格指数、二手住宅价格指数、二手住宅租金指数、写字楼租金指数和零售物业租金指数。变量描述见表 4-1。

表 4-1 变量描述

变量	意义
s_t	人民币兑美元即期汇率（间接标价法）
s^E	人民币兑美元汇率的期望，即时产生人民币兑美元的未来即期汇率（人民币 NDF 汇率*）
r_t^F	一年期美元利率（联邦基金利率）
g	平均固定股息增长率（以中国城市消费品价格水平月度环比代替）
$\frac{D_t}{P_t}$	中国城市二手商品住宅即期租售比（租金按十二个月计算）

注：* 人民币无本金交割远期（non - deliverable forward，NDF）汇率是由境外人民币 NDF 交易形成的，属于无本金交割产品类的（non - deliverable product，NDPs）金融衍生工具。人民币 NDF 汇率具有离岸性质，因此，其定价不完全受本币国内市场的利率及其他宏观因素影响。

各样本数据均为月度数据，时间段为 2004 年 5 月至 2014 年 9 月。基于数据可得性和本书的研究目的，本书重点研究以对全国国民生产总值贡献程度排序的四个最大的大城市区域，这四个城市也被称为一线城市，包括北京、上海、广州和深圳。数据集所含项目及范围见表 4-2。

表 4-2 中国一线城市住宅（销售及租金价格）数据集

城市	样本容量
北京	选取 244 个样本楼盘，覆盖东城、西城、崇文、宣武、朝阳、海淀、丰台、石景山、亦庄 9 区的 40 个板块
上海	选取 218 个样本楼盘，覆盖虹口、卢湾、静安、黄埔、闵行、徐汇、长宁、浦东、普陀、闸北、杨浦、宝山 12 区的 52 个板块
广州	选取 195 个样本楼盘，覆盖越秀、荔湾、海珠、天河、白云、番禺 6 区的 35 个板块
深圳	选取 188 个样本楼盘，覆盖罗湖、福田、南山、盐田、宝安、龙岗 6 区的 31 个板块

各城市二手商品住宅销售价格和租赁价格分别如图 4-1 和图 4-2 所示。从图 4-1 和图 4-2 中可以看出，所有城市的住宅销售价格自 2004 年以来至少发生三次跃升，但租赁价格上涨较为缓慢。如图 4-3 所示，销售

价格和租赁价格的非一致变化导致四个城市住宅租售比均呈现显著的下降趋势，这是表明住宅市场过热的典型现象。

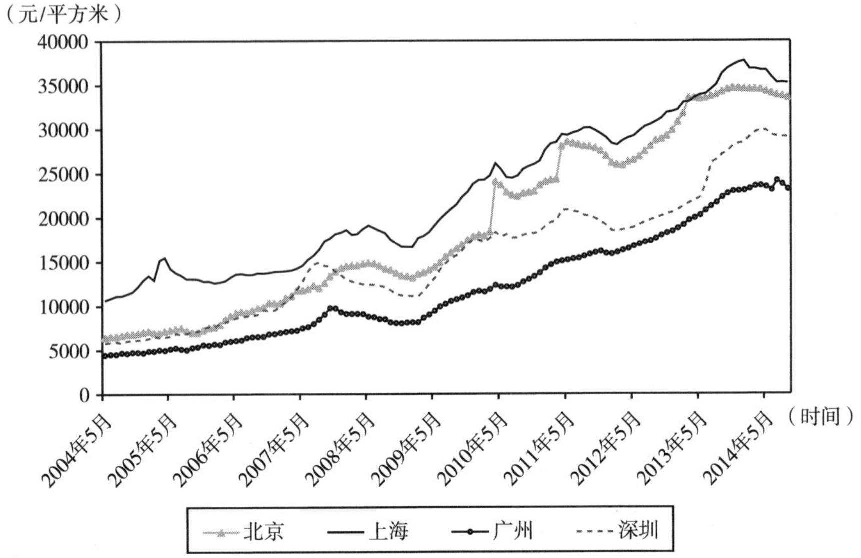

图 4-1　北京、上海、广州、深圳四大城市商品住宅（二手）样本销售价格

资料来源：万得（Wind）金融终端。下同。

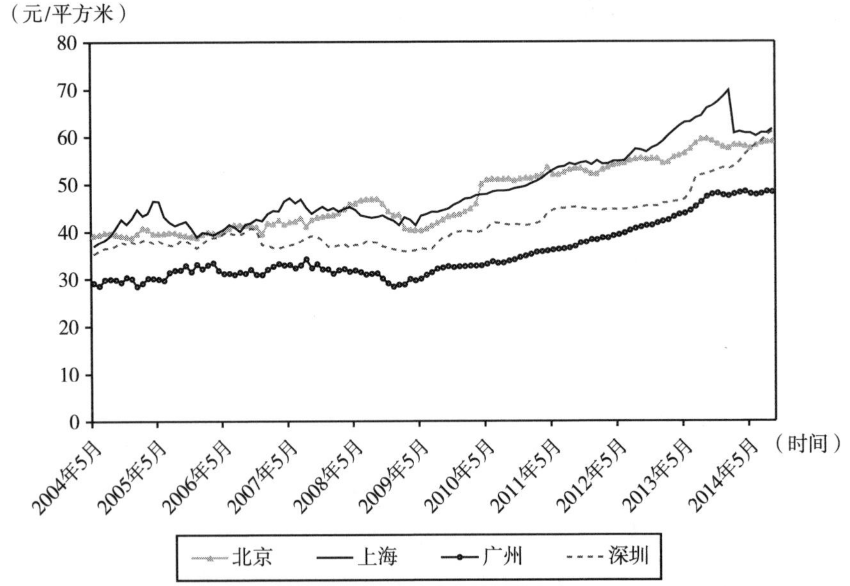

图 4-2　北京、上海、广州、深圳四大城市商品住宅（二手）样本租金

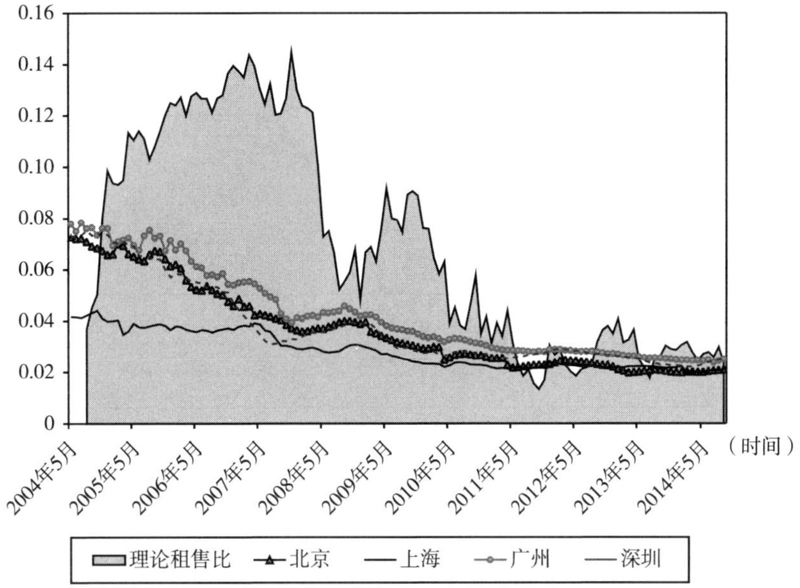

图 4－3　北京、上海、广州、深圳四大城市二手商品住宅理论和实际租售比

4.2.3 实证分析

给定外生的名义租售比，且给定租赁市场价格水平，戈登模型给出基于价值投资的销售市场均衡价位。戈登模型中的其余变量为中国一年期存款基准利率、美国联邦基金利率、人民币兑美元即期名义汇率、人民币 NDF 汇率和利率平价得出的开放条件下中国实际利率，以上各变量均为月度时间序列数据，如图4－4 和图4－5 所示。实证结果如图4－6 至图4－9 所示。

实证结果表明，截至 2011 年第三季度，四大城市的实际价格都普遍高于理论价格，价格泡沫增大，其中北京和上海的价格泡沫均在 10000 元左右，同期广州和深圳的市场投机性住宅价格泡沫为 5000 元左右。本书的实证结果与邹和牛（Chow and Niu，2010）得出的中国住宅价格泡沫由基本面因素而非投机导致，但在部分城市存在价格过热的研究结果一致；本书研究结论也与余华义（2011）、阿乌哈等（Ahuja et al.，2010）认为中国住宅市场在 2005 年后存在显著价格泡沫的结论一致；与余华义（2011）认为价格泡沫中一部分由基本面因素导致、一部分由投机因素导致的结论

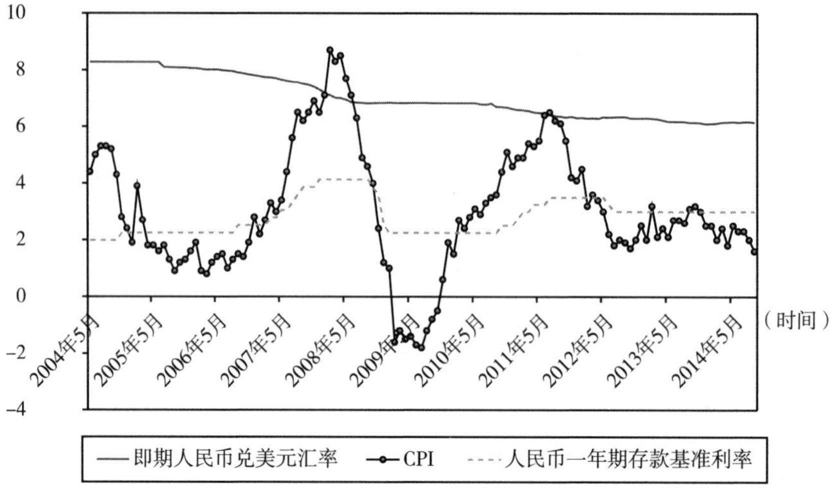

图 4-4　宏观变量（一）即期人民币对美元名义汇率（人民币/美元）、CPI 与人民币一年期存款基准利率

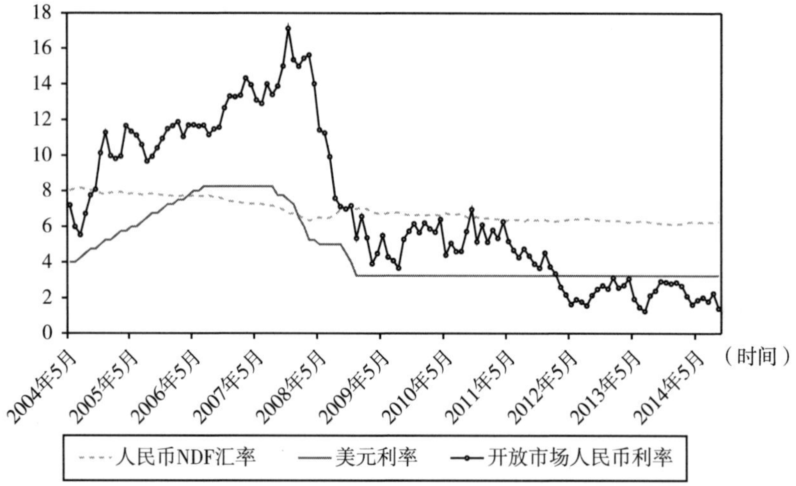

图 4-5　宏观变量（二）人民币 NDF 汇率（人民币/美元）、美国联邦基金利率与利率平价

一致。这意味着在此阶段，房地产作为一种投资的金融资产，已不适合进行价值投资，故价格为虚高价格，基于中国房地产市场的事实，虚高价格具有可持续性，并不能按照市场规律回归，这意味着存在外生非市场因素导致价格高企，即在房地产价格长期偏离均衡价位时，全社会都具有对销售价格持续看涨的预期，故价格居高不下。

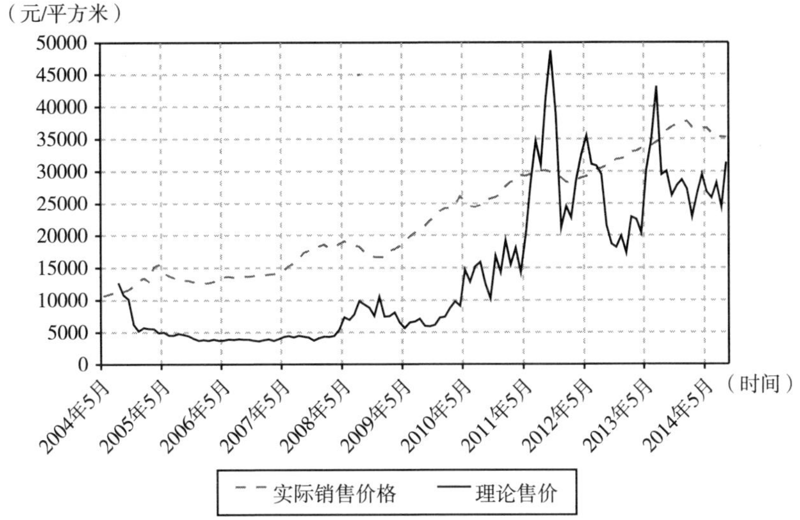

图 4－6 北京城区商品住宅销售价格水平与理论均衡价格水平

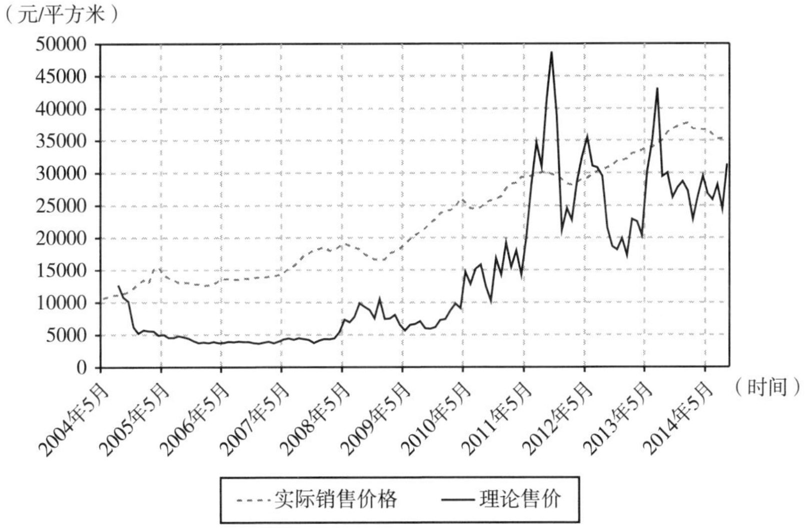

图 4－7 上海城区商品住宅销售价格水平与理论均衡价格水平

根据第 3 章对市场动态均衡的分析，若全社会对房地产销售价格看涨预期持续且普遍存在，则有由应然性承租人离场所带来的租赁需求下降所引起的价格下跌，在短期内被供给的同方向移动冲销而到达新的租金价格均衡，这个均衡的价格水平随着时间的推移呈现先抑后扬的过程。长期

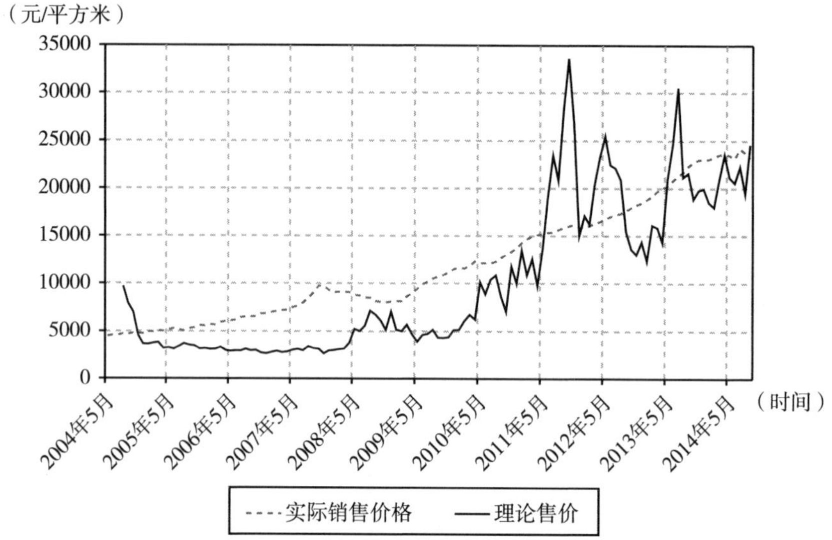

图4－8　广州城区商品住宅销售价格水平与理论均衡价格水平

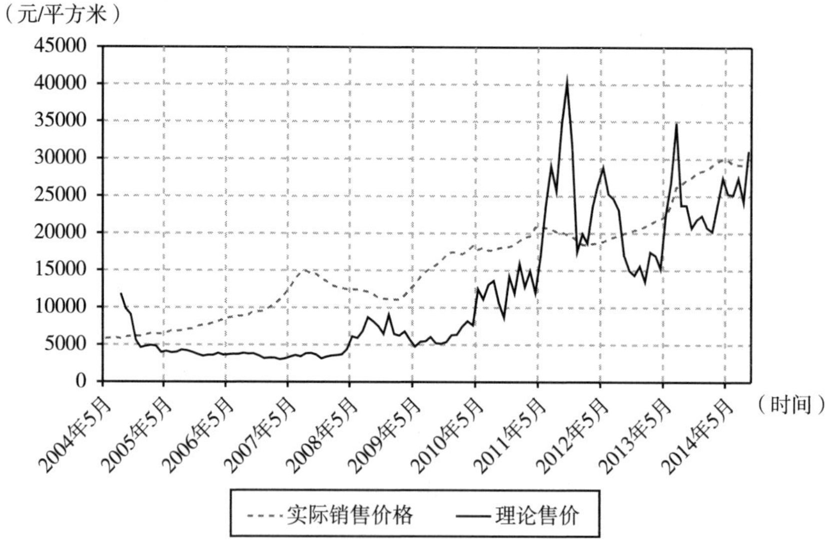

图4－9　深圳城区商品住宅销售价格水平与理论均衡价格水平

内，租赁市场如果无外生供给参与，则双市场系统内自我调节乏力，承租需求曲线运动方向反转，即流量租赁供给最终不能满足租赁需求而造成租金价格快速膨胀。

如图4－1至图4－3所示，以上规律符合2005～2014年中国一线城市商品房年“租售比”持续下降且速率严重偏离均衡“售租比”的客观事实。在此阶段，由于房地产市场中存在普遍且持续的销售价格上涨预期，造成资金相对充裕的应然性租赁者转而在销售市场中进行购买性居住，而不再租赁，故租赁需求降低。然而，租赁需求下降对于租金价格水平的影响短期内被租赁供给方的萎缩所冲销，故租赁市场租金价格水平数据（见图4－2）短期内（年度窗口样本）并未呈现显著波动；租金价格在长期却呈现明显上升的趋势（全样本），即当租赁需求反转之后存量耗尽而流量不足（相对于稳健市场而言），不足以满足逐渐膨胀的固定租赁需求，故呈现租赁价格上涨。即理论假定泡沫生成动态过程符合房地产市场中商品住宅市场价格实际数据的基本特征。

基于以上分析，对于2010年4月管制之后的中国房地产市场，结果显示实际销售价格与理论价格呈现闭合趋势（市场销售价格下降、理论价格上升），这符合管制下的双市场均衡结论，即房地产市场普遍对于商品住宅租赁市场预期供给持续不能满足租赁需求，继而造成持续租金价格上涨预期，市场参与者对于租赁市场价格的看涨预期对冲销售市场政策效果，使（存量中）理性投机方不愿意卖出，转而进行价值投资。管制效应项绝对值超出系统内流量供给，即销售市场相对泡沫化市场而言，需求、供给同时锐减。供求同方向运动造成均衡价格水平波动的不确定性。但如果考虑在长期政府进行积极干预，则结合外生新生商品房供给，可以预测商品住宅销售价格长期将会出现稳中有降，但租赁市场租金水平大幅上扬的局面。图4－6至图4－9中2010年第三季度之后的各样本城市价格规律服从该论断。图4－10系统显示了中国四个一线城市商品住宅价格泡沫的规模（按照价格偏离均衡水平值除以市场价格得到百分比计算）。图4－10显示，自2011年第三季度开始，四个一线城市住宅价格泡沫水平呈现明显下跌趋势，即限购令颁布之后，住宅销售价格水平明显回归基础价格，平均价格泡沫程度已经低于30%。但同时，各一线城市租金水平（月度）却维持在上升通道中。

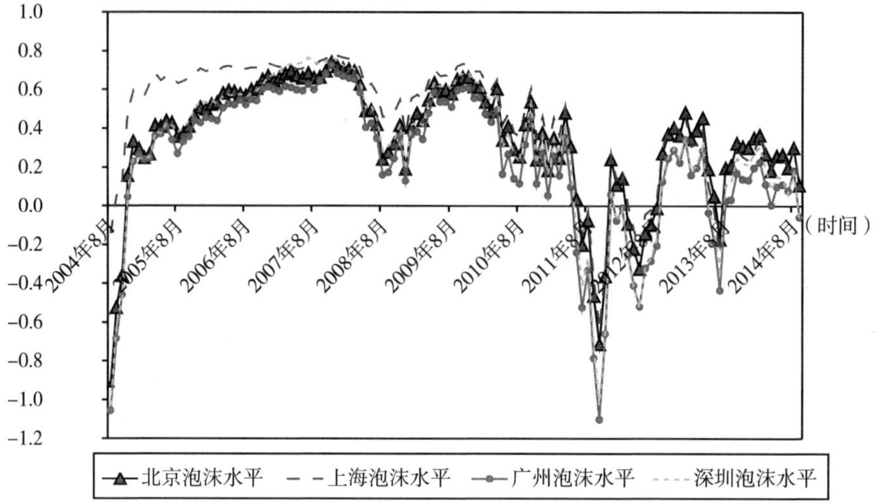

图 4－10　北京、上海、广州、深圳四个城市住宅价格泡沫水平

注：住宅价格泡沫水平按照市场价格的百分比计算。

4.3 实证小结

基于以上分析，基本面测算的结果与双市场均衡测算的结果共同显示，中国一线城市自 2005 年起，商品房住宅市场呈现明显价格泡沫，且泡沫规模在近年政府颁布积极管制房地产市场的诸多政策之后表现出明显萎缩的趋势，从而造成暂时性的住宅销售价格下跌。双市场均衡测度法进一步暗示，暂时性的价格下跌是销售价格的良性回归，即销售价格下跌并未造成明显的租金上涨，进而销售价格的净回归体现出政策的短期有效性。

然而，由于限购令从根本上改变了销售市场需求结构，所以将以上估计结果结合第 3 章双市场均衡理论推测，则有：给定限购令长期存在，则一线城市的商品住宅价格水平将逐渐刺穿理论价格水平（即泡沫规模为负，销售价格低于双市场均衡价格），这意味着租售比的回归为恶性回归，体现为租金大幅度上扬，最终造成销售价格大幅度上扬。届时会出现市场名义租售比高于全社会资本红利水平，即住宅租赁市场将成为新的超额收益市场，故社会中短期资本会在租赁市场汇聚，最终形成租赁市场泡沫化的局面。若此局面出现，则地产商的高价格出售策略将转变为高租金策略，甚至将不具备住宅属性的房产出租以获取超额回报。然而，在销售市场中，由于资本追求高租金回报，则二手房销售市场供给将明显减小，从根本上推高住宅销售价格水平，在中国城市化进程尚未完成的大背景下，使进城购房的难度进一步提高。相反，居民可支配存款却会因为租金的抬高而变得越发紧缩，长期来看消费者效用不会因为限购令的出台而提高。总之，在住宅租赁市场不受政策监管的情况下，中短期内由于保障房仍然供给不足，则商品住宅提供者对抗限购令的最优策略为“双涨”，即提高销售价格的同时，提高租金水平。

第 5 章

价格对租金的反应分解

5.1 房价和租金的动态关系

自 1998 年住宅市场化改革以来，中国住宅市场经历了快速增长。住宅价格多年以来连续激增。鉴于房屋价格偏离了其内在价值，中央政府实施了一系列政策来干预住宅市场，但效果不佳。目前有关中国房地产市场价格变动的研究很多，但是鲜有文章研究房价快速增长的实质。

对于中国房地产市场从 20 世纪 90 年代开始的上涨势头，到在 2005 年之后加速的价格跃升现象的典型研究方法是，对一组变量构建回归模型并分析每一变量对价格变化的影响。现存的研究结论有相互矛盾的两种。第一种研究结论指出，住宅价格的高涨与房地产政策的变化高度相关，价格高涨的主要原因是价格投机导致的非理性行为。惠和王（Hui and Wang，2014）采用计量方法来调查住宅价格与市场基础之间的相互作用，其目标在于辨别 1998 ~ 2012 年北京和上海住宅市场价格异常是否存在。他们基于先进的计量经济模型进行了不对称性分析来调查宏观调控措施对价格和交易量的影响，其实证研究结果表明，北京和上海的住宅市场效率低下是供应与需求之间缺乏互动的表现。这两个城市中价格对收入脉冲反应的相反方向主要归因于不同的市场结构，而目前阶段政府干预规范市场的效率较低。高波、王文莉、李祥（2013）采用 1999 ~ 2011 年中国 30 个大城市房价的面板数据，研究表明所有的城市都经历了房价泡沫出现、扩大的过程，且东南部城市的房价泡沫比全国其他地区更大，其中大部分城市的房价脱离了其基本面。研究还发现，消费者的购房偏好、适应性预期、心理预期和收入差距都是导致房价租金差距扩大的因素。

第二种研究结论由阿乌哈等（2010）提出，他们基于一系列基本面分析，计算了住宅价格与由经济基本面因素（如地区人均国内生产总值、土地价格、人口密度和利率）决定的基础价值的偏离程度。该研究结论表明，中国部分城市（尤其是一线城市）自 2005 年来房价对基本面的偏离是轻微的，房地产泡沫尚处于初级阶段。阿乌哈等（2010）认为，2007 ~ 2008 年中国房价是具有自我调节功能的，而且考虑到国内较低的实际利率和其他投资渠道的缺乏，预测房价在未来还会持续增长。吴（Wu，2016）希望通过基于基本面的土地价格、建造成本、需求和供给等基本面的测度，来检验中国住宅价格是否合理。通过对一系列测度的分析，吴认为房价增长主要是由增长的土地价格拉动的。此外，吴（2016）还考虑了房屋库存的问题，并据此预测我国房价的增长将会在未来几年暂缓。另外，沈月和刘洪玉（2004）在使用 1994 ~ 2002 年我国 14 个城市的住房价格数据和经济基本面数据做回归分析时就发现，2004 年左右我国各城市住宅价格的增长已经不再能由经济基本面信息和房价历史数据很好的解释了。

实际上，在一段时期内房价大幅偏离租金价格且持续增长的现象在其他很多国家和地区也并不少见。就美国来说，索默等（Sommer et al.，2011）指出，1995 ~ 2005 年，美国的实际房价大幅上涨，不断偏离租金价格，2006 年美国房价租金比达到了 2000 年的 1.4 倍。作者将这时期的房价增长归结为由当时美国低利率、高增长的收入和宽松的信贷条件所导致。凯斯和席勒（Case and Shiller，2003）则认为购房时的税收优惠政策也是促使房价租金比扩大的原因。还有学者使用有限预期理论成功解释了 2000 ~ 2005 年美国房地产价格大幅偏离租金价格的现象（Granziera and Kozicki，2012）。除美国外，西班牙也存在房价快速上涨、房价租金比提高的现象（Ayuso and Restoy，2007）。英国、德国和荷兰等工业化国家在 20 世纪 90 年代后也曾经历过不同程度的房地产泡沫（Taipalus，2006）。在中央银行实施以反通胀为目标政策的国家中，房地产价格往往更容易偏离租赁价格（Frappa and Mesonnier，2010）。为解释房价对于房屋租金价格的偏离，有国外学者认为预期未来房地产价格变动是引起房价租金比上升的重要因素，因为人们对于未来住房需求的扩大会提高当前的住房出售价格，而不会影响当前的住房租赁价格（Winters，2012）。

尽管所有的基本面分析都试图找到均衡的住宅价格，但研究的基础假设都是人们将购买自有住宅作为获取居住权的唯一方式。因此，回归模型中所有解释变量的统计显著性都仅能解释住宅价格的波动性，而无法解释人们为获取居住权而实际发生的其他住宅搜寻行为（如租赁等）。如果房价是合理的，那么人们对于租房还是买房的选择是相同偏好的。同时，如果将住宅看作一种投资方式，住宅租赁价格和未来的现金流也是影响住宅价值的重要因素。在强有效市场中，持有住房与持有其他资产是没有差异的，人们偏好购买住房是因为持有住房既能解决居住问题，又能作为资产持有获得增值收益；而当信息不完全时，持有住房的收益不再确定，此时人们会投资于其他收益确定的资产，而通过租房获取居住权（Henderson and Ioannides，1983）。因此，如果要探究住宅价格的合理性，极其关键的是理解住宅价格和租赁价格的内在联系以及租赁价格和预期收益率的关系。已有研究使用租售价格比和其相对于基本的偏离来检验住宅市场泡沫的存在，如陈（Chen，1996）和万（Wan，2015）。此外，也有一部分研究试图从预期和投机的角度解释房价与租金间不断扩大的差距。例如，况伟大（2010）使用中国35个大中城市的数据进行了实证分析，结果表明理性预期、适应性预期和投机都对我国城市的房价波动具有较强的解释力。在理想预期下，住宅价格和租金之比会增长，进一步推动住宅市场的投资和投机行为。另外，也有研究认为房价波动是非理性的，理性预期不能解释房价租金比的扩大。如克莱顿（Clayton，1996）使用温哥华的数据检验房价与基本价值和理性预期之间的关系，结果显示理性预期对房价波动的解释力几乎为零。

尹志超、宋全云（2014）指出，住宅的投资功能对于投资具有“挤出”效用，即购买住房作为一种投资手段会挤出家庭在股票或债券等金融市场的投资。在中国，由于其他投资渠道和家庭金融投资知识的缺乏，许多家庭更倾向于投资房地产，这增加了住宅市场的需求。另外，我国依然存在的重男轻女的传统思想，使租房人在婚恋市场上难以具备与购房人同等的选择权利，这也在一定程度上增加了人们的购房需求（Wei and Zhang，2011）。其实，住宅的消费和投资功能是分不开的。同一间住宅既可以自用又可以出租，因此，住宅价格波动是在做投资决策时的重要考虑因素。当居民购买一套住房时，他所支付的不仅是享用居住权的使用成本，还包括了投资住房的机会成本，因此，即使居住在家里也需要估算租金成本以及这部分成本投资于金融投资组合能够产生的收益。杨赞和张欢（2014）通过对我国城镇居民的微观调查数据和城市宏观数据，分别测定了不同地域内拥有单套住房和多套住房家庭住房和消费的关系。该研究发现，住房价格对于我国东部居民的消费具有“挤压效应”；对西部居民的消费具有“财富效应”；对中部居民消费的影响并不显著。朱茵姿、许丹（2013）考察了金融发展程度与房地产价格增长之间的关系，研究结论显示两者的关系呈现倒“U”型。这表示在金融发展的早期阶段，金融发展程度对房地产价格的增长具有积极影响。同时，也有少数文献使用动态折现模型将价格波动分解为租金变化和预期收益率变动两部分，分别进行分析。

在本章中，我们将使用动态股利贴现模型（Campbell，Shiller，1988a，1988b；Vuolteenaho，2002）分析当前我国的住宅市场。已知住宅的价格回报与现金流，即租金波动和预期收益率波动密切相关。如果预期收益率不变，住宅回报率变化等于租金变化。然而，长远来看，住宅价格波动同时反映租金变化信息和预期收益率变化的预期。因此，在实证研究中，我们将把住宅市场的超额收益率与其租金、实际长期利率和实际工业附加值联系起来，探究中国五个城市（北京、上海、广州、深圳、天津）的房价波动情况。有意思的是，本书的实证结果表明，目前我国的住宅价格对租金反应不足，这与传统上人们所以为的房价对租金过度反应的观点恰恰相反。研究结果还表明，预期回报和租金波动呈现正相关关系，进而放大了房价对于租金的反应程度。值得注意的是，预期收益率的变化对于住宅价格的上涨发挥重大影响，两者之间呈现出很强的关系。

5.2 实证研究方法介绍

5.2.1 动态戈登增长模型

在住宅市场运用动态戈登增长模型，即动态股利贴现模型，在三个方面优于静态模型：第一，住宅市场的回报是动态变化的，而不是固定的；第二，不仅是考虑未来现金流量的当期折现的值，而且可将资产的价格波动分解为未来现金流量的变化和预期回报率两个方面；第三，如果实际利率和住宅价格溢价是相对固定的，那么房价的上升可归因为租金的上涨。

坎贝尔和席勒（Campbell and Shiller，1988a，1988b）首先创立了动态股利贴现模型，而后沃提纳奥（Vuolteenaho，2002）将该模型拓展到面板数据。本书使用沃提纳奥改进的动态股利贴现模型，将不可预测的房价波动分解为基本面租金波动和预期收益率的变化两部分。

$$r_t = \log(P_t + R_t) - \log(P_{t-1}) \tag{5-1}$$

使用泰勒公式将式（5-1）展开，得到：

$$r_t \approx k + \delta p_t + (1-\delta) d_t - p_{t-1} \tag{5-2}$$

其中，δ 是一个接近于1的正数；k 是一个常数。从式（5-2）可以看出，收益率由两个不同权重的部分和一个常数组成。基于此，住宅收益率波动可以被分解为基本面变化和预期收益率变化两部分。

$$r_t - E_{t-1} r_t = \kappa_t + \Delta E_t \sum_{i=0}^{\infty} \delta^i (\Delta d_{t+i}) - \Delta E_t \sum_{i=0}^{\infty} \delta^i r_{t+i} \tag{5-3}$$

其中，ΔE_t 代表预期从 $t-1$ 到 t 时刻；κ 代表近似误差。从式（5-3）可以看到，租金变化和预期收益率变化分别可以表示为：

$$N_{rent,t} \equiv \kappa_t + \Delta E_t \sum_{i=0}^{\infty} \delta^i (\Delta d_{t+i}), \quad N_{r,t} \equiv \Delta E_t \sum_{i=0}^{\infty} \delta^i r_{t+i} \tag{5-4}$$

5.2.2 向量自回归（VAR）

向量自回归最先由坎贝尔（1991）提出。先计算出预期收益率变化 $N_{r,t}$，然后再倒推出租金变化。$z_{i,t}$ 表示一个含有城市 I 在 t 时刻状态的列向量。让 $z_{i,t}$ 第一个元素为住宅超额收益率。一个城市的状态向量满足下列线性条件：

$$z_{i,t} = \Gamma z_{i,t-1} + u_{i,t} \tag{5-5}$$

对房价超额收益率的预测量 $h_{i,t}$ 为：

$$h_{i,t+1-j} = e_1' \Gamma^{j+1} Z_{i,t} \tag{5-6}$$

其中，$e_1' = [10 \rightleftharpoons 0]$是一个单位向量；$j$ 代表预测时间长度。并且：

$$E_{t+1}[h_{i,t+1+j}] - E_t[h_{t+1+j}] = e_1'\Gamma^j Z_{i,t+1} - e_1'(\Gamma^j\Gamma)Z_{i,t} \equiv e_1'\Gamma^j u_{i,t+1} \tag{5-7}$$

对预期调整求和可得到：

$$N_{r,t=}(E_{t+1} - E_t)\sum_{j=1}^{\infty}[h_{i,t+1+j}] = e_1'\sum_{j=1}^{\infty}\Gamma^j u_{i,t} = e_1'\Gamma(I - \Gamma)^{-1}u_{i,t} \tag{5-8}$$

收益率变化为租金变化 $N_{rent,t}$和预期收益率变化 $N_{r,t}$之差：

$$e_1'u_{i,t} = N_{rent,t} - N_{r,t} \tag{5-9}$$

因此，租金波动部分为：

$$N_{rent,t} = N_{r,t} + e_1'u_{i,t} = e_1'(I + \Gamma(I - \Gamma)^{-1}u_{i,t}) \tag{5-10}$$

5.2.3 反应程度定义

反应程度通过实际住宅收益率对租金波动的回归系数来反映：

$$\hat{r}_t = \alpha + \beta\hat{N}_{rent,t} + \varepsilon_t \tag{5-11}$$

若系数 $\beta > 1$ 则为过度反应，即房价对于基本面租金的变化反应过度；反之，$\beta < 1$ 则表示反应不足；$\beta = 1$ 则是适度反应。

5.3 研究对象与变量设定

5.3.1 数据来源

租金价格和销售价格数据来自中国房地产协会[①]发布的二手商品住宅租金价格和二手商品住宅价格指数，数据频率均为月度，时间段为 2008 年 1 月至 2016 年 6 月。研究对象是中国的一二三线城市，分类依据来源于国

① 中国房价行情数据库，http://www.creprice.cn/。

家统计局2005年最新调整后的房地产数据统计口径。选取70个大中城市，再根据城市的规模、经济发展状况以及房地产开发投资金额所占比重等因素将这70个城市划分为不同的一二三线，其中，北京、上海、广州、深圳四个为一线城市，是我们的主要关注对象；二线城市包括杭州、厦门、沈阳等31个城市；三线城市包括唐山、秦皇岛等35个城市。数据集所含项目及范围如表5-1所示。

表5-1　　一二三线城市分类

城市类别	包含城市名称
一线城市	北京、上海、广州、深圳
二线城市	沈阳、哈尔滨、长春、大连、南京、杭州、宁波、厦门、济南、青岛、武汉、成都、西安、天津、石家庄、太原、呼和浩特、合肥、福州、南昌、郑州、长沙、南宁、海口、重庆、贵阳、昆明、兰州、西宁、银川、乌鲁木齐
三线城市	唐山、秦皇岛、包头、丹东、锦州、吉林、牡丹江、无锡、扬州、徐州、温州、金华、蚌埠、安庆、泉州、九江、赣州、烟台、济宁、洛阳、平顶山、宜昌、襄阳、岳阳、常德、惠州、湛江、韶关、桂林、北海、三亚、泸州、南充、遵义、大理

本书使用三个月国债收益率来代替无风险利率。因为五年期国债比十年期或三十年期国债具有更好的流动性，因此将五年期债券收益率作为长期利率的代理变量。全国CPI的同比数据来自国家统计局。城市的CPI同比及环比数据来自Wind资讯，一线和二线城市的数据为该城市自身的数据，而由于三线城市的数据缺少统计，所以这里采用其所在省的CPI同比及环比数据代替。

本书使用工业增加值作为地方生产能力的代理。由于国家统计局仅公布全国省及直辖市工业增加值的同比数据和累计同比数据、省会及计划单列市的工业增加值累计值和累计同比数据，从而很多三线城市缺少所需要的数据，为了保证数据的相对准确性，我们对二三线城市工业增加值的处理方法为：对于同比数据，我们一律采取省的同比数据作为城市的替代数据；由于统计局每年统计口径的不同，会导致根据累计值进行测算的同比数据和公布的同比数据存在较大出入（统计局统计的是规模以上工业增加值，而被纳入统计范畴的企业每年是会发生变化的），从而导致同比数据个人测算值和公布值存在差异。

5.3.2 变量定义

表5－2给出了向量定义。

表5－2 向量定义

向量	定义
r	房价超额增长率，即房价增长率减去无风险收益率
Rent	租金实际增长率，即租金增长率减去城市相应的通货膨胀率
Rir	长期实际回报率，即五年期国债收益率减去城市相应的通货膨胀率
Iva	实际工业增加值，即剔除季节效益和通货膨胀率之后的生产能力

注：所有数据都是剔除了通货膨胀率之后的实际增长率，且在向量自回归之前都经过了标准化处理。数据期间为2008年1月至2016年6月，单位为百分比（%）。

5.3.3 描述性统计

本书尤其关注不同城市的房价和租金增长情况，在本节进行基础的描述性统计，并比较不同市场增长情况（见表5－3）。

表5－3 房价和租金描述性统计

城市分类	房价（元/平方米）				
	平均值	标准差	中位数	最小值	最大值
一线城市	23276	7318	25012	13428	29652
二线城市	8217	3304	6913	4751	17408
三线城市	5948	3479	4896	3528	20866
城市分类	租金（元/平方米/月）				
	平均值	标准差	中位数	最小值	最大值
一线城市	43.76	10.60	46.54	28.84	53.10
二线城市	22.42	5.15	21.03	14.67	35.84
三线城市	16.12	5.65	14.81	10.06	39.12

资料来源：中国房地产协会。

从表5－3可以看出，一二三线城市的平均房价和租金之间存在着巨大的差别。一线城市的平均房价接近二线城市的3倍，平均房租也接近二线城市的2倍；而二线城市的平均房价和租金大约都是三线城市的1.4倍，差距不是很明显；三线城市中的温州市的房价（20866元/平方米）与租金

（39.12 元/平方米/月）已经远超二线城市的最高值了。由图 5－1 和图 5－2 可以更好地看出这一点。

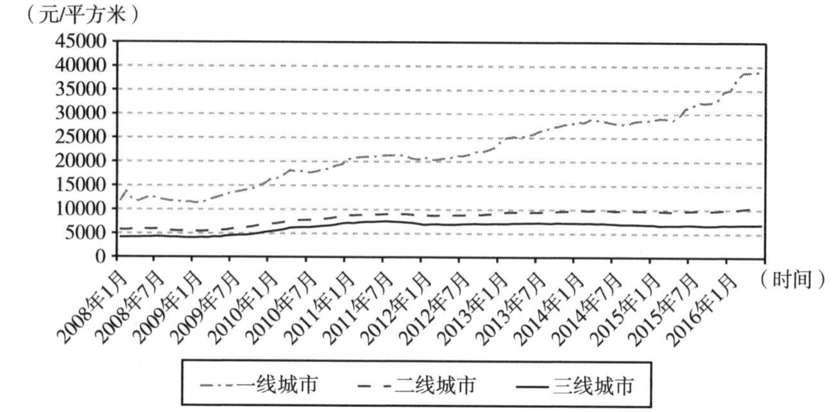

图 5－1　一二三线城市房价增长比较

资料来源：中国房地产协会。

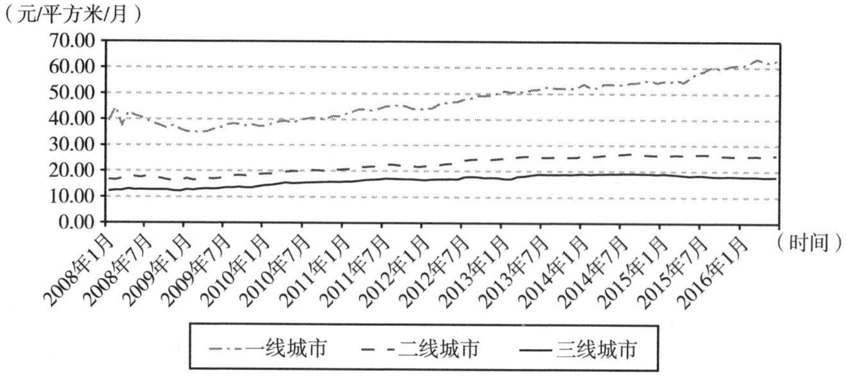

图 5－2　一二三线城市租金增长比较

资料来源：中国房地产协会。

从图 5－1 和图 5－2 可以看出，一线城市与二三线城市在房价和租金上非同一数量级别，并且相比于二三线城市，一线城市房价与租金不仅起点价格高，而且增速快，始终有明显的上升趋势。可见中国房地产市场的城市分化现象是非常明显的。一线城市吸引了全国各地人口汇集，因此一线城市的房地产市场更多的是一个全国性的市场；一些热点的二线城市，如杭州、南京和厦门也有这样的趋势，但是普通的二线和三线城市仍是一个区域市场。二线与三线城市在 2014 年之前一直保持均衡的态势，增速相似，差距较为稳定；2014 年后，两者逐渐出现差距，具体表现为二线城市房价和租金都开始小幅上涨，而三线城市不但没有增长，反而小幅下降，这使原本的差距逐渐被拉大，相比于 2008 年，两者的差距已经扩大了两倍有余。可见，中国不同城市之间的分化趋势越来越明显，相比一线城市和热点二线城市，三线城市楼盘去库存压力比较大。

各类城市内部的比较同样可以发现有关房价和租金增长的趋势和特点，以四个一线城市为例（见图 5－3 和图 5－4）。

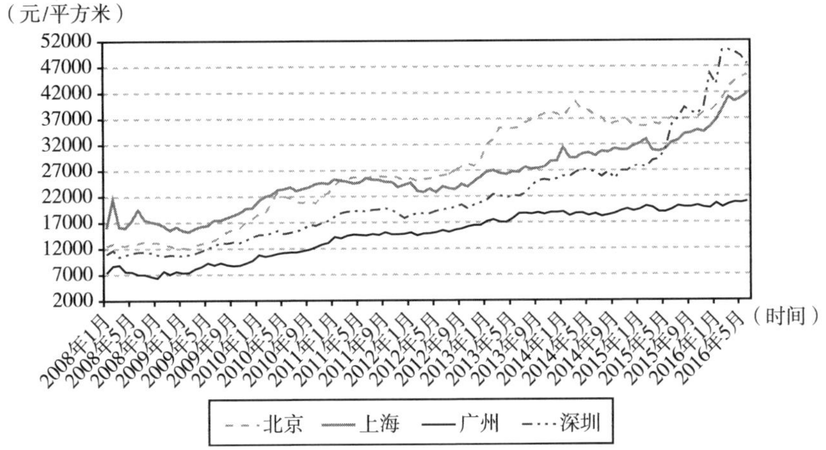

图 5－3　北京、上海、广州、深圳房价比较

资料来源：中国房地产协会。

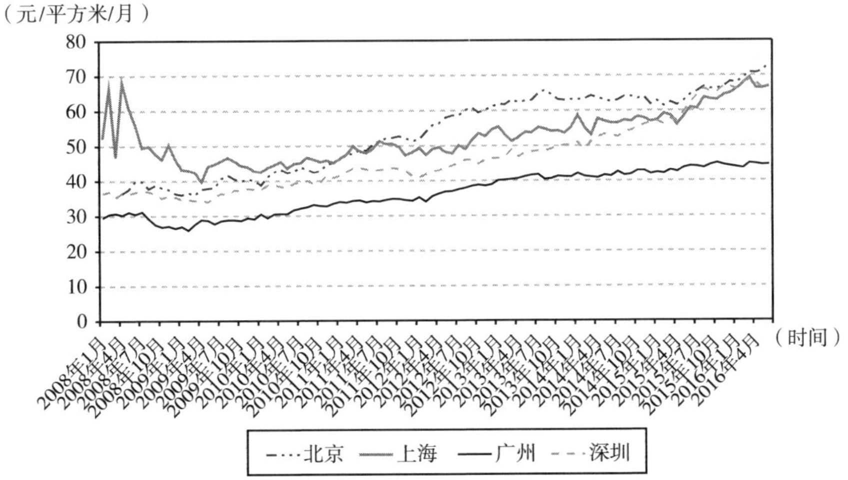

图 5－4　北京、上海、广州、深圳租金比较

资料来源：中国房地产协会。

从图 5 -3 和图 5 -4 可以看出，北京、上海、广州、深圳的住宅销售价格自 2008 年以来有过明显跃升，但租赁价格至多只上涨了不到 30%，这是表明住宅市场过热的典型现象。

5.4 房价对租金的过度反应

5.4.1 面板数据向量自回归结果

本书在向量自回归中加入四个基本变量：住宅市场的超额收益率；实际租金；实际长期利率；实际工业增加值增长率。前三个变量是戈登增长模型必需的，对于第四个变量，我们可以发现住宅价格与地区生产总值（GDP）是密切相关的。超额收益率是住宅回报率（包括房价增长和月租金）和无风险利率之差；实际租金是租金增长率减去每个城市的 CPI；实际长期利率是五年期国债利率减去各城市 CPI。对所有数据进行季节性调整，并且在向量自回归中将数据进行单位化。在自回归之前，对四个基本变量分城市进行描述统计（见表 5 -4）。

表 5 -4　　向量自回归变量描述性统计

城市分类	超额收益率	实际租金	实际长期利率	实际工业增加值增长率
一线城市	1.11 (4.82)	0.28 (6.82)	0.04 (0.17)	7.40 (6.10)
二线城市	0.64 (5.42)	0.28 (9.47)	0.04 (0.18)	13.13 (7.05)
三线城市	0.50 (6.83)	0.23 (13.94)	0.04 (0.18)	12.97 (6.41)

从表 5 -4 可以看出，一二三线城市的超额收益率呈现出随城市等级递减的趋势，特别是一线城市的超额收益率已经超过了三线城市的 2 倍，差距明显；实际租金的差别没有超额收益率明显，值得注意的是，尽管均值的数据差异不大，但标准差还是有着明显不同，具体表现为三线城市的标准差远大于其余两者；而实际长期利率，不管是均值还是标准差都基本没

有差别，这和资本的特性有关，工业增加值的增长率与超额收益率的趋势不同，表现为二三线城市的增长率远大于一线城市的增长率，这也与城市的规模和发展方式有关。

根据赤池（Akaike）信息准则（AIC）和贝叶斯信息准则，在向量自回归中我们选择一期延迟（Abrigo，Love，2015）。面板向量自回归结果见表 5 – 5 至表 5 – 8。

表 5 – 5　　一线城市向量自回归结果（2008 年 1 月至 2016 年 6 月）

向量	Δ（r_t）	Δ（$Rent_t$）	Δ（Rir_t）$_t$	Δ（Iva_t）
Δ（r_{t-1}）	−0.154*** （0.003）	0.057*** （0.002）	−0.024*** （0.001）	0.003*** （0.001）
Δ（$Rent_{t-1}$）	0.042*** （0.002）	−0.370*** （0.002）	−0.004*** （0.001）	0.004*** （0.001）
Δ（Rir_{t-1}）	0.140*** （0.002）	0.039*** （0.003）	0.909*** （0.001）	0.100*** （0.002）
Δ（Iva_{t-1}）	0.152*** （0.003）	0.005** （0.002）	−0.066*** （0.001）	0.893*** （0.002）

注：***、**、*分别表示在 1%、5%、10% 水平上显著。下同。

表 5 – 6　　二线城市向量自回归结果（2008 年 1 月至 2016 年 6 月）

向量	Δ（r_t）	Δ（$Rent_t$）	Δ（Rir_t）	Δ（Iva_t）
Δ（r_{t-1}）	−0.162*** （0.010）	0.037*** （0.009）	−0.010*** （0.003）	0.024*** （0.004）
Δ（$Rent_{t-1}$）	0.029*** （0.009）	−0.283*** （0.010）	0.002 （0.004）	0.004 （0.004）
Δ（Rir_{t-1}）	0.126*** （0.010）	0.066*** （0.011）	0.862*** （0.004）	−0.011* （0.006）
Δ（Iva_{t-1}）	0.392*** （0.015）	0.060*** （0.014）	−0.087*** （0.005）	0.844 （0.008）

表 5 – 7　　三线城市向量自回归结果（2007 年 12 月至 2016 年 6 月）

向量	Δ（r_t）	Δ（$Rent_t$）	Δ（Rir_t）	Δ（Iva_t）
Δ（r_{t-1}）	−0.245*** （0.012）	0.009 （0.010）	−0.019*** （0.003）	0.018*** （0.004）
Δ（$Rent_{t-1}$）	0.030*** （0.011）	−0.339*** （0.011）	0.005 （0.004）	0.003 （0.004）

续表

向量	Δ（r_t）	Δ（$Rent_t$）	Δ（Rir_t）	Δ（Iva_t）
Δ（Rir_{t-1}）	0.046*** (0.016)	0.031** (0.015)	0.892*** (0.005)	-0.010 (0.009)
Δ（Iva_{t-1}）	0.410*** (0.027)	0.061*** (0.023)	-0.072*** (0.008)	0.826*** (0.015)

表 5-8　二三线城市向量自回归结果（2007 年 12 月至 2016 年 6 月）

向量	Δ（r_t）	Δ（$Rent_t$）	Δ（Rir_t）	Δ（Iva_t）
Δ（r_{t-1}）	-0.192*** (0.008)	0.027*** (0.007)	-0.014*** (0.002)	0.022*** (0.003)
Δ（$Rent_{t-1}$）	0.031*** (0.007)	-0.303*** (0.008)	0.003 (0.003)	0.004 (0.003)
Δ（Rir_{t-1}）	0.102*** (0.009)	0.056** (0.009)	0.872*** (0.003)	-0.011** (0.005)
Δ（Iva_{t-1}）	0.401*** (0.013)	0.062*** (0.012)	-0.083*** (0.005)	0.839*** (0.007)

如表 5-5 至表 5-8 所示，房地产市场的超额收益率与过去的历史回报和实际利率有着显著的正相关关系，然而，超额收益率和历史租金、当地实际工业增加值关系不显著。对于实际租金而言，与住宅的历史收益率有显著的积极关系，对实际利率的反应也是正向的；但没有明显的自回归关系，且和地方实际工业增加值之间的关系是不显著的。实际利率对历史住宅收益率和租金的反应不显著，但它有一个显著的自回归关系，且与实际工业增加值增长率呈显著正相关关系。当地实际工业增加值增长率和过去的生产能力密切自相关；与历史实际利率、历史超额收益率和历史租赁价格没有显著关系。

5.4.2　反应过度

在面板向量自回归的基础上，这里将住宅市场的超额回报率成功分解为两个部分。随后，进行简单的 OLS 回归，将实际收益率回归到由租金波动带来的收益率变化上，发现最终的系数都在 1% 的显著性水平下明显大于 1，这充分说明中国房地产市场中房价对于租金是反应过度的。过度反应检验结果见表5－9。

表5－9 过度反应检验

城市分类	回归系数	标准差
一线城市	1.163***	0.016
二线城市	1.088***	0.001
三线城市	1.132***	0.002
二三线城市	1.128***	0.001

表5－9显示，虽然系数都大于1，但不同城市的反应程度是不一样的。对于一线城市而言，回归系数为1.163，显著大于1，这意味着房价对租金的反应是明显过度反应。换句话说，住宅市场对于租金价格每波动1元的反应要多0.163元。对于二线城市而言，虽然回归得到的结果也大于1，但与一线城市相比，二线城市的回归系数较小，这说明，虽然二线城市也存在着房价对于租金过度反应的现象，但程度比较小；同样，三线城市房价对于租金反应也为过度，但比一线城市系数要小一些，比二线城市系数要大一些。将二三线城市放在一起与一线城市相比较，可以发现，回归的结果尽管还是大于1，但要小于一线城市。

住宅市场的购买者对于租金变化的反应非常剧烈，当市场的均衡租金有所上升时，投资者预期房价会有更大幅度的波动，因此促成了房价更大幅度的上涨。同时，这个反应系数大于1也可以反映出租金和预期收益率是反向波动的，当租金上涨时，预期收益率反而会下降。这种现象反应在一二三线城市中，但一线城市比二三线城市有着更为明显的表现，这和前述的一线城市租金、房价增长明显超过二三线城市是一致的，也表明中国一线市场是一个全国性的市场，和二三线的市场状况和供需关系有所不同。

5.4.3 实证稳健性检验

不同于之前的城市数据，本书收集整理了城市内区域的数据。为了进一步研究房地产市场过度反应的现象，再次在行政区层面进行类似的回归分析。

根据政府实际的行政区划分，本书搜集了70个大中城市全部行政区的房价租金数据，总共803个行政区，平均每个城市11.5个行政区；基于行政区层面，再次对房价租金等数据进行相应的单位化等操作处理，所得回归结果见表5-10至表5-13。

表5-10　一线城市区域层面向量自回归结果（2008年1月至2016年6月）

向量	Δ（r_t）	Δ（$Rent_t$）	Δ（Rir_t）$_t$	Δ（Iva_t）
Δ（r_{t-1}）	-0.084*** (0.024)	0.057*** (0.020)	-0.014** (0.006)	0.011 (0.008)
Δ（$Rent_{t-1}$）	0.075*** (0.023)	-0.170*** (0.026)	-0.002 (0.001)	0.016 (0.011)
Δ（Rir_{t-1}）	0.233*** (0.019)	0.097*** (0.020)	0.916*** (0.006)	0.111*** (0.012)
Δ（Iva_{t-1}）	0.200*** (0.019)	0.041** (0.020)	-0.094*** (0.006)	0.903*** (0.011)

表5-11　二线城市区域层面向量自回归结果（2008年1月至2016年6月）

向量	Δ（r_t）	Δ（$Rent_t$）	Δ（Rir_t）	Δ（Iva_t）
Δ（r_{t-1}）	-0.162*** (0.010)	0.037*** (0.009)	-0.010*** (0.003)	0.024*** (0.004)
Δ（$Rent_{t-1}$）	0.029*** (0.009)	-0.283*** (0.010)	0.002 (0.004)	0.004 (0.004)
Δ（Rir_{t-1}）	0.126*** (0.010)	0.066*** (0.011)	0.862*** (0.004)	-0.011* (0.006)
Δ（Iva_{t-1}）	0.392*** (0.015)	0.060*** (0.014)	-0.087*** (0.005)	0.844 (0.008)

表5-12　三线城市区域层面向量自回归结果（2007年12月至2016年6月）

向量	Δ（r_t）	Δ（$Rent_t$）	Δ（Rir_t）	Δ（Iva_t）
Δ（r_{t-1}）	-0.237*** (0.012)	0.008 (0.010)	-0.020*** (0.003)	0.021*** (0.004)
Δ（$Rent_{t-1}$）	0.029*** (0.011)	-0.338*** (0.011)	0.006 (0.003)	0.002 (0.004)
Δ（Rir_{t-1}）	0.044*** (0.015)	0.033** (0.015)	0.892*** (0.005)	-0.010 (0.009)
Δ（Iva_{t-1}）	0.413*** (0.026)	0.063*** (0.023)	-0.072*** (0.008)	0.825*** (0.015)

表 5－13 二三线城市区域层面向量自回归结果（2007 年 12 月至 2016 年 6 月）

向量	Δ（r_t）	Δ（$Rent_t$）	Δ（Rir_t）	Δ（Iva_t）
Δ（r_{t-1}）	－0.190*** （0.008）	0.027*** （0.007）	－0.014*** （0.002）	0.023*** （0.003）
Δ（$Rent_{t-1}$）	0.030*** （0.007）	－0.303*** （0.008）	0.003 （0.003）	0.004 （0.003）
Δ（Rir_{t-1}）	0.101*** （0.009）	0.057*** （0.009）	0.872*** （0.003）	－0.011** （0.005）
Δ（Iva_{t-1}）	0.402*** （0.013）	0.062*** （0.012）	－0.083*** （0.005）	0.838*** （0.007）

采用同样的方法，本书对实际住宅收益率（r）与租金波动进行 OLS 回归（$N_{rent,t}$），回归结果见表 5－14。

表 5－14 实际住宅收益率（r）与租金波动的 OLS 回归结果

	$N_{rent,t}$	$N_{rent,t}$	$N_{rent,t}$	$N_{rent,t}$
r	**1.089***** [0.002]	**1.088***** [0.001]	**1.075***** [0.002]	**1.022***** [0.001]

注：第一个数字（加粗）为 OLS 回归的系数，第二个数字（括号内）是对应系数的标准差；*** 表示在 1% 水平上显著。

由表 5－14 可知，一线城市住宅超额收益对租金波动的回归系数为 1.089，显著大于 1，说明房价对于租金波动存在过度反应的现象。换句话说，市场对于 1 元的租金波动会产生 0.089 元的过度反应。通过与基于城市层面的回归结果（1.163）进行对比，可以发现，尽管两者都显著大于 1，但基于行政区层面获得的一线城市结果要小。二线城市住宅超额收益对租金波动的回归系数为 1.088，显著大于 1，说明房价对于租金波动存在过度反应的现象。换句话说，市场对于 1 元的租金波动会产生 0.088 元的过度反应。根据结果我们发现，基于城市层面的回归结果与基于行政层面获得的结果对于二线城市市场而言是没有明显区别的。三线城市住宅超额收益对租金波动的回归系数为 1.075，显著大于 1，说明房价对于租金波动存在过度反应的现象。换句话说，市场对于 1 元的租金波动会产生 0.075 元的过度反应。有趣的是，与其他两个市场相比，三线城市的过度反应现象看起来要弱一些。这一现象与我们在城市层面进行回归时看到的现象类似。同时，根据行政区层面进行回归的结果要比根据城市层面获得的结果（1.132）小。最后，将二三线城市合并起来进行回归，得到住宅超额收益对租金波动的回归系数为1.022，显著大于1，说明房价对于租金波动存在过度反应的现象。换句话说，市场对于1元的租金波动会产生0.022元的过度反应。值得注意的是，这一结果要比一线城市得到的结果更小，而基于城市层面获得的二三线城市的结果，则要比基于城市层面获得的一线城市的结果要小。这和上面的结果都是一致的，即我们即使采用了比城市层面更细致的行政区层的数据，过度反应的现象一致是稳健的，且在一线城市的表现比在二三线城市更为明显，非理性的情绪更加强烈一些。一个有趣的发现是，行政区层面的数据虽然也大于1，但其系数比城市层面数据均要小。说明城市层面的数据还是有偏的，会放大这种过度反应的程度。因此，在数据允许的情况下，在进行住宅市场实证研究时应尽量采用更加细致、更加微观的数据。

5.4.4 结果分析

股利折现模型被广泛用于资产定价领域，这种模型意味着资产价格受未来现金流和预期收益率变化的影响。同样，可以把这一思路运用于房地产市场，房价受未来租金变化和预期收益率变化的影响。本书以中国四个一线城市为例，研究了从2008年1月至2016年6月的价格波动数据，使用面板向量自回归的方法，将房价波动分解为由未来现金流即租金价格变化带来的冲击，以及由预期收益率变化带来的冲击两个部分。我们将预期收益率冲击定义为一个更广泛的信息集，它包含了面板向量自回归中真实租金、实际长期利率和实际工业增加值增长率等各种信息。

实证结果表明，住宅价格对于租金反应过度。而预期回报和租金波动呈现反相关关系，进而放大了房价对于租金的反应程度。同时，假设对未来的预期回报率固定不变，50%租金冲击将直接导致房价实现50%的超额收益。

住宅市场对于基本面—租金变化的冲击是反应过度的，这表明房屋市场存在非理性情绪。本书给出了定量分析证据。中国一线城市中的住宅房屋市场是高度投机的，其定价显著偏离房屋的消费和居住性能。住宅价格波动显示出显著趋势惯性。余华义（2015）运用全局向量自回归（GVAR）模型验证了中国35个城市的房价受单个城市房价冲击的异质性反应，结果显示房价冲击对于自身和其他城市房价均有较为明显的正向关系，并且一线城市和东部城市的房价冲击带来的影响更大。周（Zhou，2016）基于上海的实证分析表明，住宅市场对于政府政策如限购令等反应过度。在住宅市场上，个人投资者占主体，市场更加不理性。它对于基本面租金的变化反应不足，而对于其他信息，如政策等，则过度反应。

在过去几年中，住宅市场房子本身增值的资本回报率要好于租赁市场，使人们对于房价的预期过高（Gao et al.，2015）。同时，金融发展对房地产价格增长的影响是倒“U”型的（朱茵姿、徐丹，2013）。在中国，金融发展不像美国或欧洲那么久远，家庭投资渠道缺乏多样性，这些对于房地产价格增长在某种程度上都具有积极推动作用。在中国，房屋不仅仅有居住价值，还与社会地位、婚姻、教育（学区房具有更高的价格）等因素密切相关。房价呈现出显著的趋势惯性，若过去增长迅速，那么其会保持上涨的劲头。如果人们看到了在住宅市场中的高回报，会有更多的人投资于住宅市场，需求又进一步提升了房价。

研究的下一步是检查住宅市场在中国不同城市的异质性。2016年春节后，住宅价格在一二三线城市的分化更为显著。在北京、上海等一线城市，人们连夜在交易所门口排队买房；在杭州、南京等区位优良的二线城市，房价持续上涨；与此同时，三线楼市无人问津，房价在缓慢下滑。尽管存在数据的局限性，本书的一大贡献是用实证方法证明了从2008年1月至2016年6月，在中国一线城市住宅价格对于租金增长的反应不足，而对于预期收益率的变化是过度反应的，并且表现出持续地增长。可见，在研究期间内，投资于中国一线城市住宅市场是有利可图的，具有极强的投机性，且房价已经脱离了其消费和居住功能。

第 6 章

经济周期与房地产周期

6.1 经济周期定义及经济周期理论发展背景

经济周期，又称商业周期，总的来说是长期环境下 GDP 上行和下行的变动。经济周期通常包括经济快速发展的周期和经济停滞或经济下行的周期。经济周期的研究有助于各国政府指导或调控宏观经济，有效地提高宏观经济处于经济下行阶段时政策的引导性，减小国家经济变动。因此，经济周期理论的研究一直是宏观经济研究的热点。

西斯蒙第第一次在他的新政治经济学中系统性阐述了经济危机。在此之前，古典经济学认为经济周期不存在，认为经济危机的发生由外生因素、战争导致，并多集中研究长期问题。由于 1825 年股票冲击是在和平年代发生的世界经济危机，西斯蒙第认为之前古典经济学认为的战争因素不是真正导致经济危机的原因。罗伯特·欧文在 1817 年《致工业和劳动贫民救济协会委员会报告》中发表了同西斯蒙第相似但缺少系统性思想的言论。他同西斯蒙第相同，认为经济周期产生的因素为产能过剩和消费不足，其中欧文认为消费不足是由贫富不均导致的。西斯蒙第和欧文都认为政府干预和社会主义各自为经济危机的解决方法。当时这些努力并未吸引古典经济学派经济学家们的注意。但在 20 世纪 30 年代，消费不足的言论被凯恩斯系统化。

西斯蒙第关于周期危机的言论被查尔斯·迪诺耶尔进一步发展，构筑了交替周期理论。此外，卡尔·洛贝尔图斯的理论类似于西斯蒙第的理论，也得到了发展。资本主义周期性的危机成为卡尔·洛贝尔图斯理论的研究基础。卡尔·洛贝尔图斯进一步认为资本主义周期性的危机将会变得更加严重，由此他预测了共产主义革命。《资本论》中关于资本主义周期性危机只提及了一些，在马克思去世后出版的书中，资本主义周期性危机被广泛地在价值剩余理论中讨论。

以凯恩斯为代表的古典经济学家认为，实际工资调配的灵活性使市场总是处于充分就业的状态，但1929年的“大萧条”出现的大量失业使古典经济学的传统言论受到质疑，并促使凯恩斯进一步提出了以总需求为导向的周期波动理论。凯恩斯在《就业、利息与货币通论》中认为总需求对实际产出构成影响，因此总需求不稳定导致了经济波动，并认为政府应当干预经济。但20世纪70年代后，资本主义国家发生滞涨，古典经济学派再次受到了质疑。以弗里德曼为代表的货币主义学派认为，长期来看市场趋于充分就业，短期水平上，人们具有货币幻觉，当局应当制定统一的货币政策稳定总需求的波动。以卢卡斯为代表的理性预期学派认为，货币供给为外生变量，无法预测，而这无法预测的货币供给变化是价格和产量波动的因素。

20世纪80年代之后，自由放任的新古典宏观经济学派的经济学家芬尼·基德兰德和爱德华·普雷斯科特以及朗和普劳瑟提出了真实经济周期，他们认为经济周期实际由技术变动为代表的实际因素造成。更进一步地说，经济波动是理性预期经济主体对技术冲击所引起的变动做出最佳反应来调整劳动供给和消费的帕累托最优调整结果。第一，以技术冲击为代表的真实因素冲击是经济周期的根源。按照他们的分析，经济周期源于经济体系之外的供给面上的一些无法估计的外部冲击，如技术冲击等。冲击导致了技术进步率大幅度地随机波动，改变了全要素生产率和工资及利率等经济变量的相对价格，使产出的长期增长路径也呈现出随机的跳跃性。市场机制本身无法预测这些因素的变动与出现，因而经济中发生周期性波动。第二，波动的核心传播机制是劳动供给的跨时替代。当技术冲击引起全要素生产率波动时，理性预期经济主体会根据相对价格的变动来调整劳动供给和消费，从而会产生一个大的供给反应，导致产量和就业的波动。在跨时劳动替代的作用下，一次性技术冲击能够引起实际产量的持续波动。由于社会生产各部门之间存在着密切的相互联系，发生于某一个部门的技术冲击也会引起整个宏观经济的波动。第三，经济波动在很大程度上表现为经济基本趋势本身的波动，而不是实际经济围绕基本趋势波动，不是对均衡的偏离，而是均衡本身暂时在波动。经济波动不应被视为对经济增长长期趋势的暂时偏离，经济的短期波动和长期增长趋势是统一的。这就把经济增长理论和经济周期理论整合在了一起，否定了把经济分为长期与短期的说法。第四，政府的反周期政策不起作用，政府没有干预经济的必要。产出和就业的波动是理性经济主体对冲击的最优反应，市场机制本身可以自发地使经济实现充分就业的均衡，而作为外生力量的经济政策则难以与实际周期达到时间一致，并且还会减少人们的福利水平。基于这些认识，“真实经济周期理论”者将政策及其失误作为一种不利的外部冲击，主张政府不应试图用稳定政策来消除波动。第五，货币中性。真实经济周期理论认为货币供给是内生的，货币数量的变化对经济没有真实影响。在经济扩张期间对货币的需求会扩张并诱导货币供给的调整反应，货币政策不会影响实际变量，只有资本劳动和生产技术等真实变量的变动才是经济周期的根源。不应当用货币政策去刺激产出，货币政策只能以稳定物价作为单一目标。

同时，真实经济周期理论则认为，经济分为长期和短期不正确；无论长期还是短期，决定经济状况的因素都是相同的，既有总供给又有总需求，且经济周期并不是短期在长期稳定上的背离，而是经济趋势的变动。凯恩斯主义认为，宏观经济分为长期和短期，在长期上看，总供给决定了国家经济状况，而总供给来源于国家的制度、技术和资源。长期上看，经济趋于稳定；短期上看，国家的经济状况取决于总需求，而经济周期是短期经济在长期稳定趋势上的背离。并且，凯恩斯同样在《就业、利息和货币通论》针对股票投资操作的论述中，将经济学放在了次要地位，而将主要精力集中于心理学和行为学。值得一提的是，他认为股票市场的运动不是基于价值，而是基于群体心理。凯恩斯用参加报纸选美比赛的比喻，通俗地表明了股票投资中分析和把握群体心理的重要性。他把选股比作报纸上的选美比赛：报纸上刊出一百帧相片，有读者从中选出几名大家认为最漂亮的美女；谁的选择结果若与其他参加竞猜者之平均爱好接近，谁就得奖；在这种情形下，每名竞猜者都不选他自己认为最漂亮的人，而选其他人认为最美丽的人。每个竞猜者都持此想法，于是都不选他们本身认为最美丽者，亦不选一般人认为最美丽者，而是运用智力，推测参与竞猜者认为最漂亮者。这样的选美结果是，选出了“大众情人”，选出了大多数参赛者都会喜欢的脸蛋。这种理论用于选股，就是研究大众的投资行为，从中获利。其精髓在于“他人愿支付乃一物之价值也”。马尔基尔（Malkiel）把凯恩斯的这一看法归纳为博傻理论。比如说，我傻，用高价买入高出其真实价值的股票，但我预计，还有人比我更傻，他愿意用更高的价格买下我手中刚买入的股票，以此类推。凯恩斯认为，股票价格是虚拟经济的表现，股票价格并不是由其内在价值决定的，而是由投资者心理决定的，故此理论被称为空中楼阁理论，以示其虚幻的一面。他认为，股票价格虽然在理论上取决于其未来的收益，但由于长期预测相当困难和不准确，故大众投资应把长期预测划分为一连串的短期预测。大众通过对一连串的短期预测，修改判断、变换投资，以获得短期内的相对安全，这些短期投资造成了股票价格的波动。空中楼阁理论完全抛弃股票的内在价值，强调心里构造出来的空中楼阁。凯恩斯认为，与其花精力估算并不可靠的“内在价值”，不如细心分析大众投资未来可能的投资行为，抢先在大众之前买进或卖出。这在第4章中介绍商品房地产泡沫测度时的讨论中得到一定程度的反映：学者在2008年金融危机之前对于房地产泡沫测度的研究中，价值法被反复讨论，这些价值法根本上是通过不同的理论模型尝试“给出”商品房地产“真实”的价格，其中包括地租理论等；但2008年之后，学者们纷纷使用房屋空置率、商品房价格与人均收入比，以及商品房地产市值与GDP比等指标尝试描绘出商品房地产泡沫“大小”；最近的研究中，众多有影响力的文章不再关心对商品房泡沫的测度“大小”，而是把注意力转到商品房地产“泡沫”对于市场以及总体国民经济的影响上去。

主张国家干预的凯恩斯主义和自由放任的新古典主义的主要分歧点在于市场自我调节机制是否完善。

6.2 房地产周期定义及房地产周期理论发展背景

同经济周期相似，房地产业的发展也呈现复苏、扩张、超供应、衰退的不同周期。在复苏阶段，建筑有较高的空置率、较低的房租，就业率较低，对房地产的需求降低；在扩张阶段，房地产业开始呈现复苏的态势，对房子的租用需求提高，同时租金提高，房地产开发商开始购置土地开发房地产，空地闲置率降低，同时其他商品市场渐渐复苏；在超量供应阶段，市场繁荣，出现过热的态势，开发商过量地向市场提供房地产，供应大于需求，使空置率不断上升，租金降低；在衰退阶段，市场进入了最低点，大量公司破产，致使人们降低对资本市场、租赁需求的良好预期，大量不动产空置达数月之久。房地产业景气不断循环，呈现周期化等特点。具体指标体现为房价收入比、租金回报率、空置率、去化周期、投资回报率周期。

根据《中国房价周期波动区域差异的经济分析》[①]，房地产周期理论发展的背景如下：房地产周期的研究始于20世纪30年代的“大萧条”，先驱者包括库兹涅茨（Kuznets，1930）、霍伊特（Hoyt，1933）、彭斯（Burns，1935）等。后来由于第二次世界大战的因素，相关研究停滞不前。直至20世纪70年代，房地产市场开始得到发展，市场波动幅度变大，相关研究开始复苏和活跃。穆勒等倾向于从基本面对房地产周期波动进行解释、分析与预测；凯斯和席勒等认可单纯基本面角度的分析对房地产周期的解释力，因此他们更强调投机与泡沫因素对房地产周期波动的推动作用。但不同倾向房地产角度的分析均认可房地产价格周期波动的区域差异。

写字楼是周期研究的热点。美国房地产市场更倾向于通过租赁获得收入。赫克曼（Hekman，1985）检验了1979～1083年美国14个城市的写字楼市场，并将写字楼租金对GNP、城市就业、城市失业率、城市写字楼建设许可数量等进行了回归，发现写字楼租金不仅依靠本地的经济情况，国民经济也与此密切相关，特别是同通货膨胀相关，从而证明美国全国写字楼市场具有很强的周期特征。惠顿（Wheaton，1987）考察了第二次世界大战后美国的写字楼建设和空置情况，发现了12年的周期，并分析认为写字楼周期频率小于国民经济周期。

威滕（Witten，1987）认为不同城市的房地产具有不同的周期，周期长度和波动程度各不一样，房地产供给的波动要比需求的波动大，这是由于供给的波动来自融资的难易程度而非市场因素，而市场因素倾向于回归平稳。

---

① 上海社会科学院房地产业研究中心、上海市房产经济学会：《中国房价周期波动区域差异的经济分析》，2009年第1卷。

布朗（Brown，1984）在对 1968～1983 年独户住宅销售周期的分析中，将美国的房地产住宅市场分为东北、北部中心、南部和西部 4 个区域，认为在消除了季节性影响与趋势因素影响之后，仍存在显著的周期波动，并且周期波动长度和波幅根据区域情况的不同而不同。

福伊特和克罗恩（Voith and Crone，1988）研究集中在不同市场的自然空置率的变化和这些不同市场偏离自然空置率的持续时间性。他们将影响写字楼空置率的变量划分为时间因素、市场因素和随机因素，根据统计获得的 1979 年秋到 1987 年春 17 个大都市区中央商业区和郊区的数据，发现了不同市场区域自然空置率的重大差异，中央商务区不同于郊区，在不同的中央商务区中，偏离均衡空置率的持续性存在显著差异，但是郊区则不存在，给定冲击的影响在大多数私人市场都消失得非常快。

波拉科瓦斯基、瓦赫特和林福德（Pollakowaski、Wachter，and Lynford，1992）考虑了不同区域市场规模因素的影响。研究模型包括供给、需求与租金调整三个方程，并根据存量规模将 21 个大都市区的写字楼市场规划为 5 组，通过对 1982～1990 年数据作截面时间序列分析，发现不同城市规模写字楼市场的需求、租金调整和供给行为存在明显差别。

唐斯（Downs，1993）的研究发现，不同的市场因为其供给需求条件的基本差异，均衡的空置率也将各不相同，对于一些企业及人口增长较快的市场来说，动态市场要比静态市场有更高的空置率。

缪勒和洛波绍（Mueller and Laposa，1994）通过平均空置率方法研究了 1967～1993 年美国 52 个写字楼市场的周期波动，发现不同市场具有不同的周期波动。他们进一步研究了大都市区内部各子市场相对于整体市场的房地产周期差异，发现子市场与总体市场房地产周期在短期内可能存在很大差异。

戈登、莫斯博和坎特（Gordon、Mosbaugh，and Canter，1996）进一步将大都市区内人口密度、生产经营成本、经济多样化程度等特定区域市场条件指标结合到写字楼周期的研究中。研究采用 31 个大都市区半年度数据，并以空置率变化来衡量周期波动，发现空置率变化在不同周期阶段受不同因素的影响。从 1978～1995 年长期分析来看，资本可获得性对空置率波动的影响最大；如果仅看过度开发之后复苏阶段的 1991～1995 年，各大都市区特定市场条件以及需求方面的因素起主要作用，如对建筑开发的闲置、预料之外的就业增长、地区经济状况、生产经营成本等。

凯斯和席勒（1989）检验了1970～1986年亚特兰大、芝加哥、旧金山、达拉斯独户住宅市场有效性，发现这些城市住宅价格波动存在序列相关性，下一年价格倾向于向上年价格同方向变化。但房地产价格变动的序列相关性显然难以直接证明投机泡沫的存在。凯斯和席勒（1994）以波士顿和洛杉矶为案例，研究了独户住宅市场上升与下降阶段不同档次住宅价格变动模式的相似性与差异。发现在繁荣阶段，洛杉矶三个档次住宅价格具有非常相似的增长率；波士顿开始各档次住宅价格共同上升，当高档住宅价格停止上升时，低档住宅价格仍继续上升一年。在下降阶段，两个城市的各档次住宅价格表现出很大差异：1991年春季前，波士顿三个档次住宅价格一起下跌，此后，高档住宅开始复苏，低档住宅价格的下跌比率最大；相反，洛杉矶高档住宅价格下降最大，低档住宅价格下降最小。凯斯和席勒（2003）在对近几年住宅市场投机泡沫的研究中，分析了1985～2002年超过71个季度美国州层次的住宅价格和基本面数据，发现收入变化能够解释50个州里面的42个州的价格变化，对于另外8个州，其他经济变量提供了解释力，但是这些其他基本面变量对于2000～2002年房价的预测要低于实际观测的价格。

在我国房地产业迅速发展的同时也出现了周期波动的现象，同时房地产发展的波动性引起了相关研究者的关注。沈悦、刘洪玉（2004）利用1995～2002年我国14个城市的数据，运用混合样本回归以及添加城市和年度哑变量等分析方法，实证分析了住宅价格与经济基本面的关系，结果表明14个城市经济基本面的当前信息或过去信息都可以部分解释住宅价格水平或者变化率，并且经济基本面对住宅价格的解释模型存在显著的城市影响特征。

洪涛、西宝和高波（2007）利用35个大中城市2000～2005年的面板数据，实证分析了我国房地产价格的区域联动与房地产泡沫的空间扩散机制。通过构建泡沫自回归模型并对其交叉进行CSD检验，发现不同城市间房地产价格存在联动性且房地产泡沫的演化过程相互影响，消费者的适应性预期是其中重要的传导机制之一。

梁云芳、高铁梅（2007）利用基于误差修正模型形式的面板数据模型讨论了房价区域波动的差异，并分析了造成各地房价差异的原因，以及货币政策效应的区域差异。分析发现：无论是从房价的长期趋势还是短期波动看，信贷规模对东、西部地区的影响都比较大，对中部地区的影响较小；人均 GDP 无论从长期还是短期看都对中部地区房价的影响比较大；实际利率对各区域影响差异不大，并且影响较小，房价的预期变量在东部地区对房价的短期波动有较大影响。

顾红春（2013）使用人均可支配收入、房地产投资、商品房新开工面积、商品房销售面积、商品房平均销售价格、房地产业增加值等 6 个指标获得房地产周期合成指数，使用 HP 滤波的方法计算出了房地产周期。其研究发现：1990～2011 年中国房地产存在显著的周期波动，周期持续时间约为三年。

从颖（2014）通过聚类分析的方法将 35 个大中城市按照经济实力和城市规模分为三类，对不同类别城市 2002～2011 年房地产价格波动对宏观经济的相关关系进行估计，分析结果表明：经济实力越高的城市对宏观经济周期响应程度越高。

张斌和何晓贝（2016）通过 HP 滤波得到中国的房地产周期和经济周期，发现房地产和信贷是经济短周期主要的影响因素。

6.3 宏观经济与房地产市场

6.3.1 房地产价格波动与汇率变化

房地产价格的核心是土地价格。土地作为有时间价值的生产要素，为了反映土地在其长期使用时间中的价值，应将其未来的产出贴现。除此之外，土地的价格还应当以更广泛的角度去认知。土地作为自然生成的资产要素，生产成本为零，在销售端，土地的需求决定了土地的价格。由此来看，土地应当视为由使用收益、交易受益组成。但从现在更为开放的市场的层面上来看，一国的房地产价格同国际市场联系密切，货币的升值预期也成为影响土地价格的因素，甚至可能成为影响短期土地价格的因素。

在不考虑外部因素的情况下，土地价格变动的主要影响因素为房地产预期收益率。根据资产价格一般理论，房地产预期收益率在无套利的条件下取决于土地边际产出和市场交易获利。但在中国特殊的土地政策条件下，土地商业开发权初次获得是通过公开拍卖国家土地，之后的转让和开发是市场化的。由此，土地拍卖价格构成土地的贴现价值（土地边际产出价值），土地的二次流转价值成为了交易价值。中国城市化的速度飞快，某些地区存在土地供给不足的情况，导致了土地出让价格上涨，进而导致房地产开发商的土地预期收益率下降，在久期乘数作用下，使房地产价格上升。因此，要稳定房地产价格，单纯控制房地产价格不足以获得效果，而应当合理释放土地，稳定房地产开发的土地价格。

在开放的条件下，资产交易的环境发生了变化。投资者将有一个全球视野，国内的土地资产将同汇率变动的升贴水相关，从而使一国货币的币值变动成为国内资产价格变动的重要因素。在汇率在一定期限内保持变化率不动的情况下，若汇率上涨，通过久期乘数的作用，此时汇率将代替土地预期收益率成为影响土地价格的主要因素，土地价格将会上涨。

此外，对于汇率的预期也将影响房地产价格。若外国投资者可投资中国的房地产市场，根据资产定价的一般原理，房地产投资者要考虑风险溢价的因素。资产风险溢价反映的是投资者持有国内而非国外资产要求的风险溢价因素。中国作为一个新兴的市场，面临更高的经济波动风险，因此，风险溢价一般为正值。当将风险溢价因素纳入房地产价格的影响因素时，提高了投资者对房地产受益率的预期，缩短了久期，使房地产价格变动变小。

6.3.2 房地产周期与货币供给变化

房地产业是一个基本的密集型产业，需要大量的资金，离不开金融的支持。在中国，房地产开发融资渠道单一，在房地产开发端和销售端都需要银行融资的支持。在这样的大环境下，信贷政策导致的货币供给量的变化无疑会影响房地产周期。在现代商业体系下，商业银行贷款创造出货币供给，贷款需求越高，货币供给越多。

在房地产业上升阶段，房地产需求提高，房地产开发供给增加，开发端的融资和销售末段房地产信贷的贷款购买提高了银行的信贷供给，银行通过信贷增加了货币供给，市场涌现大量货币，部分货币用于银行存款，银行又因房地产开发和房地产消费提供更多信贷，创造货币；当房地产业处于下降阶段时，房地产需求降低，房地产价格降低，房地产消费端信贷需求降低。由此可见，房地产信贷规模与货币供给量联系密切，并且具有正相关性。

具体来看，房地产投资增长或下降的幅度一般都大于信贷规模和M2的变化。例如，1992年行政放开导致的开发热导致了股票热、房地产热，使宏观整体经济过热，银行信贷余额剧增，M2增长率达到31.3%。经验表明，货币扩张、金融自由是泡沫经济的推进因素。从1998年后房地产周期波动的顾虑分析研究发现，房地产周期波动与信贷资金的规模和货币供给是密切相关的。信贷规模大小和货币供给量多少将影响房地产投资规模和产业发展。

但需要指出，除了外生货币供应的刺激影响外，房地产内部的因素也影响着房地产周期。房地产企业可以通过提高房地产价格、增加房地产销售获得更快的资金回收，集聚资金用于扩大投资规模和新的房地产开发。房地产内部的这些因素可以在一定程度上降低对外生因素的敏感性，使房地产周期波动慢于货币供给的变化。这也可以解释为何在政府出台多项政策限制货币信贷之后，房地产仍然能在一段时间内保持较高的增长率。

6.3.3 房地产周期变化和货币政策变化

货币政策的资产价格传导是指央行调整货币政策影响资产价格的波动，资产价格波动进而影响宏观经济的过程。① 对资产价格传导有效性的研究伴随学界中关于货币中性的持久讨论展开。斯文和沃纳（Svensson and Werner，1993）将货币的交易功能分为两部分：实际交易和资产交易，成功地对20世纪80年代低通胀、高资产价格现象进行了解释。西莫－肯恩等（Simo－Kengne et al.，2000）通过结构VAR方法，发现欧洲放开政策对房价的影响。艾哈涅等（Ahearne et al.，2005）通过分析18个国家的房价，得出了相同的结论。刘骏民（2004）认为，随着金融创新和金融深化的发展，货币不仅用于服务实体经济，同时也可满足虚拟经济。货币无论

① 贾庆英、孔艳芳：《资产价格、经济杠杆与价格传递——基于国际PVAR模型的实证研究》，载于《国际金融研究》2016年第1期。

流入哪一方，都会导致其中一方的价格上涨。张（Zhang，2012）认为，当商品价格是刚性时，货币通过房地产市场流向实体经济。李世美（2012）认为，房价的货币沉淀效应非常明显，使大量货币在通过商业银行货币放大之后沉淀在房地产市场，这解释了为何政府向市场投放大量货币后未能及时传递到需要刺激的领域。

货币的资产价格传导可以分为投资效应、财富效应、流动性效应、通货膨胀效应等。财富效应最早由安多和莫迪里阿尼（Ando and Modigiliani，1963）提出。莫迪里阿尼（1963，1971）提供货币政策影响资产价格，并由此影响消费的分析框架，扩张性的货币政策使居民手中资产价格上升，增加居民财富，促使居民消费水平提高。凯斯等（2005）、帕耶拉（Paiella，2009）和索萨（Sousa，2010）从宏观角度检验了房地产财富效应的存在性及其大小。斯金纳（Skinner，1996）、坎贝尔和科科（Campbell and Cocco，2007），以及黄静、屠梅曾（2009）从微观角度考察了财富效应。大量研究表明房地产的资产价格对消费有一定的影响，但具体的情况因不同国家而不同。例如，扩张的财政政策使利率下降，因而债券、股票对资金的吸引力上升，股票价值的提高使企业市值提高，于是投资增加。货币政策变动影响融资端企业的房地产投资开发，进而影响房地产供给和设置的房地产价格。但是，对于货币政策资产价格传导机制的实质影响，学界存在争议。有部分学者认为，扩张性货币政策可能导致资产过度上涨从而挤出实体企业的投资。而其他学者认为，扩张性财富政策使居民和企业手中的资产价格上涨，使之认为自己的财富状况提高了，从而刺激消费和投资。

从流动性效应的角度来说，流动性指股票和房地产等可变现能力强与否。当扩张性货币政策下放时，资本价格上涨，市场对资产价格的预期是积极性的，因此居民或企业有意愿购买资产，对于持有资产的居民或企业来说，资产变现的能力增强了，从而可以获得流动性，增加消费。

通货膨胀效应最早由凯米和科姆斯曼诺（Chami and Comsimano，1999）提出，他们认为，在股票市场，扩张性财政政策会导致经济体通胀水平上升，从而使股票投资人根据通胀率的水平做出投资决策，企业根据股票投资人的要求从而增加投资之处。同样，货币政策资产价格传导机制并不是普适性的。德贝莱（Debelle，2004）、卡尔兹等（Calza et al.，2006）认为，因抵押贷款市场结构和制度的不同，货币政策的资产价格传导机制存在较大差异。刘晓欣（2014）同样认为，不同的国家有不同的经济结构，房地产对各种物价指数影响的程度不同。还有部分学者研究了杠杆对上述传导机制的影响。斯坦（Stein，1993）认为，首付约束或其他信贷制度约束了房屋贷款占房屋价值比和价格之间的关系。科利恩等（Collyn et al.，2002）也认为，资产价格高的时候，银行更愿意提供资产相关的贷款。源（Nguyen，2013）认为，抵押贷款的自由化可以在住房市场引起更大的波动。而有学者认为，央行对抵押贷款的约束是影响房地产波动的有效工具。

在中国，货币调控是房地产宏观调控的重要工具之一，自1998年以来，中国房地产信贷政策和货币调控机制多采取直接的信贷规模导向。中国对房地产业的货币调控至少具有以下特点：

（1）较多运用选择性货币政策工具。货币政策工具一般分为一般性货币政策工具和选择性货币政策工具。一般性货币政策工具是指对货币政策经济体系具有整体性影响的货币财政工具，包括调整法定存款金率、贴现等。选择性货币政策工具则是指央行针对某个领域采取的信用控制措施。例如，《关于进一步加强房地产信贷业务管理的通知》要求“房地产开发企业自有资金应不低于开发项目总投资的30%”，这种比例管理限制了财务杠杆比例控制，限制了房地产开发企业投入资金中自由资金和银行贷款的比率，自有资本金限制可以克服企业融资活动中信息不对称导致的风险；同时，银行由于比率的限制也可以降低企业潜在的道德风险。个人住房消费信贷方面，央行同样使用选择性货币政策工具限制个人住房消费信贷首付比率：20%。该类限制性条款不仅可以抑制银行信贷扩张，也可以有效防止借款者在接触资金后发生不利于贷款者的道德风险，有效地保证了房地产业的健康发展。

（2）货币调控的过程很容易出现区别对待，有收有放。为了防止出现货币政策“一刀切”的问题，政策应当尽量做到有针对性。在房地产开发信贷方面，对于信用差、资本金差、企业本身管理能力以及资证不齐全的公司，不得发放任何形式的贷款；对大户型、高档商品房、别墅、高尔夫球场、物流园区等实施严格的信贷管理，这有利于抑制部分政府为了政绩盲目扩大修造基础设施等项目。但对于资质高、房地产开发信用等级高、管理完善且开发符合市场主流需求的住宅项目，银行信贷应当给予积极的信贷支持。在个人消费信贷方面，居民购买自住的普通商品房时可继续享受银行低息贷款，但当个人购买第二套商品住房、高档房、别墅时，贷款利率应当适当上调。总体来说，利用杠杆的限制政策有助于资金的优化调整，抑制非理性投资者的消费需求。

在中国的实践中，货币政策作用于房地产业的渠道是多方面的：

（1）资金贷款渠道。货币政策通过限制贷款资金的规模直接限制房地产业可供贷款的资金数量。当限制货币贷款数量时，银行对企业和消费者发放的贷款都会相应减少，抑制了企业在市场供应房地产数量的同时，也抑制了住房消费投资者的住房消费；当放宽货币贷款数量时，将会提高向市场提供房地产的数量以及提高住房消费贷款需求。

（2）利率渠道。货币供应变化或是法定利率，都会增加企业和个人的贷款成本，从而抑制了贷款后的消费需求。反之，货币供应量增加或是利率下降，贷款限制放松，将会释放或是刺激贷款后的消费需求。

（3）资产价格机制。依据托宾 q 理论，q 为企业市场价值与资本重置成本之比，在房地产领域则是指房地产价格与建设成本之比。q 大于 1 则代表房地产大于建设成本，企业具有盈利空间；反之，则开发投资盈利空间较小。

货币政策对企业影响分为两极。对于土地储备充足、资本雄厚、品牌效益佳、销售佳的房地产开发企业，紧缩的货币政策对于企业来说是利好的。加息虽然会增加房地产企业资金成本，但是紧缩的货币政策会导致市场上房地产供应不足，使市场上现有的房地产价格上涨，房地产开发企业会获得更高的销售利润，为企业加快房屋的销售和资金回流提供了便利，从而缓解了企业的资金压力。自由资本金要求迫使企业调整企业的资产负债结构，企业实收资本的增加和负债率下降将导致企业更依赖内源融资机制，将一部分投资收益转为新的资产投资；同时，企业将提高自有约束能力和经营能力。相反，对于资金匮乏、经营不善的房地产企业来说，紧缩极大地限制了企业的发展，企业面临被重组合并的风险。但总体来说，房地产市场发展向好，将会吸引境外资金和外行企业的投资。因此，市场上房地产企业的数量并未受到过大影响。

货币政策对消费者的影响比对企业的影响小。主要原因是，居民消费信贷理性化程度比较高，投资者不会大幅举债，而是充分考虑了偿债能力。此外，住房是居民生活的必需品，需求的价格弹性一般小于投资品，因此，货币政策对居民的住房消费的影响较小，居民的住房消费对加息的敏感度比较低。但仍旧带来了负面影响：根据经济中理性人的假设，购房者在利率上涨政策之后，会选择提高首付款的比率，或选择提前还款。这在一定程度上提高了银行经营风险，导致银行信贷能力下降。加息的预期会导致居民对物价上涨的预期，从而导致人们的需求下降，由此导致价格走低，使市场受到低迷的预期。

宏观调控对银行的影响也很大。开发贷款和个人住房贷款对银行来说是资源和保障，开发贷款下降会使银行个人住房信贷规模减少。此外，国有商业银行开发贷款占比下降，个人贷款占比也下降，这有利于分散风险。国有商业银行从事业务时间较长，经验充足，因此可规避较多市场风险；而其他商业银行作为初次获得市场份额的银行，更倾向于用激进的方式扩张业务，因此整体上会提高银行业的市场风险。此外，任何一家银行都不具有单一定价的能力，“放开上限”的政策试水并未得到应有的效果，因为银行都不愿因上调自己的利率而丢掉贷款的市场份额。

除了使用货币供应和房地产政策调节商品房地产市场以外，税收也是商品房地产宏观调控的重要工具之一。我国目前商品房地产税收状况可简单归纳为三点：一是房地产交易和流通环节税收种类多、相对集中，而使用和保有环节税收种类少；二是城镇土地使用税征收标准过时，不能有效抑制投资投机性等不合理需求；三是房地产税收体系配套工作不够完善。

从计税环节来看，房地产交易和流通环节税收种类多、相对集中，而使用和保有环节税收种类少。土地增值税、契税、印花税及其相关税收均为调节房地产流通交易环节的税种，而在房地产保有期间涉及的税种非常少，目前仅有城镇土地使用税、房产税，并且免税范围很大。例如，城镇土地使用税和房产税均把军队、国家机关、人民团体、财政拨款事业单位的自用房地产以及个人所有非经营用的房地产等列为免税对象，以至于房地产居住行为基本上没有税收。正因如此，很多学者认为，我国多年来房地产发展过热、投机行为盛行，房地产保有环节税收比重小、起不到调节作用是一个主要原因。

房地产税收的调整周期过长，致使税收的调控作用降低。例如，1988年9月27日国务院发布《中华人民共和国城镇土地使用税暂行条例》，并于1988年11月1日起施行，直到2006年才对该条例进行了修改，于2007

年1月1日起施行。在大城市，城镇土地使用税由0.5～10元/平方米增加到1.5～30元/平方米，这期间城镇土地使用税征收标准一直没有随房地产业的繁荣而调整，再加上免税范围过大，不能有效地抑制投资投机性等不合理需求。耕地占用税也有类似问题。1987年4月1日国务院发布了《中华人民共和国耕地占用税暂行条例》，对占用耕地建房或者从事非农业建设的单位和个人征收耕地占用税，规定人均耕地在1亩以下（含1亩）的地区，每平方米为2～10元；2007年12月1日国务院颁布了《中华人民共和国耕地占用税暂行条例》，对1987年《中华人民共和国耕地占用税暂行条例》进行了修订，规定人均耕地不超过1亩的地区每平方米为10～50元。二十多年用同一标准征税，这与经济发展不相适应，极大地弱化了耕地占用税的资源调节作用。

房地产税收体系配套工作不够完善。我国房地产还存在着税收架构中缺少部分必需税种的问题，导致我国财产税收体系还不够健全、财政收入减少，税收应有的调整贫富差距的作用无法充分发挥出来，进而给实现税收公平带来了一定的困难。此外，有关个人拥有多套房产等占用社会经济资源的情况，一直未设置出能够有效管控特殊财产行为的税种，使房地产价格没有得到很好的管控，在社会财富的分配方面不够合理。

房地产税的征收需要以完善的产权体系、客观的房地产评估、及时的不动产登记为基础，但现阶段这三项工作都存在模糊滞后或人为影响的干扰。每年因产权产生的纠纷屡见不鲜，房地产评估行业的寻租行为以及还未完成的不动产登记工作，都在束缚着房地产税收体系的正常运行，甚至可能会造成纠纷、偷税漏税现象、增加征税过程中的税收成本等问题。

由此可见，我国目前对于房产税的征收由于缺乏立法、缺乏完善产权体系等技术性原因，对于房地产价格始终没有有效的管控，不能有效地抑制投资投机性等不合理需求。

我国目前对于房产税的征收已经提上日程。在2018年3月4日召开的十三届全国人大一次会议首次新闻发布会上，十三届全国人大一次会议副秘书长、发言人张业遂表示，房地产税立法是社会普遍关注的一个问题，加快房地产税立法是党中央提出的重要任务，由全国人大常委会预算工作委员会和财政部牵头组织起草，目前正在加快进行起草完善法律草案、重要问题的论证、内部征求意见等方面的工作，争取早日完成提请常委会初次审议的准备工作。[1]

我国正在尝试使用征收房产税的方式逐步熨平商品房地产泡沫。国务院参事、住房和城乡建设部原副部长仇保兴表示，为了逐步烫平房地产泡沫，房地产税应该分类进行，率先出台能够精准遏制投机的消费税、流转税、空置税，然后再从容考虑物业税。针对中国当前的房地产市场情况，仇保兴在接受媒体采访时提出，要把房地产调控从原来的中央调为主转变为地方调，从行政手段调为主变为经济手段，从集中统一调变为分散调，通过国民经济收入的增长来严格控制房价的涨幅，逐渐烫平房地产泡沫，而不是一脚踢破。[2]

为精准遏制投机，分拆细化房地产税的思路初衷无可厚非，却面临不小的现实困境。空置税的概念并不新鲜，直奔主题“房子是用来住的，不是用来炒的”，但是放在国内不同城市的分层现实里，主题就容易千变万化了。首先，空置率很难计算，谁来界定、如何界定都存在很大争议，征收难度大，必然导致征税成本很高；其次，如果一线城市的空置率尚有蓄意涨价之嫌，那么很多三四线城市的房子便是想卖卖不出去。对于大量老旧小区来说，之前有没有物业都难说，征物业税有些强人所难。

房地产税一直被视为分税制改革的配套改革，以令地方有合理的税基，此前我国省以下分税制改革不彻底，税收分成制带着浓重的议价色彩，更带来了土地财政和地方独断专行等弊病。地方政府对土地财政高度依赖，但是，保障地方政府的“钱袋子”，是否能成为让买房者为分税制买单的理由？不成熟的房地产税烫不平房地产泡沫，因为首先它自己是扭曲的。公众对于房地产税的顾虑往往伴随对这一税种设置初衷的不理解甚至误解。相当一部分人认为房地产税尤其相对狭义的房产税，设计初衷仅仅是控制房价的手段和地方增加财政的途径，这两种思路或许有人会故意迎合，但一定不是顶层设计房地产税的本意。

早在 1930 年，很多国外学者已经开始对房地产市场和宏观经济周期的关系展开研究。1933 年，欧文·费雪（Irving Fisher）提出债务缩水是引发

---

① 《张业遂：加快房地产税立法是重要任务》，http：//www. china. com. cn/lianghui/news/2018 -03/04/content_50651007. shtml? f = pad & a = true.

② 《仇保兴：将房地产税分拆成四个税　可以烫平泡沫》，https：//baijiahao. baidu. com/s? id = 1614451416821838495 & wfr = spider & for = pc.

大萧条的原因，金融因素是经济周期的重要组成部分。这一观点在此后很长一段时期内引领了相关研究的方向，但大部分研究主要以局部均衡为理论基础，直到本·伯南克和马丁·格特勒（Ben Bernanke and Mark Gertler，1998）使用一般均衡模型对问题进行探讨。亚科维耶洛（Iacoviello，2005）则第一次使用动态随机一般均衡模型（DSGE），对房地产市场对宏观经济周期的货币政策传导机制进行了深入的研究。此后，动态一般均衡模型法很大程度上为后续研究者提供了研究房地产市场和宏观经济周期关系的基本理论框架。亚科维耶洛和帕万（Iacoviello and Pavan，2013）则在此前模型的基础上进行扩展，建立了一个包括房地产投资、房贷抵押贷款和房地产租赁市场的一般均衡模型，对房地产市场上居民的住宅行为与房贷抵押贷款情况和经济周期、生命周期与财富分布的关系进行了研究，并得出结论，即房地产投资与房贷抵押贷款具有经济周期的顺周期性，且居民收入预期和房贷首付比例的变化会影响房地产市场和宏观经济的波动性。特别地，亚科维耶洛还将 2008 年金融危机纳入分析框架中，揭示了 2008 年美国房地产市场和宏观经济同时面临危机的原因，提出高杠杆率放大了负向外部冲击对房地产市场和宏观经济的影响作用。

在我国，近年来很多学者也使用类似方法对中国的具体情况进行了研究。例如，何青、钱宗鑫、郭俊杰（2014）以亚科维耶洛（2005）的模型为基础，构建了一个动态随机一般均衡模型，引入抵押率冲击和政府支出冲击两个外生冲击以更好地拟合中国的实际情况，通过贝叶斯方法进行参数估计，对过去 20 年间中国房地产市场与宏观经济波动之间的相互关系进行了考察，并得出结论：在我国，房地产偏好冲击和抵押率冲击是影响宏观经济的重要因素，且房地产市场和借贷约束相互影响，加大了各种经济冲击对宏观经济稳定的影响。因此前较少有国内学者使用动态一般均衡模型的方法对我国房地产市场和宏观经济波动之间的传导机制进行深入研究，且较少在经典模型的基础上引入能够反映我国货币和财政政策因素的变量，何青、钱宗鑫、郭俊杰（2014）的研究在研究方法、研究内容上的创新性，对后续研究有很大借鉴意义。

此后，有更多的国内学者对我国房地产市场和经济周期间的关系进行了考察。其研究内容不仅仅局限于整体意义上房地产市场和经济周期的关系，还包括传导过程中各个影响因素发挥的具体作用。很多研究者针对货币政策在传导机制中发挥的作用进行了考察，并对我国货币政策调控方式该如何选择和调整得出结论并提出了建议。其中，肖争艳（2011）通过采用贝叶斯方法估计一个动态随机一般均衡模型，对我国货币政策是否关注住宅价格进行研究，并得出结论：央行在实际操作中已将住宅价格波动纳入货币政策规则中，且对调控房价上涨有较好效果，但调控过程中通货膨胀率上升。王云清、朱启贵、谈正达（2013）考察了中国房地产价格和数量的波动机制，并提出货币政策是我国房地产价格波动的主要来源，中国最优货币政策的制定可以采用温和盯住宅地产价格波动的方式。陈利锋、范红忠（2014）在一个 NKMP - DWGE 模型中研究发现，宽松的货币政策在推动我国房价上涨中起了主要的作用。巴曙松、田磊（2015）通过构建 DSGE 模型，考察了外生技术冲击、偏好冲击、货币政策冲击等加成冲击对产出、通货膨胀、实际工资与失业的影响并表明：稳定货币政策和控制房价加成，能够减弱房地产市场波动对于宏观经济周期的不良影响。李松华（2015）在 DSGE 模型的基础上，运用脉冲响应分析模拟利率、信贷等政策变量对我国房价的调控机制并得出结论：加息和增加贷款均导致我国房价攀升，而通过提高抵押贷款率可有效减少货币政策对房价的推升作用，是调控我国房价的有效方式。陈鑫、方意（2016）基于 VECM 和 DSGE 模型，量化研究了如何针对不同调控对象构建最优房地产调控政策的实施和退出机制的问题，并得出结论：主要针对投机性需求的房屋限购政策适于一线城市，针对刚性需求的房贷首付比例政策适于非一线城市。张杰平、刘晓光（2016）通过构建一个修正的 DSGE 模型，模拟分析了货币供应量增长对温和 CPI 上涨、而显著房价上涨的结构性价格上涨的影响机制，并得出结论：我国增加货币政策冲击，将产生价格结构性上涨现象。陈利锋（2016）通过构建包含房地产与商业银行两部门的 NK - DSGE 模型，考察一期与多期抵押约束机制下对房地产市场的调控效应，并得出结论：限购政策、紧缩性货币政策、增加公积金贷款数量的短期 LTV 政策等，在多期抵押约束机制下能发挥更好的效果，且不论何种形式的抵押约束机制下，房地产市场均是货币政策应该盯住的目标。黄文（2018）探究了货币供应量对房地产市场的溢出效应，试图研究货币供应量如何影响房地产市场以及影响程度。他通过构建包含商品房地产中间厂商的 DSGE 模型，并在模型中引入货币冲击的外生冲击变量，以模拟现实经济运行机制。仿真分析结果发现：货币供应量不直接影响房地产市场，主要通过利率水平下降与物价水平上升等传导路径对房地产市场产生正向冲击，并且这一间接影响期限短、程度深。

商品房地产是一种典型的资金密集型行业，在商品房地产生产开发到消费过程中，均与银行业的金融支持密切相关；同时，不断攀升的房价推动房地产投资收益的提高，并且当宏观经济持续高速增长时房地产投资风险相对较低，在这种情况下，信贷资金往往集中投放于房地产市场。所以，对于商品房地产而言，货币政策的松紧显得至关重要，尤其是在以利率为主的价格型货币政策传导效率低下的现实背景下，以调整货币供应量为主的数量型货币政策对房地产市场波动的影响更为突出。市场经济衰退时，货币政策宽松增加货币供应量，商品房地产市场的资金链得以继续，继而推动了相关产业和金融业的发展。在经济出现虚假繁荣时，紧缩的货币政策导致信贷紧缩又使房地产市场的融资成本和融资难度显著提高，不断下跌的利润率也使上下游供应商的利润大幅缩减，使金融业的贷款业务难以大规模展开，整个经济增速由此下降。由此可见，货币供应量变化深刻影响着房地产市场的发展方向。

已有国内外学者基于货币供应量对房地产市场的溢出效应进行了深入研究。金和拉斯特普斯（Kim and Lastrapes，2007）使用美国自 1963 年 1 月至 1999 年 8 月的时间序列数据进行经验考察，发现狭义货币供给（M1）正向的一个单位标准差的冲击造成房地产价格与房屋销售量在短期内的上升。古德哈特和霍夫曼（Goodhart and Hofmann，2000）发现货币增长不仅会显著提高房地产市场价格，而且会带来信用扩张，而信用扩张则会进一步推动房地产市场价格上涨。张中华等（2013）则利用我国 2005 ~ 2011 年的统计数据并对数化处理，构建 VAR 模型，研究显示货币供给数量变化会对房价产生正向冲击。而徐忠等（2012）借助协整检验模型、IRF 和 VEC 模型等其他实证方法，研究表明货币供应量也对房地产市场有正向影响。研究货币供应量以何种路径影响房地产市场的文献较少。魏玮（2008）考察了货币政策对于房价波动的作用，对货币政策影响房价波动的渠道，如利率渠道与信贷渠道等进行了较为深入的分析。胡冉（2009）借助 VAR 模型、格兰杰因果检验、IRF 等实证分析方法，研究表明货币供给数量增加能够加快房价的上涨，主要通过扩大房地产企业开发贷款和居民住房贷款两种渠道实现。

6.4 宏观经济冲击对房地产影响的传导机制

6.4.1 变量选取和描述

这里首先对经验数据进行脉冲响应分析，以体现房地产市场和宏观经济波动之间传导机制在现实中的具体表现形式。在建立 VAR 回归、进行脉冲响应分析前，选取中国宏观经济中名义利率水平（R）、物价水平（PI）、实际房价水平（Q）和实际产出水平（Y）作为四个内生经济变量，并在此基础上引入货币政策冲击、通货膨胀冲击、房地产偏好冲击和技术冲击四个外生经济冲击。内生变量 R、PI、Q、Y 分别去除季节趋势的中国三个月国债收益率对数值和一阶差分处理后的 CPI 对数值，去除季节性趋势的国房景气指数对数值和季节性趋势的 GDP 对数值。以上变量在进行平稳化和去季节性趋势化前，均已经过标准化处理。数据均选取自 2002 年第二季度至 2015 年第二季度的季度数据，主要数据来源为国家统计局和 CEIC 数据库。

6.4.2 VAR 结果分析

图 6－1 为 R、PI、Q、Y 经验数据的 VAR 脉冲响应结果。为了使结果更便于比较，货币政策冲击、通货膨胀冲击、房地产偏好冲击和技术冲击的顺序按 R、PI、Q、Y 进行固定。

图 6－1 中对经验数据的分析结果表明，我国房地产市场和宏观经济波动之间的传导机制有如下表现：

（1）负向的货币政策冲击推动名义利率上涨，使房价下跌后和产出水平下跌（图 6－1 第 1 列）。

（2）正向的通货膨胀冲击推动物价水平上涨，使房价和产出水平小幅下降后回归稳态水平（图 6－1 第 2 列）。

（3）正向的房地产偏好冲击推动房价上涨，使产出水平小幅波动后上涨（图 6－1 第 3 列）。

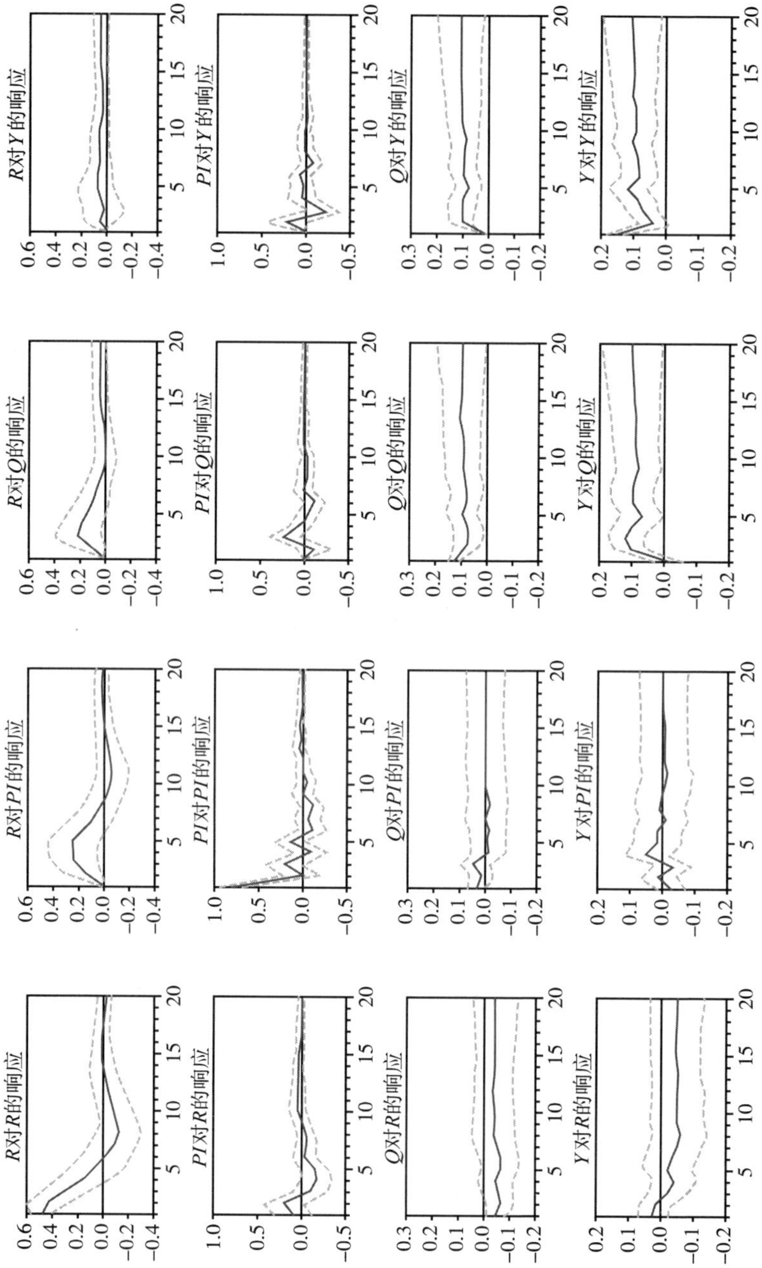

图6-1 中国经验数据的VAR脉冲响应分析结果

（4）正向的技术冲击带来技术进步，推动产出水平上升，从而使房价上升（图6－1第4列）。

在后面的章节中，本书将在亚科维耶洛（2005）研究的基础上，构建一个动态随机一般均衡模型，并进行参数校准，以拟合图6－1中经验数据的情况，并将模型拟合的VAR结果和图6－1中经验数据得到的VAR结果进行比较和分析，得出结论，并针对中国的实际情况提出建议。

6.5 理论均衡模型构建

6.5.1 基础模型

本书的理论模型以亚科维耶洛（2005）的研究为基础，包括耐心的家庭、企业家、零售商和中央银行四个经济部门。拓展模型在基础模型中加入了两个因素，即不耐心的家庭部门和企业家的可变资本投资。模型中有以下几点值得注意：

（1）耐心的家庭部门在流动资产不足时，将推迟现期消费活动；而不耐心的家庭和企业家部门则不会推迟进行现期消费，将通过借贷提高现期购买力。

（2）耐心的家庭为资金的出借方，因不会在流动资金有限的情况下进行借贷购房，其经济活动只受预算约束，不受贷款抵押率的约束；不耐心的家庭和企业家为资金的借入方，经济活动除了预算约束外，还受到贷款抵押率的约束。

（3）耐心的家庭为企业家工作。企业家部门的劳动力投入为支付耐心家庭部门的工作报酬。

（4）企业家只负责生产中间产品，零售商从企业家手中购买中间产品作为生产原材料，再售出生产所得的最终产品。

1. 耐心的家庭部门

在任意时刻t、给定的预算约束下，耐心的家庭部门最大化目标效用函数为：

$$E_0\sum_{t=0}^{\infty}\beta^t\left(\ln c_t'+j\ln h_t'-\frac{(L_t')^{\eta}}{\eta}+\chi\ln\left(\frac{M_t'}{P_t}\right)\right)$$

其中，$\beta\in(0,1)$ 为耐心家庭的折现因子；c_t'为消费量；h_t'为住宅拥有量；L_t'为耐心家庭为企业家的工作时间；M_t'为名义货币余额；P_t'为价格水平；M_t'/P_t'表示实际货币余额。

同样地，$q_t\equiv Q_t/P_t$ 为实际房价水平；$w_t'\equiv W_t'/P_t'$ 为实际工资水平。假设耐心的家庭以实际单位贷出资金，t 时刻借入资金 $-b_t'=-B_t'/P_t$，并收回 $t-1$ 时刻的贷款利息 $-R_{t-1}B_{t-1}'/P_t$。这里要指出，因我国贷款合同均以名义利率进行定价，R_{t-1}代表 $t-1$ 时刻的名义贷款利率水平。Δ 为一阶差分算子。

耐心的家庭部门的资金流满足以下预算约束：

$$c_t'+q_t'\Delta h_t'+\frac{R_{t-1}b_{t-1}'}{\pi_t}=b_t'+w_t'L_t'+F_t+T_t'-\Delta\frac{M_t'}{P_t}\qquad(6-1)$$

其中，$\pi_t=P_t/P_{t-1}$表示 t 时刻的通货膨胀率；F_t 表示耐心的家庭部门一次性获得的贷款利息；$T_t'-\Delta\frac{M_t'}{P_t}$表示与中央银行之间的转移净额。

在预算约束式（6-1）的基础上，求解耐心家庭的最优化问题，得到耐心家庭部门的一阶条件：

$$\frac{1}{c_t}=\beta E_t\left(\frac{R_t}{\pi_{t+1}c_{t+1}'}\right)\qquad(6-2)$$

$$w_t'=\frac{(L_t')^{\eta-1}}{c_t'}\qquad(6-3)$$

$$\frac{q_t}{c_t'}=\frac{j}{h_t'}+\beta E_t\left(\frac{q_{t+1}}{c_{t+1}'}\right)\qquad(6-4)$$

2. 企业家部门

企业家部门的生产活动满足一个柯布-道格拉斯（Cobb-Douglas）方程，其中企业家的资本投入包括房产资本投入量 h_t 和劳动力投入量 L_t。企业家部门生产 Y_t 单位的中间商品，满足产出方程：

$$Y_t=A(h_{t-1})^{v}(L_t)^{1-v}\qquad(6-5)$$

其中，A 为技术参数。此处假定产量 Y_t 不能直接转化为企业家部门的消费量 c_t。

假设零售商以批发价格 P_t^w 从企业家手中购买中间产品，并以零售价格 P_t 出售最终产品。中间产品到最终产品的价格加成指数为 $X_t = P_t / P_w^t$。

因企业家部门受到借贷约束的限制，$b_t = B_t / P_t$ 为企业家能够借贷的最大额度。当房地产市场上规定的企业家的抵押率水平为 m 时，记企业家部门的借贷约束为：

$$b_t \leqslant mE_t(q_{t+1} h_t \pi_{t+1} / R_t)$$

企业家部门最大化期望效用函数为：

$$E_0 \sum_{t=0}^{\infty} \gamma^t \ln c_t$$

其中，令企业家部门的折现因子 $\gamma < \beta$。

同时，记企业家部门的预算约束为：

$$Y_t / X_t + b_t = c_t + q_t \Delta h_t + R_{t-1} b_{t-1} / \pi_t + w_t' L_t \tag{6-6}$$

其中，$R_{t-1} b_{t-1} / \pi_t$ 代表企业家部门进行借贷活动需要偿还的利息（值得注意的是，采取该表达形式是因为假定存在名义利率合同制度）。

λ_t 为企业家部门单位进行最优化求解时的拉格朗日乘子。则在产出方程、预算约束和借贷约束的基础上，求解企业家部门的最优化问题，得到企业家部门的一阶条件：

$$\frac{1}{c_t} = E_t\left(\frac{\gamma R_t}{\pi_{t+1} c_{t+1}}\right) + \lambda_t R_t \tag{6-7}$$

$$\frac{1}{c_t} q_t = E_t\left(\frac{\gamma}{c_{t+1}}\left(v \frac{Y_{t+1}}{X_{t+1} h_t} + q_{t+1}\right) + \lambda_t m \pi_{t+1} q_{t+1}\right) \tag{6-8}$$

$$w_t' = (1 - v) Y_t / (X_t L_t) \tag{6-9}$$

此外，可求解得企业家部门的最大借贷额度 b_t 满足：

$$b_t = mE_t\left(\frac{q_{t+1} h_t \pi_{t+!}}{R_t}\right) \tag{6-10}$$

3. 零售商部门

整个零售商部门由无数单个零售商组成，记为连续总体 1，其中单个零

售商为 z，则单个零售商生产的最终产品记为 $Y_t\ (z)$，按单位零售价 $P_t\ (z)$ 出售。因此，整个零售商部门生产的最终产品为 $Y_t^f=(\int_0^1 Y_t(z)^{\varepsilon/\varepsilon-1}\mathrm{d}z)^{\varepsilon/\varepsilon-1}$，零售价格为 $P_t=(\int_0^1 P_t(z)^{1-\varepsilon}\mathrm{d}z)^{1/1-\varepsilon}$，其中参数 $\varepsilon>1$。

假设整个零售商部门中，每一期只有（$1-\theta$）数量的单个零售商可以调整其零售价格，调整后单个零售商的售价为 $P_t^*(z)$。求解最优化 $P_t^*(z)$ 需求解式（6－11）：

$$\sum_{k=0}^{\infty}\theta^k E_k\left\{\Lambda_{t,k}\left(\frac{P_t^*(z)}{P_{t+k}}-\frac{X}{X_{t+k}}\right)Y_{t+k}^*(z)\right\}=0 \qquad (6-11)$$

其中，$\Lambda_{t,k}=\beta\ (c_t'/c_{t+k}')$ 为随机体现因子；$X=\varepsilon/\varepsilon-1$ 为稳态情况下的价格加成指数。

综上，整个零售商部门的价格调整行为满足式（6－12）：

$$P_t=(\theta P_{t-1}^{\varepsilon}+(1-\theta)(P_t^*)^{1-\varepsilon})^{1/(1-\varepsilon)} \qquad (6-12)$$

通过结合式（6－11）与式（6－12）并进行非线性转换，可以得到菲利普斯曲线 $\hat{\pi}_t=\beta E_t\hat{\pi}_{t-1}-\kappa\hat{X}_t$，其中记 $\kappa=(1-\theta)(1-\beta\theta)/\theta$。

4. 中央银行

中央银行为货币政策的制定者，其 t 时刻货币政策的制定依据泰勒规则：

$$R_t=(R_{t-1})^{r_R}(\pi_{t-1}^{1+r_\pi}(Y_{t-1}/Y)^{r_Y}\ \overline{rr})^{1-r_R}e_{R,t} \qquad (6-13)$$

其中，$\overline{rr}$ 为稳态的利率水平；Y 为稳态的产出水平；$e_{R,t}$ 为货币政策冲击，为一个白噪声随机变量，服从正态分布（0，σ_R^2）。

5. 市场均衡条件和冲击过程

对于 $\{L_t,L_t',Y_t,c_t,c_t',b_t,b_t'\}_{t=0}^{\infty}$，给定价格 $\{w_t',R_t,P_t,P_t^*,X_t,\lambda_t,q_t\}_{t=0}^{\infty}$，满足式（6－2）至式（6－13），且分别满足劳动力市场、房地产市场、商品市场和信贷市场出清条件：$L_t=L_t'$、$h_t+h_t'=H$、$c_t+c_t'=Y_t$ 和 $b_t+b_t'=0$。其中，H 为房地产市场的固定供给量。

本书基础模型中市场均衡条件的简化型可表示为：

$$\bar{Y}_t = \left(\frac{c}{Y}\right)\hat{c}_t + (c'/Y)\hat{c}'_t$$

$$\hat{c}'_t = E_t\,\hat{c}'_{t+1} - \widehat{rr}_t$$

$$c\hat{c}_t = b\hat{b}_t + Rb(\hat{\pi}_t - \hat{R}_{t-1} - \hat{b}_{t-1}) + \left(\frac{vY}{X}\right)(\hat{Y}_t - \hat{X}_t) - qh\Delta\hat{h}_t$$

$$\hat{q}_t = \gamma_e E_t\hat{q}_{t+1} + (1-\gamma_e)E_t \times (\hat{Y}_{t+1} - \hat{h}_t - \hat{X}_{t+1}) - m\beta\widehat{rr}_t - (1-m\beta)E_t\Delta\hat{c}_{t+1}$$

$$\hat{q}_t = \beta E_t\hat{q}_{t+1} + \tau\,\hat{h}_t + \hat{c}'_t - \beta E_t\,\hat{c}'_{t+1}$$

$$\hat{b}_t = E_t\hat{q}_{t+1} + \hat{h}_t - \widehat{rr}_t$$

$$\hat{Y}_t = \frac{\eta v}{\eta - (1-v)}h'_{t-1} - \frac{1-v}{\eta-(1-v)}(\hat{X}_t + \hat{c}_t)$$

$$\hat{\pi}_t = \beta E_t\hat{\pi}_{t+1} - k\hat{X}_t$$

$$\hat{R}_t = (1-r_R)((1+r_\pi)\hat{\pi}_{t-1} + r_Y\hat{Y}_{t-1}) + r_R\hat{R}_{t-1} + \hat{e}_{R,t}$$

其中，$\tau \equiv (1-\beta)h/h'$，$\gamma_e \equiv m\beta + (1-m)\gamma$，$\widehat{rr}_t \equiv \hat{R}_t - E_t\hat{\pi}_{t+1}$。

此外，本书假定基础模型中四个外生冲击，即货币政策冲击、通货膨胀冲击、房地产偏好冲击和技术冲击分别服从以下 *AR*（1）过程：

$$\hat{R}_t = \rho_R\hat{R}_{t-1} + \hat{e}_{R,t},\ \hat{j}_t = \rho_j\hat{j}_{t-1} + \hat{e}_{j,t},\ \hat{u}_t = \rho_u\,\hat{u}_{t-1} + \hat{e}_{u,t},\ \hat{A}_t = \rho_A\,\hat{A}_{t-1} + \hat{e}_{A,t}$$

其中，ρ_R、ρ_j、ρ_u、ρ_A 分别为以上四种外生冲击的一阶自回归系数，服从正态分布的白噪声随机变量 $\hat{e}_{R,t}$、$\hat{e}_{j,t}$、$\hat{e}_{u,t}$、$\hat{e}_{A,t}$ 的方差分别为 σ_R^2、σ_j^2、σ_u^2、σ_A^2。

6. 房地产市场与宏观经济波动的传导机制

基于以上市场均衡条件和外部冲击过程，图 6－2 以货币政策冲击为例，具体描述了房地产市场与宏观经济波动之间的传导机制。其中，值得注意的是，房地产市场中名义利率合同制度和房贷抵押率制度的存在对这一传导过程施加了进一步的影响。

如图 6－2 所示，其他条件不变，一定时间内给定一单位标准差负向的货币政策冲击，三种不同房地产市场状态下整个经济体中产出水平的变化量不同。其中，横轴为季度单位的时间，纵轴为总产出水平的累计变化百分比。三条曲线，从上至下，分别代表经济体在 0 时刻受到冲击后，40 个季度内其不存在名义利率和抵押率、不存在名义利率而存在抵押率、存在名义利率和抵押率三种状态下的总产出水平变化趋势。

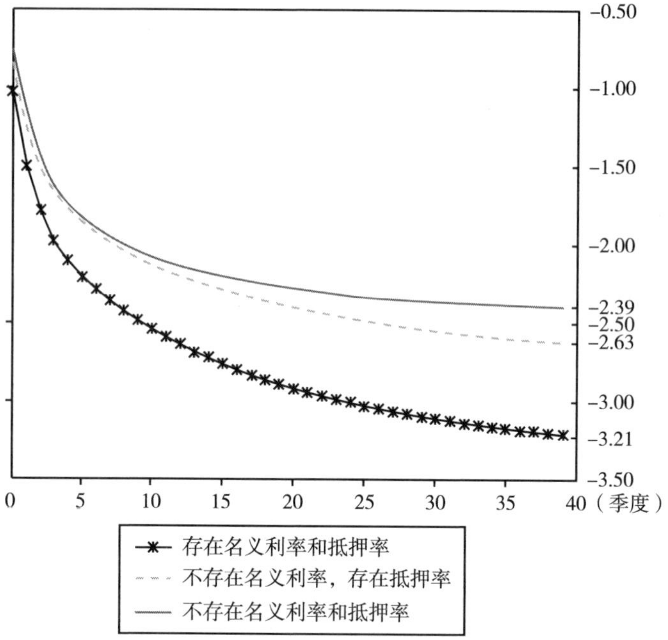

图6-2　名义利率合同和房贷抵押率制度下货币政策冲击对产出水平的影响

理论上，其他条件不变，当宏观经济中出现负向的货币政策冲击时，推动利率升高，借贷成本增加，从而减少人们的消费活动，总需求降低，总产出水平降低。若在这一传导过程中考虑房地产市场发挥的作用，将发现总产出水平下降更多：一方面，因更高的利率水平限制了人们购房的欲望，购房活动减少，推动房地产市场降温，房价下降；另一方面，对于企业家部门来说，更低的房价意味着投资房地产市场更加无利可图，使整个经济体中房地产投资活动减少，更少的投资则进一步拉低总需求水平，加剧总产出下降。

当房地产市场上存在名义利率合同和房贷抵押率制度时，房地产市场将在货币政策冲击对宏观经济的传导过程中发挥更显著的作用，使总产出水平下降更多。如图6-2所示，当房地产市场中不存在名义利率合同，也无须贷款购房者提交首付时，当负向的货币政策冲击出现，只有人们现期消费活动的减少对总需求下降有所贡献，使总产出水平累计下降2.39%。而当房贷抵押率制度存在时，因贷款购房者需要提交一定比例的首付款，面对更高的利率水平，购房者的消费、投资欲望进一步降低，总需求下降更多，产出水平累计下降2.63%。当房贷抵押率制度和名义利率合同并存时，因经济体中利率升高后房贷合同上规定的利率不随之变化，导致债务缩水的现象，房地产市场消费、投资活动受到更多抑制，使总产出水平累计下降3.21%。

6.5.2 拓展模型

如前所述，本书中拓展模型在基础模型的基础上，增加了不耐心的家庭部门和企业家部门的可变成本投入。

1. 不耐心的家庭部门

不耐心的家庭部门最大化期望效用函数为：

$$E_0\sum_{t=0}^{\infty}(\beta'')^t\left(\ln c''_t + j_t\ln h''_t - \frac{(L''_t)^\eta}{\eta} + \chi\ln M''_t/P_t\right)$$

其中，不耐心家庭的消费量为c''_t；住宅拥有量为h''_t；为企业家工作的时间为L''_t；实际货币余额为M''_t/P_t；且不耐心家庭的折现因子β''相对于耐心家庭的β满足$\beta''<\beta$。

不耐心家庭的预算约束和借贷约束分别为：

$$c''_t + q_t\Delta h''_t + \frac{R_{t-1}b''_{t-1}}{\pi_t} = b'' + w''_tL''_t + T''_t - \frac{\Delta M''_t}{P_t} - \xi_{h,t} \quad (6-14)$$

$$b''_t \leqslant m''E_t(q_{t+1}h''_t\pi_{t+1}/R_t) \quad (6-15)$$

可在预算约束和借贷约束的基础上，求解不耐心家庭的最优化问题，过程与耐心家庭部门类似。其中，不耐心家庭部门的住宅调整成本为$\xi_{h,t} = \phi_h(\Delta h''_t/h''_{t-1})^2q_th''_{t-1}/2$。

2. 企业家部门

加入企业家部门的可变资本投入后，分别调整此前产出方程式（6-5）和预算约束式（6-6）为：

$$Y_t = A_tK^{\mu}_{t-1}h^{v}_{t-1}L'^{\alpha(1-\mu-v)}_tL''^{(1-\alpha)(1-\mu-v)}_t \quad (6-16)$$

$$\frac{Y_t}{X_t}+b_t=c_t+q_t\Delta h_t+\frac{R_{t-1}b_{t-1}}{\pi_t}+w_t'L_t'+w_t''L_t''+I_t+\xi_{K,t}+\xi_{e,t} \quad (6-17)$$

其中，L_t'和L_t''分别为耐心家庭部门和不耐心家庭部门在企业家部门的劳动时间投入；参数α为耐心家庭在劳动者中所占份额。企业家部门的资本调整成本为$\xi_{K,t}=\psi\ (I_t/K_{t-1}-\delta)^2K_{t-1}/(2\delta)$且满足$I_t=K_t-(1-\delta)K_{t-1}$，住宅调整成本为$\xi_{e,t}=\phi_e\left(\frac{\Delta h_t}{h_{t-1}}\right)^2q_th_{t-1}/2$，参数$\delta$为资本折旧率。

3. 市场均衡条件和冲击过程

拓展模型中的市场均衡条件与基础模型的不同主要在于加入了不耐心家庭部门。对于$\{L_t,L_t',L_t'',Y_t,c_t,c_t',c_t'',b_t,b_t',b_t''\}_{t=0}^{\infty}$，给定$\{w_t',w_t'',R_t,P_t,P_t^*,X_t,\lambda_t,q_t\}_{t=0}^{\infty}$，满足式（6－1）至式（6－17）及出清条件$L_t=L_t'+L_t''$、$h_t+h_t'+h_t''=H$、$c_t+c_t'+c_t''=Y_t$和$b_t+b_t'+b_t''=0$。

拓展模型的外部冲击过程与基础模型相同。

4. 房地产市场与宏观经济波动的传导机制：房贷抵押率制度的作用

以房地产偏好冲击为例，在拓展模型的基础上，对外部冲击在房地产市场与宏观经济波动之间的传导过程展开进一步考察分析，具体探究房贷抵押率制度在其中发挥的作用。

理论上，当经济体中存在一个正向的房地产偏好冲击时，更高的住宅价格可能对居民的消费活动产生挤出效应和财富效应两种不同的作用，而两种效应的方向刚好相反（Case，Shillter，2003）。一方面，对于住宅刚性需求大的居民来说存在挤出效应。房价上升不会显著减少他们购买住宅的需求，他们需要减少在生活中其他方面的消费，而把更多的财富投入购买房产中，因此消费量降低。另一方面，房价升高对于住宅刚性需求小、而投机性需求大的居民具有财富效应。当房价上升后，房产作为他们财富的一部分，获得了增值，让他们拥有了更多的财富，从而刺激更多的消费。因此，正向的房地产偏好冲击是否会增加居民消费水平，还要视具体情况而定。

在考虑房地产市场存在房贷抵押率制度后，房地产偏好冲击是否会对宏观经济变量产生进一步的影响？根据韩立达、肖云（2008）以及陈耿、范运（2007）的研究，当贷款购房需支付一定比例的首付款时，消费者当前的实际购买力被推迟或降低。因此，同样面临房地产偏好冲击带来的房价上涨，消费者的消费活动将受到进一步抑制。

图 6－3 描述了参数模型中，三种不同的房贷抵押率条件下，当经济体中出现一个正向的房地产偏好冲击，房价上升后消费水平的变动情况，并同 90% 置信区间下经验数据的 VAR 脉冲响应结果进行比较。VAR 的脉冲响应图来自去趋势的三个月国债收益率对数值（R）、一阶差分后的 CPI 指数对数值（PI）、去趋势的房屋价格指数对数值（Q）、去趋势 GDP 对数值（Y）和趋势的国民消费水平对数值（CSP）在 90% 置信区间下的回归结果。以上数据均选取于 2003 年第一季度至 2015 年第二季度的季度数据。参数 m 和 m''分别对应企业家部门和不耐心的家庭部门的房贷抵押率水平，在图 6－3 的分析过程中，分别向 m 和 m''赋予三组取值。

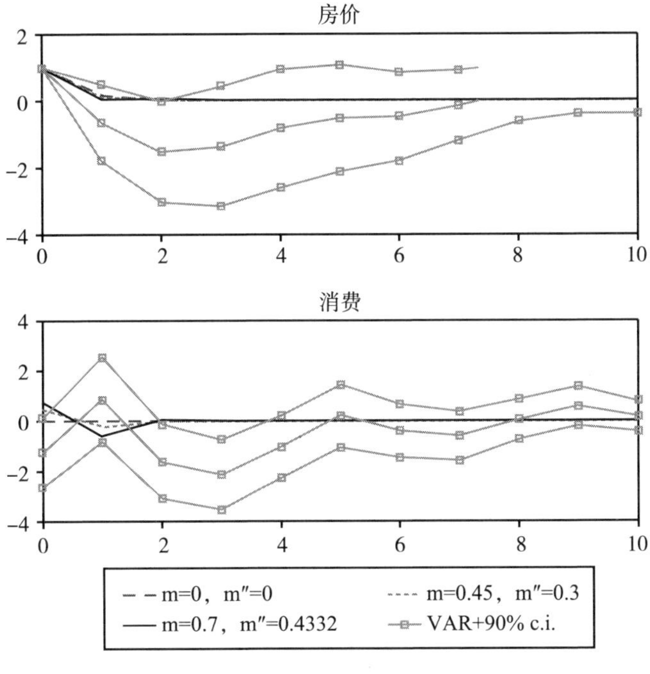

图 6－3　抵押率制度下房地产偏好冲击对消费水平的影响：参数模型和 VAR 结果比较

从图 6－3 经验数据的 VAR 结果中可以看出，面临使房价上涨的外部冲击，居民消费水平最先在 2 个步距内体现为小幅上升，可以解释为受到房价上升的财富效应驱动，投机性消费者消费热情高涨所致。而在 2 个步距之后，总消费水平呈现下降趋势，至回到稳态水平为止。可以解释为更多具有住宅刚性需求的居民的消费活动，因高房价带来的挤出效应而减少。而抵押率制度的存在则进一步加剧了该挤出效应的作用，使居民消费水平下降更多。

对于图 6－3 中不同的抵押率参数 m 和 m''取值，可以发现，当取 $m=0.7$、$m''=0.4332$，即取最大值时，参数模型对我国经验数据结果的拟合情况最好。由此可见，在我国房地产市场中，抵押率制度发挥着较为重要的作用。

5. 房地产市场与宏观经济波动的传导机制：名义利率合同制度的金融稳定器作用

本书以房地产偏好冲击为例，对房地产市场与宏观经济波动之间的传导机制继续进行考察分析。其中，将具体探究房地产市场中的名义利率合同制度在传导过程中发挥的作用。

理论上，当宏观经济中存在一个正向的通货膨胀冲击时，推动物价上涨，使消费者当前的购买力降低，消费需求减少，从而总需求水平减少，带来总产出水平降低。而当房地产市场中实行名义利率合同制度时，物价上涨后，因房贷合同上的利率水平不会随之进行调整，购房者从中获益，社会财富在这一过程中从资金出借者向贷款购房者手中转移。因此，面临更高的物价水平，购房者的消费欲望反而升温，一定程度上能够抵消购买力降低带来的总需求下降，对总产出水平的降低起到缓和稳定的作用。由此可见，房地产市场中的名义利率合同制度具有平滑宏观经济波动的金融稳定器作用。

图 6－4 描绘了参数模型中存在和不存在名义利率合同时，其他条件不变，当存在一单位标准差正向的通货膨胀冲击时总产出水平变化的情况，并与图 6－1 中的经验数据 VAR 结果进行比较。结果发现，面临同样的外生冲击，存在名义利率合同的经济体中产出水平相对实行指数化利率合同的经济体下降更少，且考虑名义利率合同在内的参数模型对经验数据 VAR 结果的拟合情况更好。说明在我国房地产市场中，名义利率合同制度发挥着重要的作用。

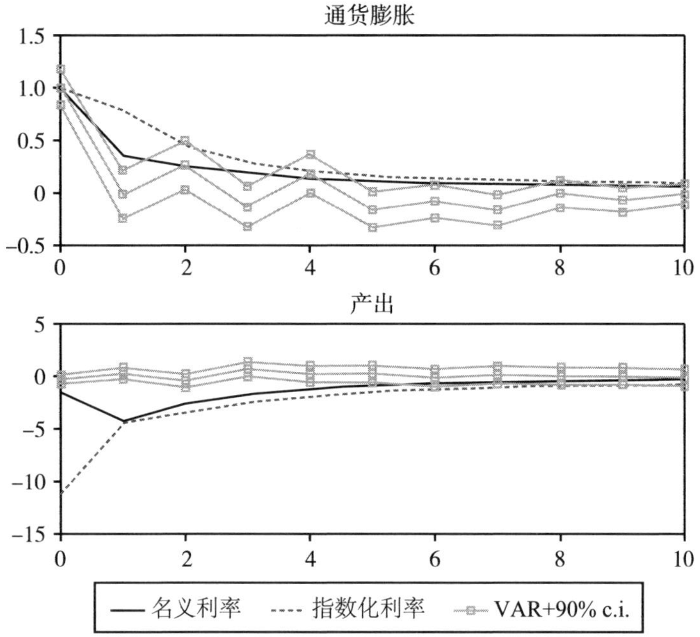

图6－4　名义利率合同制度下通货膨胀冲击对产出水平的影响：参数模型和VAR结果比较

6.6 参数校准及实证结果

6.6.1 参数校准

对于模型结构参数的选取，本书主要采用参数校准的方式，根据国内外经济学理论和经验研究中的结论，并结合中国经济运行过程中的相关规定，确定参数的取值。与此前的研究相比，本书使用了近几年的数据，大部分参数取值参考了2012年之后的研究成果。其中，特别地，本书与何青、钱宗鑫、郭俊杰（2015）的研究采用了相同的数据来源，着重参考了其研究中的参数取值。

本书的参数校准结果如表6－1所示。

表 6-1 参数校准结果

参数含义	参数名称	参数取值	取值依据
耐心家庭的折现因子	β	0.99	何青（2015）
企业家的折现因子	γ	0.95	何青（2015）
不耐心家庭的折现因子	β''	0.985	何青（2015）
房地产偏好	j	0.3069	何青（2015）
Frisch 劳动弹性	η	1	何青（2015）
企业家的可变资产份额	μ	0.39	何青（2015）
企业家的住宅资产份额	υ	0.03	亚科维耶洛（2005）
可变资产调整成本	ψ	2	何青（2015）
资本折旧率	δ	0.05	吴利学（2009）、王和姚（2003）
企业家的住宅调整成本	ϕ_e	0.6988	何青（2015）
不耐心家庭的住宅调整成本	ϕ_h	0.3691	何青（2015）
稳态的价格加成	X	0.75	马亚明（2014）
卡尔沃定价的价格调整概率	θ	0.75	马亚明（2014）
货币政策参数（上一期利率）	r_R	0.75	王云清（2013）
货币政策参数（上一期通胀）	r_π	1.7	李松华（2015）
货币政策参数（产出缺口）	r_Y	0.289	李松华（2015）
耐心家庭的工资份额	α	0.6881	何青（2015）
企业家的抵押率	m	0.7	我国房贷最低首付比 30%
不耐心家庭的抵押率	m''	0.4332	何青（2015）
通货膨胀冲击的自回归系数	ρ_u	0.59	亚科维耶洛（2005）
房地产偏好冲击的自回归系数	ρ_j	0.17	巴曙松（2015）
技术冲击的自回归系数	ρ_A	0.95	巴曙松（2015）
通货膨胀冲击的标准差	σ_u	0.17	亚科维耶洛（2005）
房地产偏好冲击的标准差	σ_j	24.89	亚科维耶洛（2005）
技术冲击的标准差	σ_A	0.12	巴曙松（2015）

6.6.2 估计结果和 VAR 结果比较

图 6-5 将参数模型中包括货币政策冲击、通货膨胀冲击、房地产偏好冲击、技术冲击在内的所有外生冲击对于宏观经济影响结果的 VAR 脉冲响应结果与图 6-1 经验数据 VAR 结果进行了比较，以考察模型对于经验数据的拟合情况。

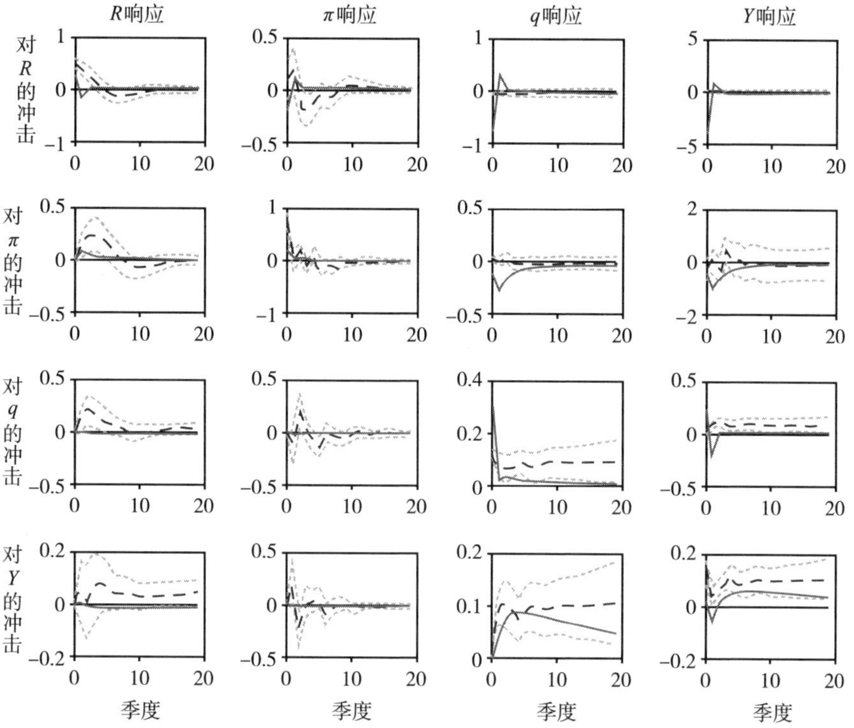

图6－5　所有内生变量对所有外生冲击的VAR结果：参数模型和经验数据的比较

分析图6－5，可以得出以下结论：

（1）图6－5第1行中，当存在一个负向的货币政策冲击时，利率下降，在参数模型中房价和产出快速降低，而后波动上升直到回归稳态水平，基本正确拟合了经验数据中的情况。但是，在经验数据的VAR结果中，房价和产出水平持续下降的时间更长，并没有很快回归稳态水平，与模型结果有一定差别。可能的解释与中国现实经济运行过程中货币紧缩政策的持久性和影响力更强有关，在房地产市场与宏观经济波动的传导机制中发挥更重要的作用。

（2）图6－5第2行中，当存在一个正向的通货膨胀冲击时，物价水平上升，在参数模型中，房价和产出水平波动下降后回归稳态水平，基本正确拟合了经验数据的VAR结果。

（3）图6－5第3行中，当存在一个正向的房地产偏好冲击时，房价水平上升，在参数模型中产出水平迅速上升，随后波动回归稳态水平。这种现象可以被解释为房价上升后，房地产市场投资热情高涨，拉动总需求水平增加，从而产出水平增加。参数模型的拟合结果和经验数据的 VAR 结果基本一致。但经验数据的 VAR 中，产出水平上升趋势更为持久，没有很快回归稳态水平。可能的解释与现实中我国近十年来房地产市场投机行为旺盛有关。

（4）图 6-5 第 4 行中，当存在一个正向的技术冲击时，全社会生产能力提高，总产出水平上升，在参数模型中房价持续上升，较好地拟合了经验数据 VAR 的脉冲响应结果。这种现象可以解释为产出水平提高后，整个经济体中就业形势改善，居民收入和财富增加，从而拉动消费和投资需求，产生更多的购房和房地产投资行为，使房地产市场升温、房价水平上涨。

6.7 结论和政策建议

6.7.1 结论

本章结合我国最新的经验数据和以往的经济理论与研究结果，对我国近十年来房地产市场和宏观经济周期之间的传导关系进行了深入研究。综合本章得出的实证研究结果，结论如下：

（1）我国房地产市场通过直接作用于社会总需求，对宏观经济周期具有正相关影响。我国居民（包括家庭部门和企业家部门）参与房地产市场的方式主要包括购买住宅和房地产投资，分别作用于社会总需求中消费和投资两个组成部分。因此，当房地产市场进入活跃周期，居民房地产消费和投资行为旺盛时，社会总需求增加，推动宏观经济繁荣向好；当房地产市场进入低迷周期，居民房地产活动减少，则社会总需求萎缩，宏观经济遇冷降温。

（2）我国房地产市场与借贷市场的关系对宏观经济周期存在进一步作用。居民房地产活动的进行受到房地产市场相关制度的约束，而我国房地产市场中重要制度的实行通过借贷市场发挥作用。其中，主要包括房贷抵押率制度和名义利率合同制度。房贷抵押率制度对居民的消费和投资活动存在挤出效应，当房贷抵押率存在时，外生冲击对宏观经济的负面影响被放大。名义利率合同制度对宏观经济的影响根据不同的外生冲击有所不同。面临负向的货币政策冲击时，名义利率制度产生债务缩水效应，抑制房地产市场活性，放大冲击对宏观经济的不利影响；而面临使房价上涨的偏好冲击时，名义利率制度使贷款购房者获益，保持房地产市场活性，存在金融稳定器的作用。

（3）在我国，货币政策在房地产市场和宏观经济的传导关系中发挥重要的作用，货币政策冲击力度更大。因我国中央银行的宏观调控在经济运行中地位重大，货币政策冲击具有较金融市场自由化程度更高的国家更强的影响力和持久性。宏观经济变量受到货币政策冲击后，需更较长的时间恢复到稳态水平。

（4）在我国，房地产市场投机行为旺盛，房价上涨冲击力度更大。近十年来，随着我国房地产市场不断升温，房价一路上行，居民刚性购房需求之外的投资需求显著增加，进入房地产市场的投机资金呈现愈演愈烈之势。因此，当外生冲击推动房价上涨时，活跃的房地产投机行为将延长冲击的影响时间，使宏观经济花费更长的时间恢复稳态水平。

6.7.2 政策建议

结合以上结论，本章针对我国近十余年经济发展情况的特殊性，提出如下政策建议：

（1）鉴于我国房地产市场与借贷市场的紧密联系，政府相关部门在确定官方最低房贷首付比例之前，应进行充分的市场调研，保证其合理性，将其对宏观经济造成的潜在不利影响降到最低；在我国房地产市场广泛采用名义利率合同的基础上，可适当采用指数化利率，以减少名义利率合同制度对货币政策冲击的放大作用。

（2）鉴于我国中央银行货币政策冲击的影响力和持久性，我国政府相关部门应继续推进金融市场自由化进程，强化我国宏观经济进行自主调节恢复的能力，以降低负向货币政策冲击对经济带来的持续性不利影响。

（3）鉴于房地产投机行为在我国的发展现状，我国在推进金融市场自由化的同时，应加强对房地产市场中“炒房”行为的管理和规范，避免投机需求过度膨胀，带来房价非理性的上涨，致使居民购房的刚性需求得不到合理的满足。

第 7 章

资产证券化

7.1 资产证券化与资产证券化产品

7.1.1 资产证券化的基本含义

资产证券化（asset - backed securitization）是指这样一种融资方式：将缺乏流动性但具有未来现金收入流的资产归集后进行打包处理，组建资产池，并通过结构性的重组方式，将其转变为可在金融市场上出售和流通的证券。

资产证券化最早起源于美国，在其兴盛初期，人们对资产证券化与证券化的概念有明确的区分：证券化是指在货币市场或资本市场等公开市场发行有价证券进行融资的活动；而资产证券化是将不同特征的资产包装成可以市场化的有息证券的过程（Frank J. Fabozzi，1998），这里的资产包括有共同特征的贷款、租约或应收账款，以及其他不可流动的资产。

我国资产证券化发展起步较晚，何小锋（2002）在国外理论研究的基础上，对资产证券化进行了广泛定义，他认为资产证券化包括四个大类：以住房抵押贷款和资产支持证券作为主要标的的信贷资产证券化；以证券投资基金和认股权证等证券作为主要标的的证券资产证券化；以现金投资或现金投机为标的的现金资产证券化；以企业发行股票、债券或其他证券并上市交易为标的的实体资产证券化。

根据资产证券化的定义，可以总结出资产支持证券有以下特征：(1) 资产支持证券是一种付息产品，可供投资者在二级市场上进行交易；(2) 资产支持证券的信用基础是一个由多项资产组成的资产池，依靠的是资产池信用，而非发行人信用；(3) 通过风险隔离技术，能够使资产池免受发行人破产风险的影响。

7.1.2 资产证券化的动因分析

国外对资产证券化的意义及动因分析主要有成本诱导理论、风险隔离理论、资本优化理论等主流理论。成本诱导理论由施瓦茨（Schwarcz, 1994）提出，他认为资产证券化可以使中小企业获得成本上的比较优势，因为中小企业通过特殊目的载体在资本市场上进行直接融资的成本低于向银行贷款的成本。风险隔离理论由克里斯托弗·W. 弗罗斯特（Christopher W. Frost, 1997）提出，是指由于原资产所有者将底层资产和基础资产出售给特殊目的载体发行证券进行融资时，拟证券化的资产与原资产所有者的其他资产是分隔开的，因此，原资产所有者因为其自身的经营而发生破产或重组不影响已经出售给特殊目的载体的资产的独立性和稳定性，也不影响资产支持证券投资者的正常本息偿付，资产证券化实现了风险隔离。资本优化理论由卓尔·斯卡拉博（Jure Skarabot, 2001）提出，核心思想是在企业选择通过资产证券化方式进行融资时，资产证券化能使公司总价值实现最大化，是优化企业资本结构的有效手段之一。

国内对于企业进行资产证券化的动因及意义分析主要集中于应用层面，很多研究人员通过实证方法分析了资产证券化给企业带来的实际效应。例如，陆烨彬、吴应宇（2004）认为，我国发展资产证券化有利于国有企业改善资本结构，缓解负债压力，提升资产的周转效率。方建国（2015）从房地产资产证券化及产融结合的角度出发，通过研究越秀房地产信托基金等典型案例，得出房地产资产证券化有助于企业产融结合的结论，资产证券化一方面可以为金融机构特别是保险机构提供更丰富的金融产品；另一方面可以为房地产企业解决融资难和转型难的问题。

7.1.3 资产证券化的分类

在资产证券化实际操作过程中，最为关键的是基础资产的选择。目前，对于基础资产采取负面清单制度，不在负面清单中的资产都可以作为基础资产，分类如图7-1所示。

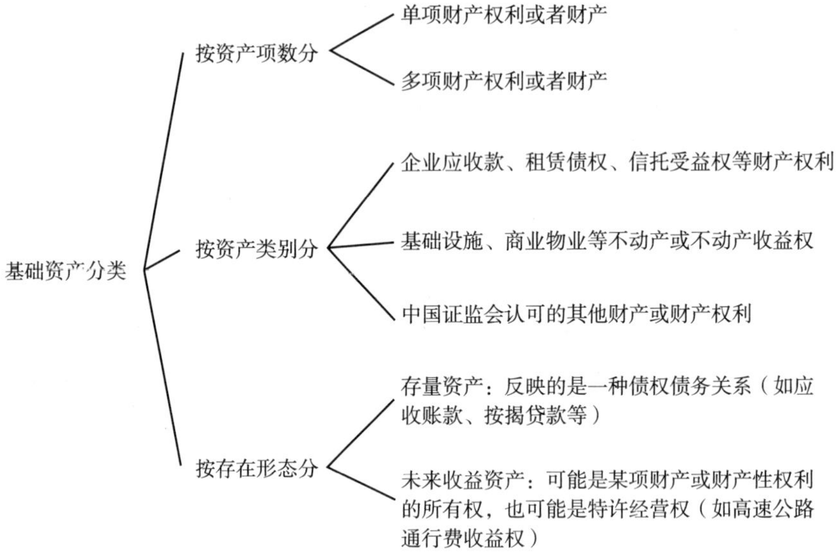

图7-1 基础资产分类

在专项资产支持计划中，可由一项财产权利或者财产作为基础资产，也可以将归属于不同发起人的多项财产权利或者财产打包作为基础资产；可以将企业应收款、租赁债券、信贷资产、信托受益权等财产权利作为基础资产，也可以将基础设施、商业物业等不动产或不动产收益权作为基础资产；可以将现时存在的债权债务关系作为基础资产，也可以将未来可产生收益的所有权、收益权等作为基础资产。对于基础资产，最基本的要求就是符合法律法规、权属清晰，可以产生独立、可预测的现金流且可特定化的财产权利或者财产。

在资产证券化发展较为成熟的欧美市场，传统的证券化资产包括银行的债权资产，如住房抵押贷款、商业地产抵押贷款、信用卡贷款、汽车贷款、企业贷款等，以及企业的债权资产，如应收账款、设备租赁等。这些传统的证券化产品一般统称为资产证券化（asset – backed securities, ABS），但在美国通常用抵押贷款证券化（mortgage – backed securities, MBS）特指基于房地产抵押贷款的证券化产品，而将其余的证券化产品统称为 ABS（见图 7 –2）。

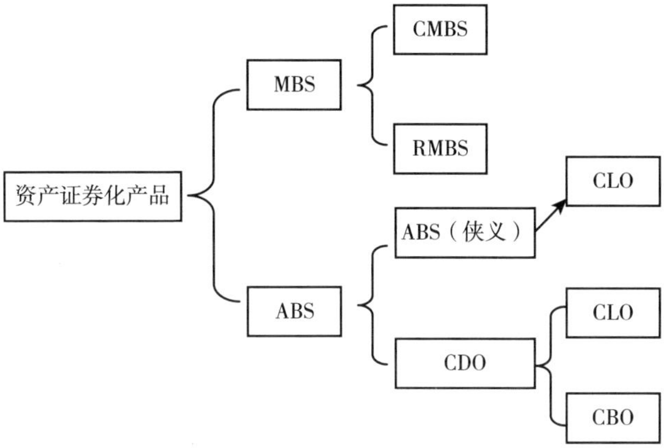

图 7 –2 美国资产证券化产品主要类别

MBS 产品可以细分为住房抵押贷款支持证券（residential mortgage – backed secutities, RMBS）和商业地产抵押贷款支持证券（commerical mortgage – backed securities, CMBS）。由于 RMBS 是 MBS 产品的主体，所以一般 MBS 也就特指 RMBS，而 CMBS 则单独表示。RMBS 与 CMBS 的特点对比如表 7 –1 所示。

表 7 –1　　RMBS 与 CMBS 的特点

内容	RMBS	CMBS
基础资产	零售消费者购买住宅申请的抵押贷款	能产生租金收益的不动产作抵押的贷款，如出租型公寓、购物中心、写字楼、旅馆等
基础资产特征	贷款数量多，但单笔贷款规模小	贷款数量少但单笔贷款规模大
基础资产合同性质	贷款合约的同质性较强	合约的差异性较大

ABS 产品的分类相对更为繁杂，大致可以分为狭义的 ABS 和担保债务凭证（collateralized debt obligation, CDO）两类。ABS 主要是基于某一类同质资产，如汽车贷款、信用卡贷款、住宅权益贷款、学生贷款、设备租赁

等为标的资产的证券化产品，也有期限在一年以下的资产支持商业票据（asset – backed commerical papers，ABCP）；CDO 对应的基础资产则是一系列债务工具，如高息债券、新兴市场企业债或国家债券、银行贷款等，甚至传统的 MBS 等证券化产品也可以成为 CDO 的基础资产。CDO 还可根据债务工具的不同分为担保债券凭证（collateralized bond obligation，CBO）和担保贷款凭证（collateralized loan obligation，CLO），前者以一组债券为基础，后者以一组贷款为基础。

7.1.4 资产证券化的原理

1. 资产证券化的基本要素

（1）现金流。由于资产证券化的收益及未来还款来源是底层资产所产生的现金流，因此资产能被证券化的前提条件是该资产能产生可期望的现金流。相应地，对基础资产的现金流分析是资产证券化理论的核心内容，主要包括资产的现金流构成分析、资产的价值分析及权利负担、资产的风险收益分析。

（2）资产重组。资产证券化中的资产重组是指出于对破产隔离、项目风险与收益、现金流分配等原因的考虑，将基础资源从原资产所有方的资产中挑选、剥离出来，并转移给特殊目的载体（SPV）。资产重组在资产证券化过程中的作用是，通过合理的结构设计使风险与收益达到均衡，降低成本，提高收益。

（3）破产隔离。资产证券化的破产隔离是指资产被证券化之后，如果原始权益人或发起人破产，不会对特殊目的载体（SPV）产生影响，也不会影响证券持有人的权益及按时偿付。在资产证券化中的破产隔离通过“真实出售”来实现。

（4）信用增级。资产证券化的信用增级是指为了降低项目风险、吸引多类型投资者，同时有效降低项目发行成本，在资产证券化的构造过程中，通过抵押、质押、担保、结构化设计、超额利差等方式，为证券化产品进行安全增级。信用增级可分为内部增级和外部增级。内部增级主要通过两种方式：一是建立优先级和次级结构或优先 A 级和优先 B 级结构，通过劣后一级的资产支持证券为优先一级的资产支持证券提供损失/违约安全垫；二是底层资产现金流超额覆盖，一般来说，要求资产证券化的底层资产在融资期限内产生的现金流是所发行证券总规模本息的 1 倍以上。外部增级主要是通过抵押、担保等方式，在底层现金流或者劣后级资金均无法覆盖投资人收益或本金要求时，给予的外部的信用支持。

2. 资产证券化的基本融资原理

与传统融资模式相比，资产证券化的重点在于把资产负债表左边的应收账款、自持物业等能够产生稳定现金流的资产出售进行融资，其本质是资产流动形式的置换，不改变企业的资产负债率，甚至可以使资产负债率大大改善。资产证券化融资原理在资产负债表上的体现如图 7－3 所示。

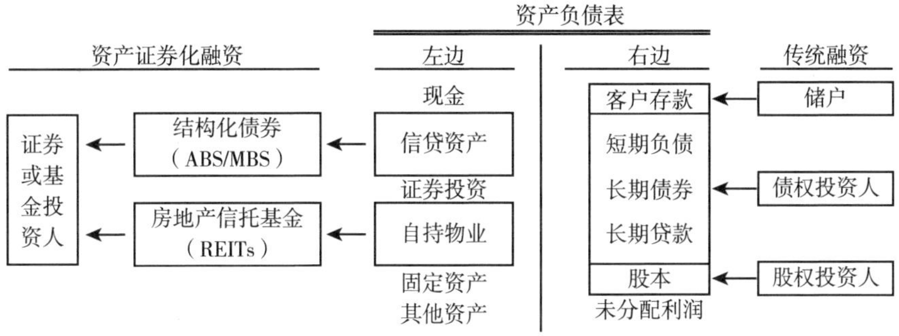

图 7－3 资产证券化融资原理在资产负债表上的体现

例如，原资产负债表中，左边资产有应收账款 1000 万元，设备 1000 万元；右边有负债 1000 万元，所有者权益 1000 万元。当前企业的资产负债率为 50%，负债权益比为 1。如果采用传统信用类融资模式融资 1000 万元，则资产负债表的左边变为现金 1000 万元，应收账款 1000 万元，设备 1000 万元；右边变为负债 2000 万元，所有者权益 1000 万元。该企业的资产负债率变为 66.7%，负债权益比为 2。然而，如果采用资产证券化的方式融资，通过出售应收账款获得现金，则该企业资产负债表变为左边现金 1000 万元，设备 1000 万元；右边负债 1000 万元，所有者权益 1000 万元。该企业的资产负债率为 50%，负债权益为 1。如果用现金偿付部分负债，或用现金扩大生产，则会改善企业负债率或增加企业收入及利润。由此可见，通过资产证券化的方式融资，将企业具有稳定现金流的资产通过转让出售，使资产变为现金，转变企业资产的流动方式，不会使企业的资产负债率变坏，同时可以实现企业扩大再生产或其他投资需求。

3. 资产证券化与其他融资方式比较

资产证券化作为一种直接融资方式，与短期融资券、企业债券、银行贷款等其他直接或间接融资方式相比具有以下优势：在融资条件上，不局限于融资主体的自身信用，资金用途使用灵活，融资期限根据底层资产情况可长可短，在交易所上市后流动性较高。资产证券化与其他融资方式的对比见表7－2。

表7－2　资产证券化与其他融资方式对比

特点	资产证券化	短期融资券	企业债券	银行贷款
融资条件	企业拥有能够产生可预期稳定的现金流的基础资产（收益权或债权）；基础资产实现真实出售、破产隔离	企业具有稳定的偿债资金来源；最近一个会计年度盈利；流动性良好，具有较强的到期偿债能力；近三年发行的融资券没有延迟支付本息的情形	企业发行债券前连续3年盈利；具有偿还债务的能力，三年的平均利润能够支付债券利息；筹集资金用途符合国家产业政策	企业为经过工商部门核准登记的企事业法人，并办理年检手续；有到期还本付息的经济实力；和合法财产抵押质押或股东担保或其他第三方担保措施
资金用途	不受限制	用于企业自身生产经营，但不鼓励用于归还银行贷款	用于计划投资项目，不得用于房地产买卖和股票、期货交易等风险性投资	用于企业自身生产经营，但不得用于投资
融资成本	直接成本为票面利率，还有聘请中介机构费用，前者占成本主要部分	直接成本为票面利率或折价发行差价，还有相关的发行承销佣金等中介机构费用，前者占成本主要部分	直接成本为票面利率，还有相关的发行承销佣金等中介机构费用，前者占成本主要部分	直接成本为借贷利率，还有相关手续费及聘请中介机构费用，前者占成本主要部分
期限、利率的灵活性	期限根据融资需求而定，可长可短，短则2年，长则20年；利率有较多选择，可在发行时给出票面利率区间，与投资者协商确定	期限最长不超过365天；利率市场化，以央行票据利率为基准上浮一定基点，以询价、招投标方式确定	期限上一般在5年以上，10年较为常用；利率参照人民银行、发改委规定及发行时市场状况	多为短期借贷；利率参照人民银行规定

续表

特点	资产证券化	短期融资券	企业债券	银行贷款
资产关联性	仅与证券化对应部分的基础资产关联	企业全部资产与信用	企业全部资产与信用	企业全部资产与信用
流动性	上市后，可在交易所大宗交易系统交易	在银行间债券市场发行和交易	可部分或全部上市交易流动	不可上市交易，流通性差
信用评级	需要第三方机构进行信用评级	需要第三方机构进行信用评级	需要第三方机构进行信用评级	银行自行信用分析、评级

7.1.5 资产证券化产品基础交易结构

在资产证券化产品中，资产支持专项计划位于核心位置，是资产证券化项目的实质载体。一般结构如图7－4所示。原始权益人将资产出售给资产支持专项计划，专项计划向投资者发行产品并募集资金，之后资产支持专项计划支付资产对价给原始权益人。在完成资产出售后，基础资产在法律意义上已转移至资产支持专项计划，在专项计划存续期间，由计划管理人对专项计划进行管理。针对不同类型的基础资产，专项计划还可以聘请资产服务机构，对基础资产提供专业的后续管理服务。

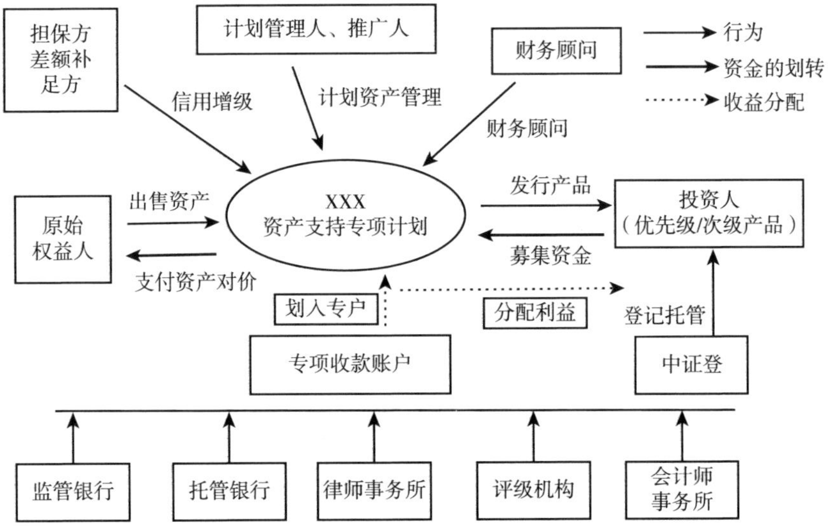

图7－4　资产证券化产品基础交易结构

为提高资产支持专项计划的信用等级，一般采取结构化分级（优先级、次级，次级一般由原始权益人认购，作为对优先级权益人的增信）、差额补足和第三方担保等增信措施。

除了证券公司作为资产支持专项计划的核心协调人外，一个资产支持专项计划在操作过程中，还需要律师事务所、评级机构及会计师事务所作为第三方中介机构，对资产支持专项计划出具法律意见、评级结果及现金流预测分析。其中，评级机构所出具的评级结果将影响专项计划能否在公开市场上发售以及最终的发行成本。评级结果越高，说明资产支持专项计划违约的可能性越低，因此也就可以以越低的成本发行；评级结果越低，说明资产支持专项计划违约的可能性越高，因此发行成本会高于评级较高的专项计划。若评级低于AA+或AA，在不同市场情况下，甚至可能会影响到产品能否成功发行。

7.1.6 资产证券化产品发行流程

1. 准备阶段

（1）内部决策。原始权益人对开展资产证券化的必要性、可行性进行内部讨论，根据原始权益人财务状况、资产负债目标、融资需求等因素综合进行考虑，并就发行规模、发行期限、目标利率、拟提供增信措施等形成基本方案，上报公司管理层进行讨论。

（2）原始权益人和基础资产选择。原始权益人即基础资产在转让给资产支持专项计划之前的所有者。原始权益人可以是股份有限公司、有限责任公司、全民所有制企业或事业单位。基础资产选择是资产证券化的重要环节，它直接决定了资产支持专项计划中所持有资产的质量、期限等，进而会影响资产支持专项计划整体还本付息安排。不同类型的基础资产选择有不同侧重点，但基本要求是有稳定现金流流入、法律权属清晰的资产。

（3）中介机构选择。在进行中介机构选择时，主要从其专业能力和收费水平两个角度进行衡量。中介机构的专业能力体现为其报告在市场上的认可度及工作效率。由于资产证券化项目较一般融资项目而言，需要对基础资产进行大量的法律尽职调查工作，因此需要法律中介机构具备相关经验；对于评级而言，不同类型基础资产需要着重考虑的因素不同，因此，评级机构的评级技术及对项目具体结构的建议十分关键。另外，在目前资产支持专项计划中，中介机构费用由原始权益人承担，中介机构费用过高，在一定程度上会提高原始权益人整体融资成本。因此，在中介机构进行选择的过程中，需要根据项目难度、规模大小等因素综合考虑。

（4）交易结构确定。在完成基础资产选择、中介机构聘请等工作后，原始权益人、计划管理人及中介机构等共同确定基本交易结构，包括入池资产规模、产品期限、拟定融资成本、增信措施、项目时间表等。

2. 执行阶段

（1）中介机构尽职调查。根据《证券公司及基金管理公司子公司资产证券化业务尽职调查工作指引》，证券公司协调各中介机构，对基础资产、交易结构、参与交易各方主体等进行尽职调查。

（2）交易文件起草及讨论。资产支持产品主要交易文件包括：《基础资产买卖协议》《服务协议》《认购协议》《监管协议》《差额支付承诺函》《担保协议》《回售与赎回承诺函》《标准条款》《托管协议》《认购协议》等。以上协议中，《标准条款》为核心内容，其与公开的《计划说明书》保持一致，覆盖整个资产支持专项计划关键内容。其余交易文件如《担保协议》等，根据不同产品交易结构不同而进行调整。

（3）履行内部流程。在对以上内容达成基本一致后，原始权益人根据其公司章程及公司内部决策流程，由有权决策机构出具《同意原始权益人开展资产证券化的决议》。

3. 发行阶段

全部交易结构及交易文件确定后，由计划管理人将全套文件报送至交易所进行审核。交易所出具无异议函后，即可在公开市场上进行路演、发行。

4. 后续管理阶段

（1）资产服务管理。基础资产进入专项资产管理计划后，根据基础资产运行情况，定期对基础资产进行管理。如基础资产为小额贷款资产，则需要资产服务机构对债务人定期进行催收、走访，对已出现的坏账资产进行替换赎回等。

（2）循环购买。对于基础资产为债权类的资产，由于其债权期限不一定长于资产专项计划的存续时间，因此可能出现资产专项计划在存续状态中，但某些基础资产已结束的状况。这时需要约定循环购买，由资产服务机构负责在债权到期后继续购买符合要求的基础资产，以满足资产支持计划的持续运行。

（3）信息披露。在资产支持计划存续期间，需按照《证券公司及基金管理子公司资产证券化业务信息披露指引》相关要求，对产品进行持续信息披露，主要内容见表7－3。

表7－3　信息披露主要内容

报告名称	报告人	信息披露工作要点
年度资产管理报告	计划管理人	基础资产运行情况、原始权益人、管理人和托管人等资产证券化业务参与人的履约情况，特定原始权益人的经营情况，专项计划账户资金收支情况，各档次资产支持证券的本息兑付情况，管理人以自有资金或者其管理的资产管理计划、其他客户资产、证券投资基金等认购资产支持证券的情况，需要对资产支持证券持有人报告的其他事项
年度托管报告	托管银行	专项计划资产管理托管情况，包括托管资产变动及状态、托管人履责情况等；对管理人的监督情况，包括管理人的管理指令遵守《计划说明书》或者《托管协议》约定情况，以及对《资产管理报告》有关数据的真实性、准确性、完整性的复核情况等；需要对资产支持证券持有人报告的其他事项
定期跟踪评级报告	评级机构	评级意见及参考因素、基础资产（池）的变动情况、专项计划交易结构摘要、当期资产支持证券的还本付息情况、基础资产现金流运行情况、现金流压力测试结果、基础资产（池）信用质量分析、特定原始权益人的信用分析、资产证券化交易结构相关各方情况分析和评级结论、循环购买机制有效性的分析等

7.1.7　资产证券化的风险和信用增级措施

1. 资产证券化的风险

资产证券化的风险大致可分为六大类。

（1）交易结构风险。交易结构风险主要是指资产证券化产品不满足相关法规对其结构设计要求的风险，尤其是原始权益人的基础资产不符合真实出售的要求，风险隔离安排在法律上无效的风险。防范这类风险需要构建合适的产品交易结构。

（2）信用风险。信用风险是指由于基础资产产生的现金流不足以覆盖投资者本息，而导致投资者利益受到损失的风险。对于以未来收益权作为基础资产的，现金流取决于融资人的经营能力。预防信用风险，一方面需要通过内外部增信措施降低信用风险；另一方面要靠对基础资产严格的筛选和对融资人资质的评估，在筛选时要避免底层资产的行业、地域等过于集中，尽量分散底层资产还款来源单一的风险。

（3）临时性偿付风险。临时性偿付风险是指由于基础资产所产生的现金流不能按约定时间向投资者支付收益和本金的风险。临时性偿付风险与信用风险的区别在于，前者是完全无法归还本息，而后者是短期内无法还本付息。解决临时性偿付风险其实就是要解决临时性资金短缺。通常办法是由原始权益人或银行提供流动性支持。

（4）市场风险。资产证券化是通过证券市场实现的，因此其在运作过程中势必会遇到市场风险。一方面，证券市场的整体趋势对证券化产品发行和交易具有重要的影响；另一方面，交易市场不活跃可能使投资者无法快速出售证券化产品从而造成损失。也就是说，投资者将面临证券化产品价格下跌时无法出手变现的风险，以及市场走势有利可图时无法购入的风险。

（5）早偿风险。融资人在合同规定期限内以超出合同规定的还款额来偿付资产证券化产品本息，使基础资产现金流得到提前偿付，由此引起的投资者不能获得预期收益的损失叫作早偿风险。造成早偿的原因包括经济周期性变动和利率变动。当经济处于增长周期时，经济活动更为频繁，早偿的可能性也随之增加。当利率下降时，再融资成本降低，债务人希望用低利率融资来替换高利率融资，此时早偿可能性也会增加。防范早偿风险，需要精准地测算现金流，加强信息披露，降低基础资产关联性，选取基础资产时要避免集中于某一行业或某一地区。也可以通过优先级、次级分层，对同一等级证券设置不同的偿还期限。当发生提前偿还时有限分配给高等级证券。

（6）资金混同风险。资金混同风险是指当融资人的财务情况或信用状况恶化时，基础资产现金流回款资金可能和融资人名下的其他资金混同，融资人可能挪用资金，从而对投资者造成损失的风险。此类风险需要在现金流归集与划付时进行规避，同时要求监管银行对收款账户的资金流向进行监管。

2. 信用增级措施

由于商业物业租金收益权存在一定的不确定性，而信托计划中的信托贷款也存在底层资产现金流不确定的风险，因此，商业物业租金收益权资产证券化通常会设置多重增信措施。信用增级一方面可以降低原始权益人发行的综合融资成本；另一方面可以提高信用质量，降低投资者承担的信用风险，达到投资者要求的信用等级；再者，可以切实维护投资者利益，为资产支持专项计划按时足额支付本息提供一定保障。

（1）内部增级措施。一是优先/次级结构。将证券划分为优先级和次级两个档次，按档次设置不同的利息和本金偿付顺序。当违约事件发生后，优先级证券投资者先于次级证券投资者得到本息偿付。级别越优先，利率越低。二是超额抵押。要求基础资产池未偿本金余额高于证券发行总额，差额部分作为证券本金的超额抵押，当现金流出现问题时，超额抵押账户首先损失，以此来保护投资者原收益。三是现金储备账户。由原始权益人设立现金储备账户，当基础资产现金流入不足以向投资者清偿资产支持专项计划的本息时，使用现金储备账户内的资金弥补投资者的损失。四是出售者追索权。原始权益人依据追索权条款向投资者承担一部分补偿和担保责任。设置一个利差账户，用来专门存放基础资产产生的现金流收入扣除相关费用及应付投资者利息后所剩的净收入，将其作为现金准备来补偿以后可能遭受的损失。

（2）外部增级措施。一是第三方担保。由原始权益人以外的第三方提供保证担保，担保标的为按照约定对专项计划资金不足以支付各期预期收益和未偿本金余额的差额部分。二是差额支付承诺。第三方或原始权益人承诺当专项计划账户资金不足以支付优先级证券本息时，由其支付不足部分的差额。三是银行流动性支持。由银行出具流动性支持承诺并给予相关授信额度，承诺当资产支持专项计划发生临时资金流动性不足时，由银行给予流动性资金支持，以此来保证资产支持专项计划能按期足额偿付本息。四是信用证。由银行以信用证方式发出保证，承诺在满足合同约定的前提下，提供无条件偿付。

7.2 资产证券化在中国的应用和发展

7.2.1 中国资产证券化发展的背景

我国经济经过多年的高速发展之后，经济增速逐渐出现疲软，各方面发展不均衡、效益低下等问题突出。虽然通过结构调整，中国的新经济初现成效，但众多金融乱象仍旧突出。据宏观统计分析，截至 2016 年末，我国宏观杠杆率达 247%，且企业部门杠杆率高达 165%，房地产行业、地方政府平台等由于通过“明股实债”、影子银行等融资加杠杆，真实负债水平高企，部分国有企业中的“僵尸企业”市场出清迟缓；金融机构利用监管空白或制度缺陷，套利行为严重，通过规避监管为房地产行业、政府平台违规输送资金；部分互联网金融企业、理财公司，通过线上线下非法集资损害投资者利益。分析当前我国在国际上的形势、地位以及内部的经济、金融环境，我国仍需进一步深化改革和调整结构，特别需要金融体制改革，使金融回归服务实体的本质。

房地产作为我国经济快速发展时期的主要支柱产业，为我国经济繁荣做出了巨大贡献。居住属性和投资属性是房地产的两大基本属性，在经历多轮经济发展周期后，房地产的投资属性逐渐超越了居住属性，不论是金融投资企业还是普通民众、实体企业，均希望通过炒房、囤地实现财富迅速积累，使大量资金进入房地产行业，推高房价及行业杠杆。由于经济结构的不平衡，房地产行业也存在区域发展不平衡、产品形态不平衡、供给需求不平衡等众多问题。经过 2016 年、2017 年密集的房地产调控政策出台，以及政府从土地供给到立法设计再到金融工具的政策性偏倚，提高市场供应弹性、稳定楼市预期、发展房地产行业的长效机制已经逐渐成形。

资产证券化作为一种直接融资工具，在我国金融体制改革、预防系统性风险、抑制资产泡沫中将起到重大作用。房地产所面临的行业结构调整，更需要这一能够盘活资产、提高流动性的融资工具来促进和引导行业健康发展。资产证券化是发达国家金融市场发展极为活跃和多样的金融工具之一，其在我国的蓬勃发展是必然趋势，但我们也应该看到，国内房地产资产证券化市场的相关制度和市场环境尚待完善。为了预防相关风险，政府在出台政策支持其发展的同时，也应该进行有效的管理和预防，使其更好地服务我国经济转型，助力房地产结构调整。

资产证券化在我国起步较晚，其发展程度同发达国家相比尚不成熟，但随着我国金融改革的不断深化和金融市场的不断发展，我国的资产证券化产品也不断推陈出新。梳理当前我国已出现的资产证券化案例，研究该融资工具背后的本质及逻辑，可以进一步深入理解资产证券化的基本原理，通过现实案例验证这些基本原理的合理性和实用性，有助于结合我国资本市场及房地产市场的实际情况，发展出具有中国特色的房地产资产证券化模式，从而有效预防风险。

研究资产证券化在我国现阶段房地产融资中的应用，具有极大的现实意义。我国房地产行业的传统融资模式通常为上市融资、银行等金融机构开发贷款、企业发债等模式。上市融资有较多的条件限制，手续烦琐、过程冗长，且通常会影响原股东对企业的实际控制。企业发债虽然能有效保护原股东的实际控制权，但对发债主体的资质水平、综合实力要求较高，资金使用更受限。银行等金融机构开发贷款是房地产企业融资中最为普遍的方式，但其主要针对的是从拿到建设施工许可证到项目建设完成的这一特定阶段，资金用途单一，有严格的期限限制，且受政策调控影响较大。当前我国经济新常态下，国家"坚持房子是用来住的、不是用来炒的"，房地产行业进入结构调整阶段，格局正在发生改变，房地产行业已从建设—销售的快周转模式向建设—自持的运营模式转变，盘活存量资产、实现轻资产运营、谋求多元化战略调整已成为众多房地产开发企业主动或被动的转型诉求。房地产企业可以利用资产证券化将其自持的可产生稳定现金流的资产实现盘活，而政府可针对我国房地产行业现状，出台相关资产证券化金融政策引导房地产行业的结构调整及转型。

7.2.2 中国资产证券化产品的分类

1. 按照监管机构分类

分业监管是我国金融市场特有的管理模式。在我国证券化市场中，按照监管机构可将资产证券化产品分为四大模式：证监会主管的企业资产证券化（企业 ABS）；央行和银保监会主管的信贷资产证券化（信贷 ABS）；交易商协会主管的资产支持票据（ABN）；银保监会主管的项目资产支持专项计划。

证监会在 2014 年发布的《证券公司及基金管理公司子公司资产证券化业务管理规定》第二条中明确规定："本规定所称资产证券化业务，是指以基础资产所产生的现金流为偿付支持，通过结构化等方式进行信用增级，在此基础上发行资产支持证券的业务活动。"

央行及银监会在 2005 年 4 月发布的《信贷资产证券化试点管理办法》第二条中明确规定："在中国境内，银行业金融机构作为发起机构，将信贷资产信托给受托机构，由受托机构以资产支持证券的形式向投资机构发行受益证券，以该财产所产生的现金支付资产支持证券收益的结构性融资活动。"

中国银行间市场交易商协会在 2016 年 12 月 12 日发布的《非金融企业资产支持票据指引（修订稿）》第二条中明确规定："本指引所称资产支持票据，是指非金融企业（以下称发起机构）为实现融资目的，采用结构化方式，通过发行载体发行的，由基础资产所产生的现金流作为收益支持的，按约定以还本付息等方式支付收益的证券化融资工具。"

保监会在 2015 年 8 月发布的《资产支持计划业务管理暂行办法》第二条中明确规定："本办法所称资产支持计划业务，是指保险资产管理公司等专业管理机构作为受托人设立支持计划，以基础资产产生的现金流为偿付支持，面向保险机构等合格投资者发行受益凭证的业务活动。"

这四类资产支持证券除了主管部门不同，在发起人资格、审核方式、发行方式、流通场所、交易结构等方面均不同。在发起人资格方面，信贷 ABS 的发起人必须是银行、金融租赁公司等金融机构，而其他几类的发起人可以为一般企业；在审核方式上，企业 ABS 可以采用事后备案制，而信贷 ABS 采用央行注册制和银监会备案制，资产支持票据采用注册制，资产支持计划采用初次申报核准以及同类产品事后报告制；在发行方式上，企业 ABS 与资产支持计划目前均为非公开发行方式，而信贷 ABS 和资产支持票据可采用公开发行或非公开发行方式；在产品流通场所上，企业 ABS 的流通场所为上海证券交易所（以下简称"上交所"）、深圳证券交易所（以下简称"深交所"）、机构间报价系统、证券公司柜台市场，而信贷

ABS和资产支持票据的流通场所为银行间债券市场，资产支持计划为保险资产登记交易平台。

我国四类资产证券化产品各自的特点见表7－4。

表7－4　企业ABS、信贷ABS、资产支持票据、资产支持专项计划的特点

项目	企业ABS	信贷ABS	资产支持票据	资产支持专项计划
主管部门	证监会	中国人民银行、银保监会	交易商协会	银保监会
审核方式	事后备案制	央行注册制＋银保监会备案制	注册制	初次申报核准，同类产品事后报告
受托人	有相关业务资格的证券公司及基金管理公司子公司	信托公司	信托公司或有相关业务资格的证券公司及基金管理公司子公司	保险资产管理公司
特殊目的载体	有相关业务资质的证券公司或基金子公司所设立的资产支持专项计划	特殊目的信托	可以引入SPV（可以为信托模式，也可以为其他模式），也可以使用特殊目的账户	保险资管公司的资产支持计划
发行方式	目前为非公开发行（未来可能引入公开发行方式）	公开发行或非公开发行	公开发行或非公开发行	目前为非公开发行模式
登记结算机构	中国证券登记结算有限责任公司	中央国债登记结算有限公司	银行间市场清算所股份有限公司/上海清算交易所	保险资产登记交易平台
监管机构	证监会、基金业协会	银保监会、中国人民银行	交易商协会	银保监会
流通场所	上交所、深交所、机构间报价系统、证券公司柜台市场	银行间债券市场	银行间债券市场	保险资产登记交易平台

2. 按照底层资产分类

我国资产证券化产品按照基础资产可以分为多种类型。

《证券公司及基金管理公司子公司资产证券化业务管理规定》第三条明确规定："基础资产可以是企业应收款、租赁债权、信贷资产、信托受益权等财产权利，基础设施、商业物业等不动产财产或不动产收益权，以及中国证监会认可的其他财产或财产权利。"

《非金融企业资产支持票据指引（修订稿）》第三章第十七条明确规定："基础资产可以是企业应收账款、租赁债权、信托受益权等财产权利，以及基础设施、商业物业等不动产财产或相关财产权利等。以基础设施、商业物业等不动产财产或相关财产权利作为基础资产的，发起机构应取得合法经营资质。"

《应收账款质押登记办法》（2017年修订）第二条对应收账款的定义为："（一）销售、出租产生的债权，包括销售货物，供应水、电、气、暖，知识产权的许可使用，出租动产或不动产等；（二）提供医疗、教育、旅游等服务或劳务产生的债权；（三）能源、交通运输、水利、环境保护、市政工程等基础设施和公用事业项目收益权；（四）提供贷款或其他信用活动产生的债权；（五）其他以合同为基础的具有金钱给付内容的债权。"

我国资产证券化随着市场的快速发展，基础资产类型越来越丰富，从大的方面，可将资产证券化分为债权类、收益权类及权益类（类REITs①）三大类。这三大类型各自对应的基础资产及典型企业见表7－5。

表7－5　　资产证券化三大类型——债权类、收益权类、权益类

类型	基础资产	典型企业
债权类	融资租赁债权	商务部融资租赁公司
	不动产租赁债权	物业持有人
	公积金贷款债权	地方公积金中心
	BT合同回购款债权	工程建设公司、城建公司
	贸易应收账款	贸易公司、机械制造公司
	保理债权	保理公司
	小额贷款债权	具有贷款业务资格的机构
	委贷债权	除金融资产管理公司和具有贷款业务资格的各类机构外的企事业法人
	信托受益权	信托公司
	购房尾款	房地产企业

① 我国尚没有标准的REITs产品，当前类REITs产品主要以资产证券化的方式发行专项资产支持证券/票据，因此通常被归属为资产证券化产品。

续表

类型	基础资产	典型企业
收益权	物业管理费收费权	物业公司
	票款收费权	景区门票收费权——景区
		影院电影票收费权——影院
	基础设施收费权	热费收费权——供热公司
		水费收费权、污水处理收费权——水务公司
		天然气收费权——天然气公司
		电力上网收费权——热电公司
	交通费收费权	公交收费权——公交公司
		路、桥通行费收费权
		BSP 票收费权——航空公司
		索道费收费权——索道公司
	学费收费权	学院
权益类	类 REITs	房地产企业、不动产基金

资料来源：胡喆、陈府申，《图解资产证券化——法律实务操作要点与难点》，法律出版社2017年版，第136页。

3. 各类产品现状对比

在我国，企业资产证券化发展最快，其次是信贷资产证券化，资产支持专项计划发展最慢。

根据《2017年资产证券化市场年报》的统计数据，2005～2017年，资产证券化市场累计发行1591单ABS产品，发行总规模33649.87亿元。信贷ABS产品共发行441单，发行规模17775.14亿元，占发行总规模的52.82%，存量金额为6798.95亿元，占存量总规模的36.96%。企业ABS产品共发行1084单，发行规模14904.01亿元，占发行总规模的44.29%，存量金额为10845.96亿元，占存量总规模的58.97%。此外，CNABS还统计到96单场外ABS产品，合计发行规模1597.69亿元。ABN产品共发行66单，发行规模970.72亿元，占发行总规模的2.88%，存量金额为748.62亿元，占存量总规模的4.07%（见表7－6）。

表 7-6　2005~2017 年我国信贷 ABS、企业 ABS、ABN 发行情况

发行市场	已发行总数（单）	已发行总额（亿元）	发行占比（%）	市场存量（亿元）	市场存量占比（%）
信贷 ABS	441	17775.14	52.82	6798.95	36.96
企业 ABS	1084	14904.01	44.29	10845.96	58.97
ABN	66	970.72	2.88	748.62	4.07
总计	1591	33649.87	100.00	18393.52	100.00

资料来源：《2017 年中国资产证券化市场年报》。

从信贷 ABS、企业 ABS 和 ABN 三市场的发行金额来看，我国的资产支持证券市场从最初信贷 ABS 占绝对主导地位的政策驱动型，已经稳步过渡到以企业 ABS 为主导的市场驱动型。企业 ABS 在 2016 年首次超过信贷 ABS 市场发行总量，2017 年发行总量差距进一步加大，超出信贷 ABS 市场近 1700 亿元（见图 7-5）。

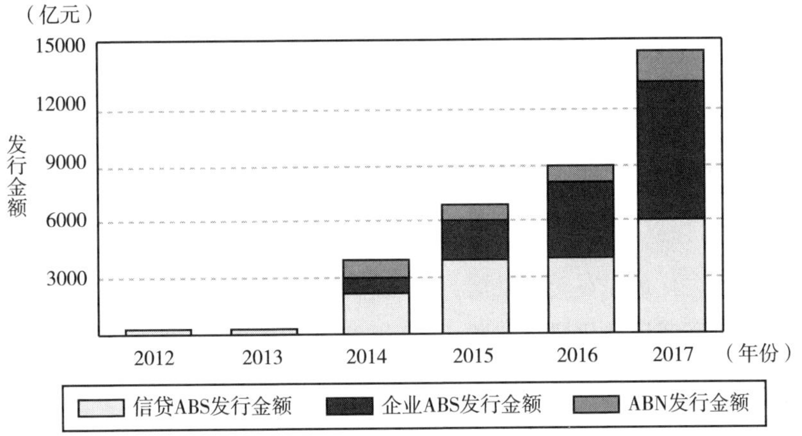

图 7-5　2012~2017 年各类 ABS 发行金额统计

资料来源：《2017 年中国资产证券化市场年报》。

在 2017 年的企业 ABS 市场中，个人消费贷款、信托收益权、商业地产类（CMBS 和类 REITs）、融资租赁、应收账款和保理融资为发行量前六位的资产类型产品，发行量分别为 2584.56 亿元、1159.52 亿元、746.14 亿元、757.28 亿元、610.76 亿元和 584.40 亿元，分别占企业 ABS 发行总量的 33.93%、15.33%、9.80%、9.94%、8.02% 和 7.68%，与 2016 年相比分别增长了 310.25%、11.76%、120.91%、-21.50%、42.32%

和282.58%（见图7－6）。显然，商业地产类资产证券化在2017年得到了较为快速的发展。

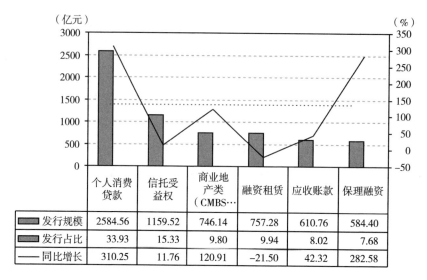

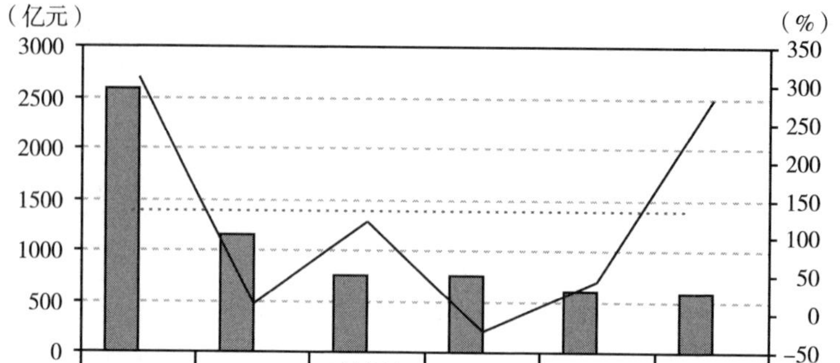

	个人消费贷款	信托受益权	商业地产类（CMBS…	融资租赁	应收账款	保理融资
发行规模	2584.56	1159.52	746.14	757.28	610.76	584.40
发行占比	33.93	15.33	9.80	9.94	8.02	7.68
同比增长	310.25	11.76	120.91	−21.50	42.32	282.58

图7－6　2017年企业ABS各类基础资产发行规模及同比增长情况

资料来源：《2017年中国资产证券化市场年报》。

7.2.3　资产证券化在中国的发展

资产证券化最先在美国发展，之后在国际市场迅速得到推广。从发展历程上看，资产证券化最早起源于20世纪70年代的美国，在人口红利和利率市场化的推进下，由证券公司吉利美（Ginnie Mae）在1970年初发行了第一支MBS。此后，随着业务的创新和基础资产的丰富，资产证券化逐渐在美国发展壮大，且迅速扩展到其他发达国家。2008年的次贷危机使美国的资产证券化市场受到重创，MBS和ABS的发行量在2008年、2010年先后跌入谷底。随着近几年美国经济的复苏，资产证券化的相关业务才逐渐回升。目前，美国仍然是全球最成熟的资产证券化市场。

相较而言，我国的资产证券化业务起步较晚，从2005年首次推出信贷资产证券化试点到2008年受美国次贷危机的影响而暂停，再到2012年的正式重启，以及2014年在多方政策利好的推动下出现爆发式的增长，我国资产证券化的发展约有10年的时间。

1. 发展过程概述

2004 年 4 月，证监会启动以证券公司专项资产计划为载体的企业资产证券化业务的研究论证工作。2005 年，第一单专项计划业务——中国联通 CDMA 网络租赁费收益计划正式诞生。2006 年，进入准常态化阶段，当年共发行 10 单企业资产证券化产品。2007 ~ 2009 年，受全球金融危机影响，企业资产证券化试点暂停，其间证监会起草完成了《证券公司企业资产证券化业务试点指引（试行）》。2009 年 5 月，证监会发布《关于通报证券公司企业资产证券化业务试点情况的函》，标志着企业资产证券化业务重启。2011 年 8 月，远东二期专项资产管理计划完成发行，成为第二批试点中的第一单项目。2013 年，证监会颁布《证券公司资产证券化业务管理规定》，标志着企业资产证券化业务从试点向常规化发展的转变。2014 年，证监会颁布《证券公司及基金公司子公司资产证券化业务管理规定》，备案制正式开启。

2. 相关规章制度完善过程

（1）2005 ~ 2008 年，资产证券化业务的试点阶段。2004 年 10 月，证监会发布《关于证券公司开展资产证券化业务试点有关问题的通知》。2005 年 4 月，中国人民银行和银监会联合发布《信贷资产证券化试点管理办法》，标志着我国资产证券化试点正式拉开帷幕。试点阶段，政策的出台围绕业务实操中遇到的各种问题，不断进行丰富完善，这个阶段的政策出台数量多，内容较为简单，实操性更强。例如，针对会计核算的《信贷资产证券化试点会计处理规定》，针对税务处理的《关于信贷资产证券化有关税收政策问题的通知》，针对信息披露问题的《资产支持证券信息披露规则》等。在试点阶段，资产证券化作为一种新的产品，除了遵循监管部门出台的针对性规章制度，同时也要符合行业普遍规则。例如，针对增信措施的《关于有效防范企业债担保风险的意见》，针对信用评级的《中国人民银行信用评级管理指导意见》等。2005 ~ 2008 年，央行和银监会主管的信贷资产证券化产品共发行 17 单，证监会主管的企业资产证券化产品共发行 9 单，在监管政策的完善方面，证监会也仅发布了《证券公司企业资产证券化业务试点指引（试行）》一份统筹性的监管文件，相对于信贷资产证券化产品，监管更加粗放。

（2）2011～2014年，资产证券化业务常态化发展阶段。2012年5月，中国人民银行、银监会和财政部联合下发《关于进一步扩大信贷资产证券化试点有关事项的通知》，标志着在经历了美国次贷危机之后，我国资产证券化业务重新启动，进入第二轮试点阶段，试点额度500亿元。2012年8月银行间交易商协会发布《银行间债券市场非金融企业资产支持票据指引》，至此我国三种主要资产证券化产品类型全部推出。2013年8月，银监会开启第三轮试点工作，试点额度达到4000亿元，我国资产证券化市场正式进入常态化发展时期。在此阶段，监管政策进一步注重风险管理和防范。2013年银监会发布《关于进一步规范信贷资产证券化发起机构风险自留行为的公告》，明确发起机构自留不低于一定比例（5%）的基础资产信用风险。证监会则于2013年、2014年连续发布《证券公司资产证券化业务管理规定》《证券公司及基金管理公司子公司资产证券化业务管理规定》，明确了专项资产管理计划作为SPV独立于发起人、管理人和投资人的法律地位，扩大了开展资产证券化业务的业务主体以及基础资产范围，对企业资产证券化的快速发展奠定了基础。

（3）自2014年底以来，资产证券化业务启用备案制，进入快速发展阶段。2014年底，我国资产证券化业务监管发生了重要转折，完成了从过去的逐笔审批制向备案制的转变。通过完善制度、简化程序、加强信息披露和风险管理，促进市场良性快速发展。信贷资产证券化实施“备案制+注册制”。2014年11月20日，银监会发布《关于信贷资产证券化备案登记工作流程的通知》，宣布针对信贷资产证券化业务实施备案制；2015年1月4日，银监会下发批文公布27家商业银行获得开展信贷资产证券化产品的业务资格，标志着信贷资产证券化业务备案制在实操层面落地；2015年3月26日，中国人民银行发布《关于信贷资产支持证券试行注册制的公告》，宣布已经取得监管部门相关业务资格、发行过信贷资产支持证券并且能够按照规定披露信息的受托机构和发起机构可以向央行申请注册，并在注册有效期内自主发行信贷ABS。企业资产证券化实施“备案制+负面清单管理”。2014年12月26日，证监会发布《资产支持专项计划备案管理办法》，开始针对企业资产证券化实施备案制，同时配套《资产证券化业务风险控制指引》和《资产证券化业务基础资产负面清单指引》，提出8类负面清单，大大拓宽了发行人及基础资产的可选范围，促进企业资产证券化在2015年高速发展。

7.2.4 中国资产证券化产品的现状分析

1. 概述

据Wind金融终端数据，截至2016年9月，我国现存资产支持产品共817只，总金额约为16127亿元。其中，信贷资产支持证券的产品数量和票面金额分别为268只和100232167万元；企业资产支持证券的数量和票面金额分别为522只和58410590万元；资产支持票据为27只和2628800万元。信贷资产ABS、企业资产ABS和资产支持票据在资产支持证券化市场中的发行总金额占比分别为62%、36%和2%，发行数量占比分别为33%、64%和3%。

信贷资产证券化和资产支持票据主要在银行间市场和银行间债券市场发行，其交易主体主要是各商业银行及其授权机构等。而企业资产支持证券则是在上交所、深交所上市发行和交易的，发行主体是各类大中型企业，投资者可以是机构也可以是个人。因此，企业资产支持证券是我国现存资产支持证券中最具灵活性和活跃度的债券种类。另外，一方面，企业资产支持证券是债券市场交易的主要对象，拥有较高的流动性和市场活跃度；另一方面，相比于央行和银保监会监管下的信贷资产证券化产品，证监会监管下的企业资产证券化产品的交易金额相对较少。这说明，相对于信贷资产支持证券而言，企业资产支持证券的票面金额较小，募集资金有限，成本相对较高。

自2014年起，企业资产支持证券呈现爆发式增长。如表7-7所示，2013~2016年，企业资产支持证券每年发行产品逾亿元，市场规模较2013年末迅速扩张，2014年发行总金额为2013年的20余倍，2015年的发行总金额为2013年的近100倍，2016年开始，增长暂缓。

表7-7　　2013~2016年企业ABS发行数量和总金额

年份	发行总金额（亿元）	总数合计（个）
2013	21.135	3
2014	427.138	29
2015	2039.012	211
2016	2890.834	253

资料来源：上海证券交易所、深圳证券交易所、Wind金融终端。

2. 基础资产角度分析

分析我国现存的企业资产支持证券的种类发现，截至2017年，其主要涉及的基础资产包括：收费收益权、融资租赁、信托受益权、企业应收账款、REITs①、小额贷款、住宅公积金、BT与BOT项目、两融债权、基础设施项目收益权等未来具有稳定现金流的项目（见表7－8）。其中，以收费收益权和融资租赁对应的资产支持证券在发行总量和票面金额上具有主导优势，其发行金额分别占据了市场中资产支持证券总量的25%和24%；以信托受益权和应收账款为基础资产的债券的票面金额在市场交易中也占有较大比重，分别为15%和12%。从存量金额上看，以上四种资产支持证券占据了总市场的3/4，是市场交易的主要对象。究其原因，是这四种资产的收益风险较小，预计未来收入的现金流相对稳定，具有较大的需求市场。

表7－8　企业资产证券化统计（按照基础资产规模及数量）

基础资产分类	发行总金额（亿元）	总数合计（个）
收费收益权	732.5093	150
融资租赁	703.8160	123
信托受益权	438.4318	39
应收账款	366.3830	73
REITs	346.8685	14
小额贷款	144.4640	72
住宅公积金	114.2483	19
BT项目	42.4949	6
两融债权	40.8392	8

资料来源：上海证券交易所、深圳证券交易所、Wind金融终端。

另外，企业资产证券化的基础资产种类逐渐丰富，如2015年新加入的两融债权资产证券化业务和新兴的保险业资产支持计划等，这些持续丰富的基础资产类型活跃了企业资产证券化交易对象的结构设计，有利于实现盘活存量资产的经济目标。

① 在我国，REITs被归入证监会监管项下的资产证券化品种。

3. 评级角度

在汇总分析的资产募集计划书中我们发现，流通交易中的资产证券化产品的信用等级普遍较高，大部分为 AA 级以上。其中，AAA 级资产支持证券的数量为 871 只，占全部资产支持证券发行总量的 55.4%；AA 级资产支持证券的发行数量为 508 只，占发行总量的 32.3%。另外，其他资产支持证券的信用评级也基本在 B 级以上。由此可见，虽然近年来我国资产支持证券化市场逐渐发展丰富，基础资产的信用层次更加多样，但发行产品仍以优良资产为主，市场流通的资产支持证券中高信用等级产品较多。

4. 利率角度

在我国资产证券化产品试点之后到 2014 年之前，企业资产证券化产品发行利率持续上升。从 2014 年起发行利率呈下降趋势，尤其在 2015 年，下降趋势明确且保持较大幅度。从统计结果来看，资产证券化产品最高平均利率为 7.17%，最低平均利率为 2.83%，方差较大。2014 年全年平均利率下降 14.8%，约为 1.06 个百分点；2015 年平均利率进一步下降 1.96 个百分点，下降幅度达到 32%。这是由于 2014 年以来，随着资产证券化产品发行速度的加快和规模的扩张，市场对资产证券化产品的认识水平逐步提高，认购资金活跃；加之 2015 年以后，证券市场中高收益资产全面短缺，导致全年资产证券化产品平均发行利率呈现进一步下行趋势。

5. 发行市场

如表 7 - 9 所示，已发行的企业资产支持证券中，绝大部分在上海证券交易所和深圳证券交易所上市并流通。其中，在上交所发行上市的企业资产证券化产品共 256 个，总票面金额约为 1705 亿元，占比 57.5%；在深交所上市交易的企业资产证券化产品有 135 个，总票面金额约为 1026 亿元，占比 34.6%。另外，还有一部分资产支持证券在场外交易市场流通交易，其参与者主要是商业银行和其他非银行金融机构等，其交易的票面金额总价值约为 232 亿元，占比 7.8%。最后，还有极小部分企业 ABS 在新三板发行上市，票面金额约为 0.0026 亿元。

表7-9 企业资产证券化产品上市场所分布

交易所	发行金额汇总（亿元）	个数
上海证券交易所	1704.8416	256
深圳证券交易所	1025.9073	135
机构间私募产品报价与服务系统	232.0693	23
新三板	0.0026	1
总计	2962.8208	415

资料来源：上海证券交易所、深圳证券交易所。

发行场所中，上交所和深交所仍为主流。近年来，机构间私募产品报价与服务系统逐渐得到发展。在上交所和深交所发行的资产证券化产品，需要先与上交所、深交所固定收益部门进行沟通，并提交全套文件后，交易所将出具无异议函。取得无异议函后，才可进行公开路演和发行。而机构间私募产品报价与服务系统由中证机构间报价系统股份有限公司（以下简称“中证报价公司”）负责，中证报价公司是经中国证监会批准并由中国证券业协会按照市场化原则管理的金融机构，主要负责运营机构间私募产品报价与服务系统。报价系统是为机构投资者（参与人）提供私募产品报价、发行、转让及相关服务的开放性、专业化电子平台；其定位是机构间市场，提供证券公司柜台市场、区域性股权交易市场等私募市场的信息和交易联网服务。报价系统中发行的资产证券化产品基本为私募发行，即不需要取得交易所无异议函，资产证券化产品发行后，在报价系统中挂牌进行交易转让。部分无法在规定时间内取得交易所无异议函，但产品认购方有强烈意愿认购的资产证券化产品，会选择在报价系统进行发行。

6. 付息方式

目前国内的企业资产证券化产品大多采用年付、半年付或者季付的付息方式，只有极小部分采用月付或一次性到期还本付息的方式。其中，发行采用年付或半年付方式的资产支持证券的企业有169家，占比约为42.7%；发行债券采用季付方式的企业有179家，占比约为45.2%（见表7-10）。

表 7－10 企业资产证券化产品付息方式汇总

本息兑付分类	企业数量总计（家）
年付	104
半年付	65
季付	179
月付	43
每月还本付息	1
到期还本	4

资料来源：藏波、滕永乐、谢刚，《房地产市场发展趋势与商业银行融资机遇》，载于《新金融》2017 年第 8 期。

第 8 章

房地产融资分析

8.1 中国房地产市场的发展概况

我国从 20 世纪 90 年代起，房地产由福利分房时代进入商品房时代，伴随着住房货币化的逐步推进，全国房地产投资占总 GDP 的比例逐年上升。自 2000 年起，随着加速推进城市化，城镇化进程进入加速发展的阶段，群众的生活水平和人均收入均大幅上升，我国房地产行业也随之加速发展，与此同时，由于房地产行业对上下游行业的发展具有带动作用，我国国民经济中房地产行业占据了越来越重要的地位。2005 年以后，政府为了有效预防房地产发展过快可能带来的问题，出台了一系列房地产调控政策，以确保房地产行业健康平稳发展，这些政策的出台产生了较为显著的作用，使房地产行业出现了阶段性的波动。

据国家统计局的数据显示，2005~2012 年，除了金融危机时期（2008 年和 2009 年）房地产开发投资增速相对降低一定程度之外，其余年份均保持着 20% 以上的增长率。同时，美国的金融危机给中国带来了警示，我国为了预防由于房地产过热而可能出现的金融危机，自 2010 年末以来，政府推出了一系列限购、限贷等房地产调控政策。我国房地产投资增速从 2014 年开始出现下滑，全国房地产库存量迅速上升，住宅销售表现陷入低迷状态，房地产发展明显放缓，我国 GDP 增长明显下降，房地产投资增长的下降成为拖累宏观经济增长的痛点之一。2014 年和 2015 年，我国又相继出台相对宽松的货币政策和“330”新政，意图消化房地产库存，刺激房地产发展。房地产行业在多重政策叠加之下逐渐复苏，2015年和2016年我国一线城市房地产市场价格逐步上升。我国一线城市新建商品房市场价格自2015年3月起连续20个月时序环比增长，紧跟着是部分二线城市，如苏州、合肥、厦门、郑州等，同样出现房价过快上涨的现象。与此同时，房地产市场整体出现了区域分化严重、投机炒房盛行的情况，这不仅严重影响了实业发展，而且初步表现出系统性风险的苗头。2016年9月30日，北京率先出台限购政策，随后涨幅居前的热点城市出台限购政策，限购、限贷、限售等手段纷纷升级，有效控制了房地产市场的异常发展。

8.2 中国房地产市场的发展趋势

房地产市场之所以能够实现长期发展，其根本动力来源于我国城镇化的快速推进。在城市化快速推进的进程中，伴随着越来越多的城市人口对住房和消费的刚性需求的上升。类比发达国家的发展历程，我国现阶段正处于美国20世纪70年代、日本20世纪80年代的发展阶段，主要特点是：经过经济的高速发展，经济增长动力出现不足、增长出现倒退。但我国经济增速与人口红利在国际上仍占比较优势，在未来的城市化进程中，仍能够助力我国房地产市场的长期稳定发展。

与此同时，经过多年的高速发展，我国房地产行业当前正处于结构性调整的关键时期。尤其是经过国家一系列的宏观调控，房地产行业供需矛盾趋于缓和，行业发展趋于理性。同时，伴随着市场环境的变化，一部分不能适应环境改变的房地产企业逐渐被淘汰出局，其现象是行业内的并购整合逐渐增多，行业集中度逐渐上升。大量实力雄厚的房地产行业企业率先走出去开拓海外市场，其运作模式逐渐与国际接轨。

但是，我国房地产市场区域分化进一步加剧。由于其中一线城市和部分区域中心城市集中了全国最优质的资源，并且未来在发展中仍然将保持人口净流入的趋势，因此这些城市依然会存在住房供需矛盾。不仅是住宅市场，这些地区的商业办公市场同样将呈现活跃态势。而与此同时，部分三四线城市在国家产业结构调整的大背景下，出现了青年人口持续流出、经济增长放缓等问题，地方政府只好通过探索具有地方特色的优势产业的发展路径，尝试寻找新的经济增长点，以图逐渐摆脱对房地产行业的依赖。

随着房地产投融资模式持续进化，房地产行业新型运营模式不断涌现。近年来随着房地产企业逐渐进化，其自身的投融资模式不断创新，不断探索轻资产运营，促进与资本市场的融合。逐步摆脱通过开发、建设、销售获取利润的传统运营模式，转向“轻资产、重运营”的创新型运营模式。其中，房地产行业运用“小股操盘”、合作开发、综合社区服务商等各项运营方式。同时，房地产企业还通过设立房地产投资基金等方式，不断在资本市场上募集资金，充分利用自身在房地产行业的专业优势，对市场上的优质地产项目进行收购改造运营，以获取未来退出收益。由于房地产行业及房地产金融的不断发展创新，商品房地产行业的投融资模式及运营模式呈现多元化、个性化、定制化等特点，并且使房地产行业与资本市场的结合更加密不可分。

房地产行业竞争已经进入资本竞争时代。房地产行业属于资金密集型行业，其特点是占用资金量大、占用时间长。在土地价格方面，随着土地出让制度和各项交易规则的不断完善，逐渐释放了原本隐藏的土地价格，所以房地产开发企业获取土地的成本呈上升态势。在资金获取方面，房地产开发企业获得资金的主要来源是自有资金、银行贷款和预售回款，融资渠道较为单一。在上述背景下，房地产开发经营的核心竞争要素转变为资本实力和资金运作能力，从土地资源获取的竞争逐渐转化为资本实力和资金运作能力的竞争。房地产行业逐步步入地产金融时代。因此，房地产企业在资本市场中积累良好信用品牌至关重要，良好的信用品牌才能够凭借多元化的融资渠道获得资本竞争的优势。

虽然房地产行业集中度逐步提高，但仍然处于较低水平。近年来，由于宏观调控加速了房地产企业的优胜劣汰，使我国房地产行业集中度逐步提高。2007~2015年，房地产销售排名前十位的企业所占有的市场份额由不足8%提升至17.05%。随着房地产行业逐步迈入平稳发展新常态，房地产市场竞争更趋激烈，房地产行业的集中度将进一步加强，领先梯队企业将获得更加集中的市场份额。然而，相较于美国、中国香港等发达国家或地区的房地产市场而言，我国房地产行业集中度仍然处于较低水平。以美国为例，自20世纪90年代以来，通过兼并、重组，美国房地产企业不断提高房地产行业集中度。以房屋销售套数计算，美国排名前 5 位的房地产企业的市场份额从 1991 年的 3.80% 提升到 2009 年的逾 20%。参考成熟房地产市场的历史经验，我国龙头企业仍有相当大的成长空间。

8.3 房地产行业与资产证券化

8.3.1 中国房地产行业与资产证券化

在运营过程中，房地产企业面对去库存、盘活资金存量的艰巨任务，产生了轻资产经营以及延期应付款等需求。为了应对房地产企业各方面的经济需求，基于资产证券化的解决方案主要有以下三种。

1. 应付账款资产证券化

房地产公司在房地产企业和其供应商组成的生产系统中，经常会拖欠建筑方很大数量的应付账款。于是，产生了两种资金筹集方式：传统模式下的保理、再保理和资产证券化模式下的发行资产支持证券筹集资金，以保证系统良好的资金流动性。

在传统模式下，商业保理公司与房地产供应商以房地产企业的应付账款为标的，开展保理融资业务，保理公司归集供应商的应收账款，成为房地产企业的债权人，并可以通过与银行的合作进行再保理，以保证资金流通。在资产证券化模式下，保理公司以房地产企业的应付账款为基础资产发行资产支持证券，向投资者筹集资金。房地产企业的应付账款先通过保理公司进行保理，由保理公司将款项先付给供应商，形成保理公司对房地产企业的应收账款，保理公司归集应收账款后，以这部分资产作为基础资产，将其出售给资产专项管理计划，经过结构性重组与风险技术隔离，构建可交易证券品种在市场上发行，从而将房地产企业的款项转移给投资者。相对于传统模式，资产证券化模式可以重组房地产企业的应付账款，延长偿还账期；减免房地产企业发行成本，有条件减少房地产企业的债务；引入合格投资者，丰富资金来源。

应付账款资产证券化的具体操作流程如图 8－1 所示。

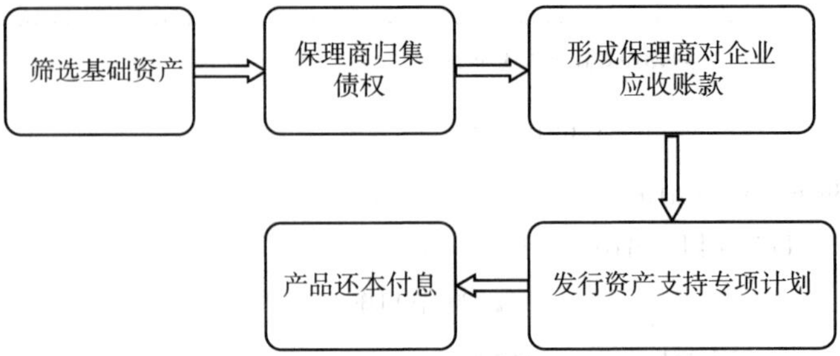

图 8－1　应付账款资产证券化操作流程

（1）筛选基础资产。房地产公司与供应商签署采购合同（服务、货物等），债权人将对房地产公司的应收账款选择以保理方式付款，纳入基础资产池。

（2）保理商归集债权。其一，保理公司进行供应商应收账款的归集，先由供应商与保理公司签订一年期的《公开型无追索权国内保理合同》，叙做单笔保理业务时再向保理公司提交《应收账款转让申请书》，经某保理审核通过后，与保理公司签订《应收账款转让登记协议》，同时向房地产公司发出《应收账款转让通知书》并由房地产公司出具签收回执。其二，房地产公司出具《付款确认书》，通过加入债务的方式成为共同付款方。

（3）进行转让。保理公司与专项计划签署《基础资产买卖协议》，将其归集的供应商应收账款一次性转让给证券公司设立的资产支持专项计划。

（4）发行资产支持专项计划。其一，证券公司设立资产支持专项计划，通过发行资产支持证券方式募集资金，并对专项计划进行管理。其二，证券公司将募集资金通过募集账户划至托管户，由托管银行根据《基础资产买卖协议》和《托管协议》的要求向保理公司支付基础资产购买价款，最后由保理公司与证券公司的资金共管账户向各供应商转付保理融资款。

（5）产品还本付息。在合同约定的到期提示日，保理公司以电话、函件、上门等方式向房地产公司发送到期付款提示函；付款日当日，托管银行从房地产公司在《付款确认书》中指定的、开立在托管银行的授权扣款账户中自动扣划等额于应收账款债权账面价值的金额至专项计划账户，再由托管银行于资产支持证券的权益登记日前一天将兑付资金划付给中国证券登记结算有限公司（以下简称“中证登”）用以还本付息。

资产支持专项计划需要多方共同参与，包括原始权益人——保理公司、计划管理人——证券公司、债权人——房地产供应商、债务人——房地产公司、监管银行、托管银行和登记托管机构。其中，监管银行、托管银行和登记托管机构分别起到资金监管、资金托管、登记托管的作用，在这三方的背后，是会计师事务所为监管银行提供审计监管服务、律师事务所为托管银行提供法律意见咨询、评级机构为登记托管机构提供信用评级支持。

为了提高资产支持证券的信用，可以采取以下措施：

（1）房地产公司出具《付款确认书》。房地产公司作为共同债务人对每一笔应收账款债权出具《付款确认书》，确认其负有到期无条件清偿应付款的义务，并授权托管人可于应收账款债权日期当天从房地产授权扣款账户中直接划扣等额于应收账款债权本金账面价值之和的资金并付至专项计划账户。

（2）不合格资产赎回机制。原始权益人作为本专项计划的资产服务机构，提供基础资产的筛选、债权管理、债权催收等服务；本专项计划存续期间，原始权益人对不合格基础资产承担赎回义务。

（3）争议基础资产由债权人回购。对于争议应收账款债权，通过保理合同及专项计划文件等一系列交易安排，计划管理人有权要求债权人进行回购，避免由原始权益人单独对不合格基础资产和争议应收账款债权承担赎回及回购义务，分散义务承担主体，控制原始权益人违约或不能履约的风险。

2. 购房尾款资产证券化

按揭购房尾款资产证券化的原理为：在一般的购房交易中，购房者支付首付款后，按揭贷款部分从申请到放款到位之间存在一定的时间差。而房企通过资产证券化，以购房尾款为基础资产成立专项计划，可将购房尾款应收账款以“打包出售”的方式提前从公开市场的投资者中将尾款收回，从而提高房地产企业资金周转率，盘活购房尾款，缓解购房尾款到位前的流动性压力。

购房尾款资产证券化的特点为：

（1）资产同质性强。基础资产均已支付不低于购房总额 30% 的购房款。

（2）分散度良好。单个合同的应收款金额占比很小，债务较为分散。

（3）回收时间存在不确定性。购房合同由签订至尾款放款的时间具有不确定性，主要体现在审批资料收集期限、房管局登记备案期限及银行审批耗费的时间。

（4）购房尾款的回收金额不确定性。银行审批人员会根据购房申请者的历史信用记录和收入情况判断是否通过审批，或者是否减少审批通过的额度。在这种情况下，未通过的按揭金额需要由购房者自己承担，若购房者缺乏经济能力，则构成了一定的违约行为，需要缴纳购房总金额 10% ~ 20% 的违约金。

由于购房尾款对项目开发商自身的依赖程度较大，因此，在评级过程中会从以下方面进行关注：

（1）基础资产分析。其一，区域分散性。房地产项目或楼盘的高分散度可以一定程度上避免受同一地区经济下行或楼市政策影响，以至基础资产整体后期销售数量及收入下降的风险。楼盘项目以一线城市及二线核心城市为优质资产。其二，金额分散性。单笔购房人占比越小，则单笔基础资产违约或逾期对产品端的影响就越小。

（2）购房人资质情况。购房人的基本情况如职业、收入水平等会对银行审批通过率及通过金额比例造成一定的影响。一般情况下，首套房购买者的购房用途主要为刚需，因此，相对来说其违约的可能性较小。

（3）付款方式。不同的贷款方式对违约成本和回款周期都会造成一定的影响。例如，银行商业贷款周期因各银行政策、放款时间节点、银行资金要求，在审批和放款速度上有一定差异；首付分期的方式由于杠杆比例高、违约成本低于其余付款方式，违约可能性也相应高于其他付款方式；公积金贷款的回款周期则会受到各地的政策、审批效率、额度等因素的影响，如个别城市要求房屋建设进度达到封顶才可发放公积金尾款。

（4）灭失可能性。灭失可能性是分析基础资产池损失情况的重要指标，当基础资产表现正常时，能够为证券化交易带来足够的流动性，而当购房者发生合同认定的灭失行为时，则需要对该部分应收账款认定为损失并予以核销。

（5）房价跌价可能性。一般情况下，需要结合城市发展及当地房价，对基础资产房价高低进行一定判断。若房价处于高位，在楼市出现大幅跌价时出现恶意逾期的可能性较高，从而也会对入池资产的覆盖倍数产生一定影响。

（6）历史逾期率。对于购房尾款项目未来回收的判断主要是基于历史样本数据的情况，因此，对于2～3年历史数据的逾期和回收情况的统计对于未来现金回收的预测也是十分必要的。

（7）循环购买备选池情况。由于期限配置的要求，购房尾款项目一般设置循环购买机制。因此，项目后期的备选池质量及项目储备对于循环购买期的现金流回收情况影响重大。一般情况下，交易结构中会相应设置加速清偿等机制提前进行优先级本金的偿付。

（8）原始权益人情况。一是原始权益人的管理能力。原始权益人房地产业务的经营和财务情况对未来项目的建设和推进均有较大的影响。同时，原始权益人对于购房人贷前的审核及贷后的资料收集流程和效率对于购房尾款的回收也具有一定的影响。二是预售款使用用途。购房尾款项目入池房地产项目一般分散于多个城市，各地区房管局对预售款的使用用途可能进行一些限制。例如，某些城市可能要求预售款的5%需要作为保证金保留在账户中，或要求优先偿付工程款或开发贷等建设款项。

购房尾款资产证券化在理论上的安全系数比较高。因为购房者与开发商达成购买意向之后，先要交大额定金，然后是首付款，最后才是尾款，支付了首付款的购房者很少有违约情况。但也可能会有例外，如资产支持专项计划存续期间因房屋质量存在争议、按揭银行不予以发放按揭贷款、购房者因房价大幅下跌而违约等，这些均会影响到资产支持专项计划本金和收益的兑付。

总的来说，购房尾款资产证券化项目对于房地产企业而言是一种新型的盘活资产流动性的创新方式，受到越来越多房地产企业及金融机构的关注。尽管目前市场上已经发行的购房尾款项目数量较少，鉴于我国房地产企业数量众多、房地产行业去库存步伐加快，其发行潜力巨大。同时，随着市场对此类产品认可度的加强，购房尾款贷款类原始权益人的资质不再集中于本身信用质量较高的主体，发行主体资质存在下沉的可能性；而基础资产也将呈现多元化趋势，如出现商业贷款、公积金等不同的贷款类型。

3. 物业收入资产证券化

以物业收入为基础资产的资产证券化，要求该房地产企业为房地产百强公司，且为拥有优质物业的国有企业；要求基础资产为优质物业租金收入及管理费收入，年收入合计一般不低于5000万元。融资期限一般为3～5年，或是5～10年（附5年末提前偿还义务）。融资规模一般为3～5年基础资产总收入的7折左右，或是未来10年收入的6折（附投资者在第5年末要求客户提前偿还6～10年本金的权利）。资产支持计划的成立一般需要评级不低于AA的国有企业或上市公司进行担保，如为民营企业非上市公司则需评级为AA+，且需整体考量民营融资主体所属集团的风险。计划的综合成本根据物业收入质量、融资规模及期限、担保情况等因素，结合发行窗口市场利率情况综合确定。另外，在权利限制角度，物业收入不存在质押或其他权利限制，若存在抵质押的需同意以资产支持专项计划募集资金进行置换。在物业收入资产证券化中，由于物业成本较高且被监管用于偿付资产支持专项计划，因此需综合考虑物业公司净现金流情况，并由关联方承诺对物业公司的成本支出给予流动性支持。

我国的资产证券化起步较晚，目前存在的市场较小，交易品种较为单一，还有巨大的发展潜力和空间。随着物业收入资产证券化的推出，进一步拓宽了中国金融产品的组合区间，对有长期资产配置需求的机构进行需求细分，丰富了国内金融市场的层次和产品。在企业获得新的融资渠道的同时，也为投资者提供了不同类型的产品选择。

在这个过程中，需要注意以下四个问题：

（1）现金流的监管及分配。业主定期缴纳当期物业管理费，由物业管理公司代收，定期归集给资管计划，资管计划归集后先扣除各项税费，再定期向优先级委托人支付当期预期收益及应偿付投资本金，剩余部分按年度向次级委托人分配。

（2）资金归集。物业管理公司为特定物业未来的物业管理费收入开立单独的银行监管账户，用于归集其物业费收入，并接受指定托管金融机构的监管。在收取当期物业费后的十个工作日内，将其归集至该金融机构指定银行账户。

（3）补足义务。若当期物业费收入低于约定金额或指定期限内未收齐，应由物业管理公司补足；若其未在约定时间内补齐的，则托管机构有权要求计划中的担保机构补齐。

（4）回购义务。若某个特定物业的业主委员会取消物业管理公司的物业管理权，则托管机构有权要求物业公司或担保人回购特定物业未来剩余期限内的收费权。

8.3.2 资产证券化在中国房地产融资中的应用模式

资产证券化在我国房地产企业融资中的应用主要是，房地产企业通过将不动产财产或不动产财产的收益权作为底层资产，以其未来产生的运营收入或应收账款作为现金流来源，将不易变现的不动产财产或应收账款进行证券化，向投资者募集资金以实现其资金融通的过程。

随着我国金融市场的发展，资产证券化出现在我国金融市场已有10年时间，但是较晚应用于我国房地产企业融资中，目前来说市场还不够成熟，这是由我国房地产市场的发展特征所决定的。以前在开发商拿地之后，开发房地产的资金主要通过销售来实现迅速回笼，并且回笼的资金再购买土地投入下一个项目的建设及销售中，所以，对房地产企业来说，资产证券化的融资模式吸引力不大。但当我国人口红利逐渐消失、人均住房需求基本得到满足之后，我国从“增量房”时代进入了“存量房”时代。开发商想通过建设销售型住宅迅速回笼资金的愿望已经很难实现。资产证券化通过存量物业的现金流为房地产企业盘活存量资产，能够很好地解决开发商回笼资金的难题，伴随着我国金融市场不断成熟、金融创新不断推出，资产证券化的操作模式也越来越丰富，房地产资产证券化也随着房地产市场的发展以及房地产市场不同主体的诉求，探索出了丰富多样的融资模式。我国房地产类资产证券化产品主要以类房地产投资信托基金（类REITs）、商业房地产抵押贷款支持证券（CMBS）和商业房地产抵押贷款支持票据（CNBN）三大类为主。截至2017年12月31日，在信贷ABS市场中已有5单类REITs及CMBN产品在银行间债券市场上市，累计发行规模151.53亿元。其中，1单类REITs产品在信贷ABS市场发行成功，发行规模5.54亿元；4单CMBN产品在ABN市场发行成功，发行规模146.00亿元。在企业ABS市场中，已有48单类REITs及CMBS产品在上海/深圳证券交易所以及报价系统上市，累计发行规模 1310.80 亿元。其中，类 REITs 产品 29 单，合计规模 643.99 亿元；CMBS 产品 19 单，合计规模 666.81 亿元。[①]

除了以上的类 REITs 及 CMBS 模式，资产证券化在房地产企业融资中的应用还有将购房者的购房尾款回笼现金流作为底层资产的购房尾款资产证券化等非特定资产证券化产品。为了便于分析和讨论，下文将资产证券化在房地产企业融资中的应用分为抵押型房地产资产证券化、权益型房地产资产证券化、其他类房地产资产证券化三大类模式进行介绍。

1. 抵押型房地产资产证券化

抵押型房地产资产证券化是指通过信托贷款、银行贷款等方式给项目公司发放经营性物业抵押贷款，并将对项目公司的信托收益权或贷款债权当作基础资产发行资产支持证券，将商业物业未来的租金收益作为还款来源的证券化活动。

抵押型房地产资产证券化在我国通常被称为商业房地产抵押贷款支持证券（CMBS），但我国现阶段的 CMBS 与国际上标准的 CMBS 尚存在差别。从我国目前发行的几单商业抵押贷款证券产品来看，该类产品均是单一借款人将其单一商业资产或几个商业资产抵押给银行或信托，向原始权益人融资，而原始权益人一般为借款人的母公司或集团公司。原始权益人进一步将自己持有的对借款人（子公司）的债权或信托收益权转让给资产支持专项计划，实现资产证券化融资。而国际标准的 CMBS 通常是以多个借款人的多处分散的物业资产作为底层资产发行资产支持证券，随着我国资本市场的不断成熟，我国的 CMBS 会越来越接近国际标准类型。所以，可以说我国目前的 CMBS 只是美国等发达国家 CMBS 的一个发展阶段。

我国目前除了可在交易所发行的 CMBS，还发展出了银行间交易商协会的商业房地产抵押贷款支持票据（CMBN）产品。CMBN 与 CMBS 除了发行市场及监管机构不同，操作模式基本相同，即不改变融资人对底层资产物业的控制权和所有权，通过资产抵押进行融资。但相对交易所的

---

① 《2017 年中国资产证券化市场年报》，www.sohu.com/a/213882263_481882，2017 年 12 月 31 日。

CMBS，银行间交易商协会的 CMBN 可以采用公开发行、一次注册多次募集的方式，其流动性较高，投资门槛较低，相比 CMBS 融资成本更有优势。

在交易结构上，抵押型房地产资产证券化的核心是底层资产需要先形成抵押贷款债权，其次再将债权或债权的某种形态（如信托受益权）转让给专项资产支持计划发行证券。在构造基础债权时，由于我国法律对贷款人的发放主体有严格限制，通常需要银行或信托等机构作为中间通道来发放委托贷款，形成清晰的债权债务关系。所以，根据是否通过信托发放委托贷款构造资产支持票据（SPV），可将该类资产证券化的交易结构分为单 SPV 结构和双 SPV 结构。

单 SPV 结构（见图 8－2），即在构造基础债权时，原始权益人（通常为借款人的母公司或其集团公司）直接通过银行委托贷款，向其子公司发放借款，子公司将其物业资产抵押给委贷银行作为增信措施。其次，原始权益人将其持有的对借款人（子公司）的委托贷款债权转让给专项资管计划或资产支持票据，获取专项资管计划或资产支持票据的对价，最终实现融资。

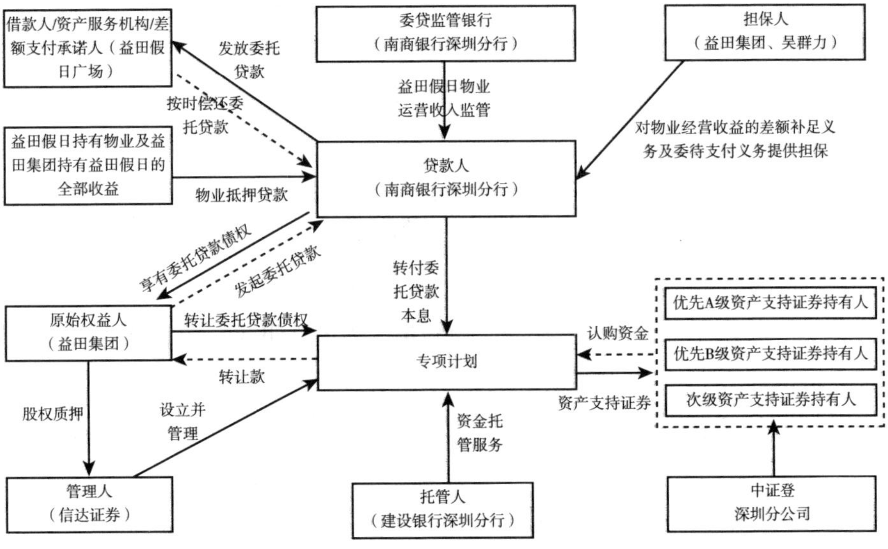

图 8－2　CMBS 的典型交易结构（以深圳益田假日广场项目为例，单 SPV 结构）

资料来源：《深圳益田假日广场资产支持专项计划说明书》。

双 SPV 结构（见图 8－3），即在构造基础债权时，信托公司成立单一资金信托计划（SPV1），原始权益人通过认购单一资金信托计划向借款人发放贷款。原始权益人再将其持有的全部信托计划的受益权转让给专项资管计划或资产支持票据（SPV2），最终实现融资。

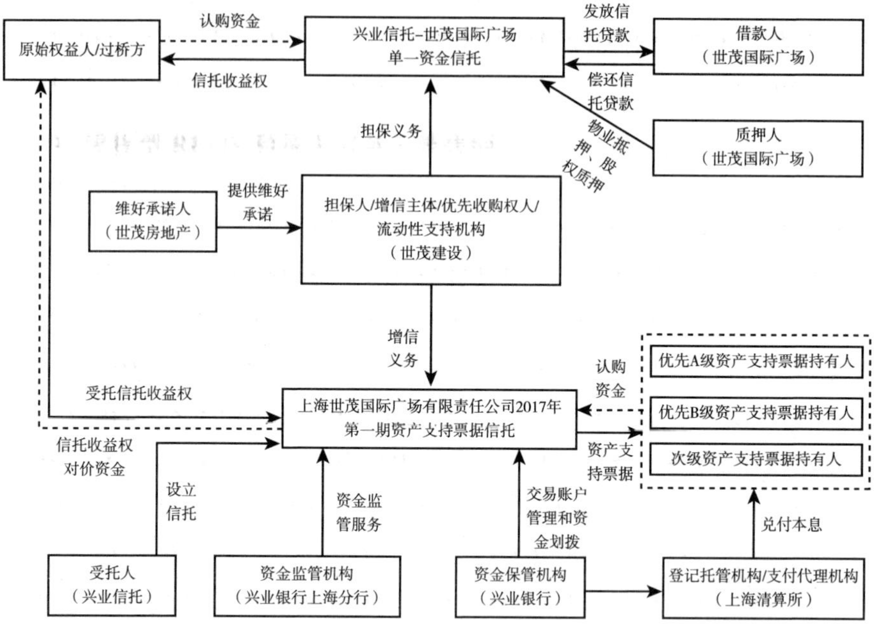

图8－3 CMBN的典型交易结构（以上海世茂国际广场项目为例，双SPV结构）

资料来源：《上海世茂国际广场有限责任公司2017年第一期资产支持票据募集说明书》。

在基础资产及现金流分配方面，抵押型房地产资产支持证券的基础资产是信托受益权或银行委托贷款债权。借款人以底层物业租金、物业费、停车费等收入向信托或银行偿还贷款本息，信托或银行将收取的贷款本息扣除相关费用后支付给专项计划，专项计划继而向投资人分配收益（见图8－4）。

由于其最底层现金流来源于物业的未来收入，银行或信托需要将其现金流通过开设专款账户进行归集。资产支持证券的交易文件通常对现金流分配流程做了明确约定，以保护投资者的收益及本金安全。在正常情况下，专项计划从信托或银行获得现金利息或本金后，首先扣除专项计划需要缴纳的各项税费及计划管理人管理费，向优先A级资产支持证券持有者分配收益，向优先B级资产支持证券持有者分配收益，向优先A级资产支持证券分配本金，向优先B级资产支持证券分配本金，最后向次级资产支持证券分配本金及剩余全部资金。

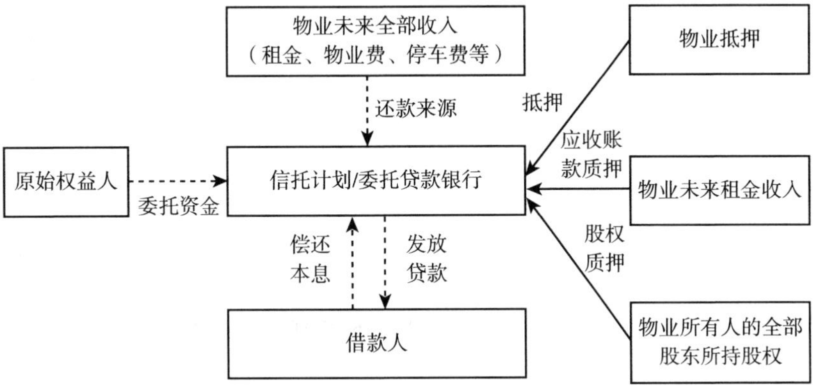

图8-4 抵押型房地产资产证券化的现金流分配

2. 权益型房地产资产证券化

我国当前的权益型房地产资产证券化，主要是指直接或间接持有不动产的权利人通过资产过户（包含资产转让或股权转让）给特殊目的载体，特殊目的载体将底层资产所产生的运营净收入作为还款来源发行资产支持证券，进行募集资金的活动。该模式的资产证券化过程强调资产过户和交易，权益型房地产资产证券化在不动产的投资收购阶段、运营持有阶段以及销售退出阶段发挥重要的杠杆作用，是我国当前房地产资产证券化的主要模式，这种模式类似于国际上的“不动产投资信托基金”（real estate investment trusts，REITs），但由于当前我国的该类证券化产品与国际上标准REITs相比有诸多不同，且尚不能公开上市交易，所以又称作类REITs、私募REITs或者准REITs，为了便于讨论，下面将其称为类REITs。国际上的标准REITs不属于资产证券化产品，但由于我国目前的类REITs在顶层结构中通过发行资产支持证券向投资者募集资金，因此仍被划为资产证券化产品。

REITs通过发行股份或者收益凭证来集合普通公众投资者资金，形成投资信托基金，管理人代表基金委托专门的投资机构进行房地产投资以及经营管理，基金将投资运营的综合净收益按比例分配给投资者。房地产信托投资基金主要通过集中投资于可带来稳定收入的房地产项目，包括商场、写字楼、酒店、服务式公寓、养老地产、工业厂房等，以租金收入以及物业本身的升值为投资者提供定期收益和分红。国际上的标准 REITs 可根据投资需要，设立为开放式或封闭式，对于投资者来说，其买卖和股票一样方便，具有较高的流动性，且基金投资多处地区的多个物业，有较强的风险分散性。由于其有免税功能和抗通胀能力，从长期来看，REITs 相对有较高收益，并且分红稳定。

我国尚未出台与国际上标准 REITs 相同的政策，也没有真正的标准 REITs 落地，但由于 REITs 独特的优势，我国房地产企业、不动产基金、金融机构等都对该类产品有不断的探索和尝试，目前我国已发行许多单类 REITs 产品。截至 2017 年 12 月，经由基金业协会备案确认的类 REITs 产品共有 26 单，累计发行规模达 600 多亿元。

图 8－5 展现了一般 REITs 结构形式。

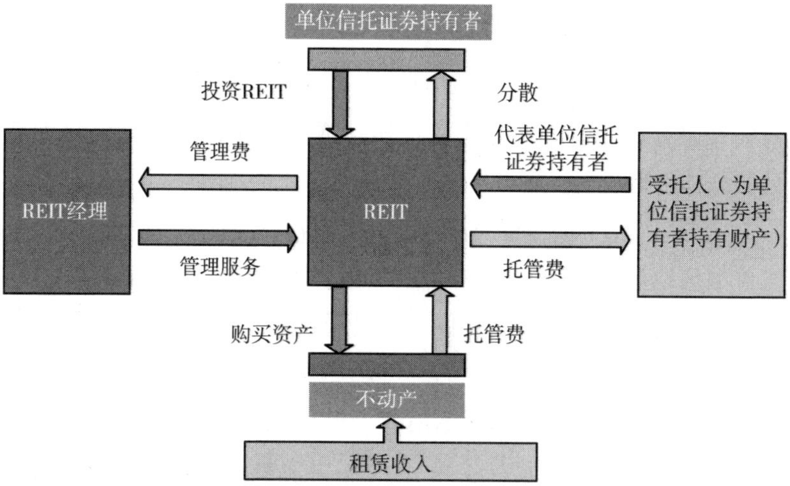

图 8－5　一般 REITs 结构形式

在交易结构方面，我国发行的类 REITs 产品基本上都是采用“项目公司—私募基金—专项计划”的交易结构，即计划管理人成立专项计划持有私募基金份额，私募基金持有不动产所属项目公司股权，项目公司主体来运营管理不动产的模式（见图 8－6）。且为了税收筹划，私募基金通常对项目公司以股＋债的模式进行投资。如果项目公司没有存量债务，那么在收购之前需要构建债务，使未来项目公司所产生的资本化利息与项目运营净现金流持平，项目公司层面无须缴纳所得税，从而避免了双重交税的问题。

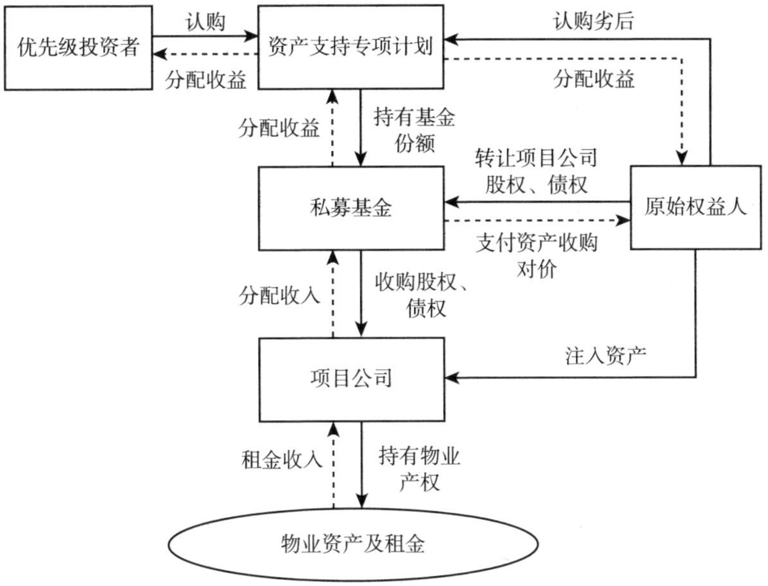

图 8-6　类 REITs 模式交易结构

3. 其他类房地产资产证券化

从房地产企业融资的角度，其他类房地产资产证券化产品还包括购房尾款资产证券化。购房尾款资产证券化是以购房尾款作为基础资产，房地产企业通过将购房尾款所形成的应收账款筛选后打包，出售给特殊目的载体，特殊目的载体以购房尾款产生的后续可预测的、持续稳定的现金流作为本息偿付来源，发行资产支持证券的一种证券化过程。购房尾款通常指在商品房销售过程中，购房人与房地产企业项目公司签订的《商品房买卖合同（预售）》（针对期房）或《商品房买卖合同》（针对现房）后，根据上述购房合同的约定，购房人先支付了部分首付款，剩余部分的尾款由购房人根据项目进度陆续支付给房地产企业，或者购房人通过银行按揭贷款，按揭贷款银行根据项目进度支付给房地产企业。

截至 2017 年底发行成功的购房尾款资产证券化产品都属于企业资产证券化产品，在深证证券交易所、上海证券交易所、机构间私募产品报价与服务系统发行。从 2015 年世茂购房尾款资产证券化首次发行成功以来，碧桂园、融信、融创、合生创展等房企也陆续发行成功。截至 2017 年底，交易所、机构间私募产品报价与服务系统共发行购房尾款资产支持证券产品18支，合计发行规模251.18亿元。其中，上海证券交易所发行14支，深证证券交易所发行成功1支，机构间私募与报价服务系统共发行3支。

购房尾款资产证券化的底层资产通常为多个项目公司的多个购房者的多笔购房尾款，为了保证基础资产的现金流稳定性和确定性，通常将众多项目公司的购房尾款转让给原始权益人（一般为项目公司的母公司或集团公司），原始权益人再将受让而来的购房尾款产生的应收账款转让给专项资产管理计划，专项资产管理计划募集投资者的资金后向原始权益人支付对价。购房尾款所产生的应收账款的账期较短，约为3~6个月，且到期日参差不齐，而专项计划的存续时间一般为2年以上。为了使房地产企业获得长期、稳定的融资资金，同时为了使专项计划获得稳定的现金流来源，购房尾款资产证券化设计了循环购买机制，即专项资管计划资产池已经回笼的购房尾款资金在确定的时间内再进行循环购买房地产企业新形成的购房尾款应收账款，从而使资产池和资金池匹配起来。为了增加证券端现金流的稳定性和确定性，原始权益人将为不合格的购房尾款提供赎回机制，同时作为差额支付承诺人为底层资产提供差额补足义务。购房尾款资产证券化交易结构如图8-7所示。

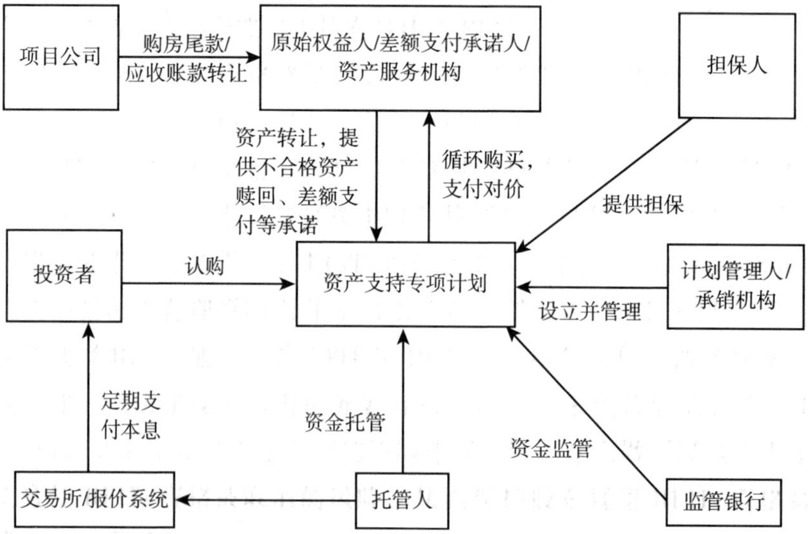

图8-7 购房尾款资产证券化交易结构

8.4 中国 REITs 前沿案例

8.4.1 渤海汇金－中信资本悦方 ID Mall 案例[①]

1. 计划概况

原始权益人为嘉强（上海）咨询有限公司；项目公司为湖南盈富置业有限公司；基金管理人为深圳汇智聚信投资管理有限公司；资产运营机构为信效商业管理（上海）有限公司；优先收购人为中信资本股权投资（天津）股份有限公司；SPC 为湖南悦方物业管理有限公司；SPC1 为湖南悦方企业咨询有限公司；计划管理人为渤海汇金证券资产管理有限公司；代销机构为中信证券股份有限公司；计划托管人为招商银行股份有限公司长沙分行；评估机构为深圳市世联土地房地产评估有限公司。

基础资产指由原始权益人直接持有的，并拟由计划管理人代表专项计划的利益，向原始权益人收购的私募投资基金全部基金份额。

私募投资基金已由基金管理人根据《私募投资基金监督管理暂行办法》及其他中国法律设立，并将在本专项计划设立前完成备案。原始权益人已于私募投资基金设立时认购私募投资基金 500.00 万元人民币等值的份额。由计划管理人代表专项计划的利益，根据《基金份额转让协议》的约定购买原始权益人持有的私募投资基金份额。

专项计划取得基金份额后，同时承继原始权益人在《基金合同》及《基金份额认购书》项下实缴剩余全部基金出资的义务，并于专项计划设立日实缴剩余全部基金出资合计人民币 274800.00 万元人民币。前述基金出资实缴到位后，私募基金募集完毕。私募基金将按照《基金合同》约定的方式进行投资。

2. 投资标的

本专项计划之目标资产为项目公司持有的位于湖南省长沙市天心区坡子街 216 号约 108471.24 平方米的房屋（悦方 ID Mall）及其占用范围内土地的

---

① 资料来源：作者根据上海证券交易所、深圳证券交易所公开资料整理。

国有土地使用权。目标资产由两幢塔楼和裙房组成，地上总高31层、地下3层，钢混结构，两幢塔楼为住宅楼（不属于本项目之目标资产），裙房为商业用房，地下部分为商业用房和车库，目标资产分为南广场和北广场，北广场为地下2层和地上5层，2011年建成；南广场为地下3层，2015年建成。

3. 计划运作结构及概括

在专项计划设立前，项目公司原境外股东斯得集团在境内新设立SPC1，上海嘉强在境内新设立SPC；SPC1与斯得集团签订《项目公司股权转让协议1》，约定在专项计划设立的前提下SPC1拟向斯得集团购买项目公司之股权，并且约定当斯得集团偿还完毕“中信境外贷款合同”下的债务后，项目公司股权自动转让至SPC1名下，并办理相关工商变更手续；SPC与SPC1签订《项目公司股权转让协议2》，约定在专项计划设立的前提下SPC拟向SPC1购买其从斯得集团购买获得的项目公司之股权，项目公司股权对价为27.50178096亿元，并且约定当SPC向SPC1支付股权对价款达到25.40178096亿元后，项目公司之股权由SPC1转让至SPC，SPC1应协助办理完成相应的工商变更手续；为避免歧义，SPC向SPC1支付的25.40178096亿元，分两笔支付给SPC1，其中第一笔为9.02亿元。当SPC1及斯得集团已根据《项目公司股权转让协议1》的约定办理完毕项目公司全部股权转让至SPC1名下所涉的工商变更手续、项目公司已就此获得换发后的《营业执照》，且项目公司已取得工商行政主管部门向其发放的关于办理项目公司全部股权转让至SPC名下所涉工商变更登记手续的受理通知书或具有同等法律效力的法律文件后，SPC向SPC1支付第二笔股权对价款16.38178096亿元；剩余股权对价款按照《项目公司股权转让协议2》相关规定支付。原始权益人通过基金管理人设立“悦方购物中心私募投资基金”，基金管理人代表“私募基金”向SPC之股东购买SPC之100%股权，截至专项计划设立日，SPC之100%股东为“私募基金”。

专项计划设立后，计划管理人（代表“专项计划”）向原始权益人购买其持有的私募基金全部份额，并依法取得该等基金份额。专项计划取得全部基金份额后，同时承继原始权益人在《基金合同》及《基金份额认购书》项下实缴剩余全部基金出资的义务，并于专项计划设立日实缴剩余全部基金出资合计人民币27.48亿元。

计划运作结构如图8－8所示。

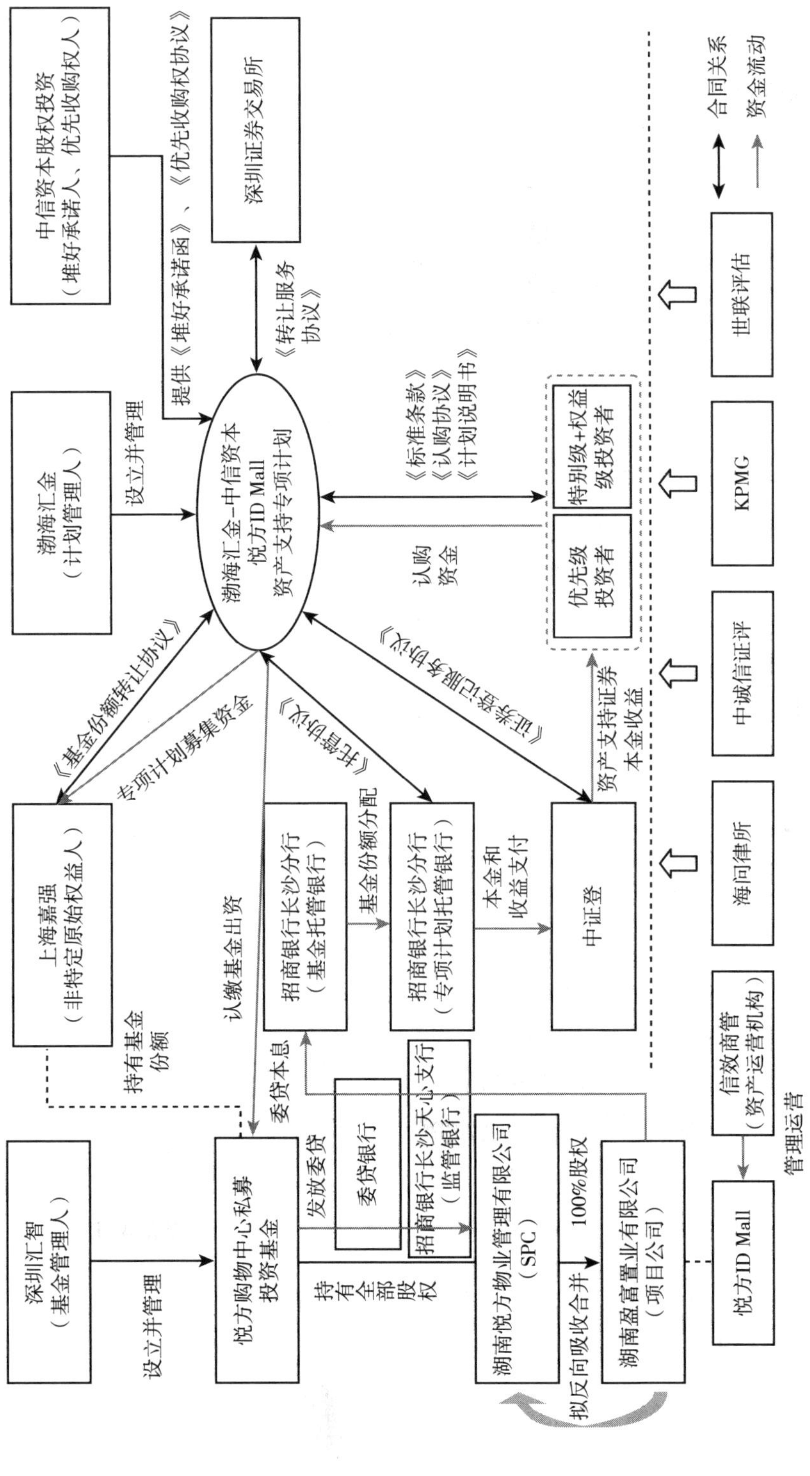

图 8-8 渤海汇金—中信资本悦方 ID Mall 计划运作结构

4. 盈利机制

专项计划普通分配的主要现金流来源于项目公司取得的基于目标资产产生的物业运营收入及从事与目标资产有关的业务而取得的其他收入。项目公司已与计划管理人、基金管理人及监管人共同签署《资金监管协议》，并根据《资金监管协议》的约定开立项目公司资金账户。在专项计划进行普通分配的情况下，项目公司收取的租金及其他收益将归集至项目公司受监管的资金账户，项目公司应当在委贷支付日（该日为T－11日，其中T为普通分配日）将该自然年度应付私募投资基金的借款利息和本金（如有）支付给私募投资基金。

基金管理人根据《基金合同》和《基金份额转让协议》的约定，委托基金托管人在其营业机构开立基金托管账户，私募投资基金的相关货币收支活动（包括但不限于接收基金份额持有人支付的认购资金/申购资金、根据本合同的规定进行对外投资、向SPC发放委托贷款、向SPC原股东支付收购SPC的股权转让款项、接收SPC偿还的委托贷款本息、向基金份额持有人进行基金份额利益分配、支付相关税费、基金管理费、基金托管费、基金行政服务费、委贷手续费、预留基金费用等一切货币资金收入和支出）均通过该账户进行。

5. 保障机制

（1）储备金机制。计划管理人应将划付到专项计划托管账户中的认购资金中的1500万元留存于储备金托管账户，并由计划托管人根据《标准条款》第12.3条约定的方式进行划付。

（2）资产抵押。项目公司根据《优先债抵押合同》和《次级债抵押合同》的约定将目标资产抵押予委贷银行（代表委托贷款）。

（3）定期评估。计划管理人应为专项计划聘请具有房地产估价机构资质的评估机构对目标资产进行跟踪评估。专项计划存续期间，评估机构应当于每年4月30日之前向资产支持证券持有人披露专项计划的上一年度的《定期跟踪评估报告》。

8.4.2 新派公寓权益型房托资产案例[①]

1. 计划概况

该专项计划安排了优先级和权益级的证券分层设计，优先级资产支持证券规模为1.3亿元，占比48%；权益级资产支持证券的规模为1.4亿元，占比52%。根据本专项计划的安排，在实现公开发行或处置时，优先级资产支持证券的预期收益和本金将优先于权益级资产支持证券获得偿付，在专项计划终止后进行清算分配时也遵循优先级证券优先受偿的顺序。权益级证券为优先级提供信用支持。

该专项计划基础资产系指由原始权益人（作为初始的基金份额持有人）在专项计划设立日转让给计划管理人的、原始权益人根据《基金合同》在契约型私募基金持有的全部契约型私募基金份额。私募股权基金计划规模不超过人民币2.6亿元，具体以私募基金实际募集的资金金额为准。首期募集金额为人民币300万元。

2. 投资标的

标的物业系指位于中国北京市朝阳区百子湾路40号楼「新派公寓」公寓房地产，公寓总建筑面积为5711.57平方米，是地下3层至地上12层独栋公寓，钢混结构。标的物业于2014年翻新装修，于2014年6月正式开业，地上1层至12层共计101间房，主力户型为40平方米、50平方米、55平方米及60平方米一室一厅；地下1层及2层为自用办公、员工餐厅、无人超市、会议室等。

3. 计划运作结构及概括

由天津赛富盛元投资管理中心作为基金管理人；左邻右舍（北京）投资管理有限公司为原始权益人；渤海汇金证券资产管理有限公司作为计划管理人；优先收购权归属为青年乐（北京）企业管理有限公司；招商银行股份有限公司北京分行作为专项计划托管银行；深圳市戴德梁行土地房地

① 资料来源：作者根据上海证券交易所、深圳证券交易所公开资料整理。

产评估有限公司作为资产评估机构。

计划管理人在专项计划设立日当日通过专项计划托管银行划拨人民币300万元向原始权益人购买基础资产（即原始权益人根据《基金合同》在契约型私募基金下持有的全部契约型私募基金份额）。计划管理人购买基金份额后，即成为契约型私募基金的基金份额持有人。根据《基金合同》及《基金份额转让协议》向契约型私募基金实缴出资，缴纳资金2.57亿元。

计划管理人于专项计划设立日当日向专项计划托管银行发出划款指令，指示专项计划托管银行将专项计划资金中等额于《基金合同》及《基金份额转让协议》约定的剩余基金实缴出资部分金额划拨至契约型私募基金的募集结算账户，并由契约型私募基金的监督机构根据《募集结算账户监督协议》的约定于当日将该等款项划拨至基金专户。

青年乐对标的物业进行受托运营管理，根据《委托管理协议》，在专项计划存续期间，物业运营方承诺标的物业将至少达到如下业绩保障指标：在任一标的物业运营收入回收期内，SPV运营净现金流均达到人民币800万元。如果截至任一标的物业运营收入计算日，SPV运营净现金流的金额未达到业绩保障指标中的SPV运营净现金流的金额，青年乐应按照《委托管理协议》的约定支付SPV运营净现金流补足金额。

计划运作结构如图8－9所示。

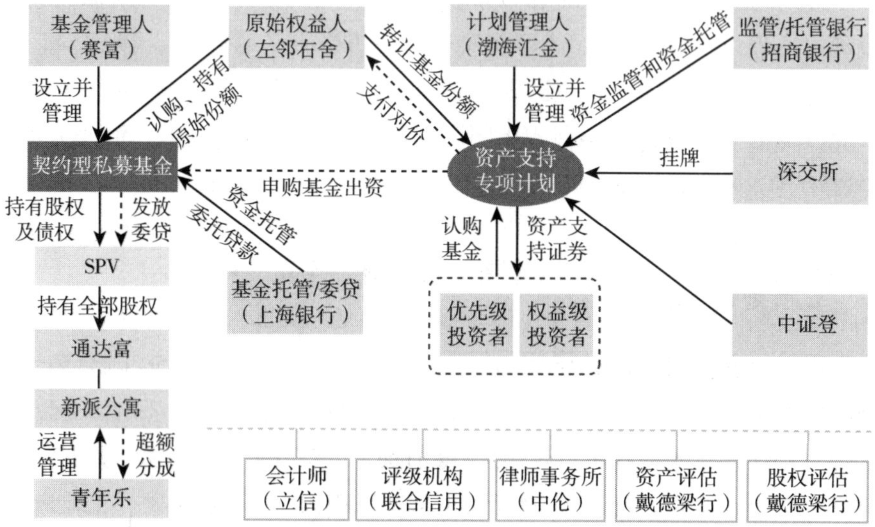

图8－9 新派公寓权益型房托资产计划运作结构

4. 盈利机制

专项计划成立后，假设标的物业出租的用途不变，根据《委托管理协议》及经营计划，SPV 向租户收取租金收入和综合配套费收入。SPV 与租户签订合同期限为 1 年，每年续签。

SPV 系指在“监管银行”开立的专门用于收取“SPV 运营收入”“通达富”向“SPV”偿还的“目标债权”的本金和/或利息以及“通达富”向“SPV”分配的股息、红利等股权投资收益等款项，并对外进行支付的人民币资金账户。

通达富系指“通达富”在“监管银行”开立的专门用于收取“通达富运营收入”等款项，并对外进行支付的人民币资金账户。

租户按照签订合同所约定的缴纳频率，将租金缴纳至 SPV 的监管账户；在过渡期，由青年乐代收的租户租金，青年乐应自收到每笔租金之日起数个工作日内支付至 SPV 监管账户。在总租租金支付日，“SPV”应按照《SPV 整租合同》的约定向“通达富”支付“SPV 总租合同”项下的总租租金。此后，在目标债权还款日，通达富应按照《股权及债权转让协议》的约定向 SPV 偿还股东借款本金。在委托贷款债权还款日，“SPV”按照《委托贷款合同》的约定，向“基金管理人”（代表“契约型私募基金”）偿还“委托贷款债权”的本金和/或利息。

具体现金流分配情况如图 8－10 所示。

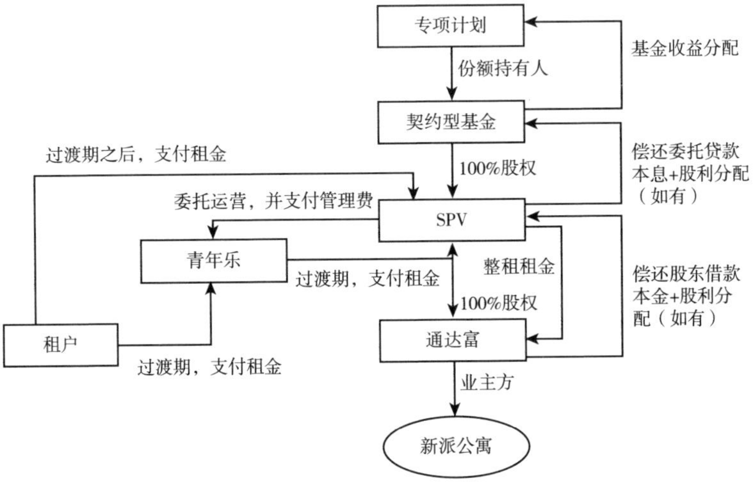

图 8－10 新派公寓权益型房托资产计划各方现金流分配情况

5. 保障机制

（1）储备金机制。计划管理人应于专项计划设立日当日，将划转至专项计划账户的专项计划募集资金中的人民币500万元作为储备金，在专项计划账户的储备金科目项下记账。该等储备金用于保障投资者的分配。在专项计划收付科目中可供分配的资金不足以支付普通分配下所有应付金额之和时，则将等值于短缺金额的款项转入收付科目。

（2）不动产资产抵押。项目公司将其所持有的标的物业资产抵押给委托贷款银行。深圳市戴德梁行土地房地产评估有限公司对标的物业出具《房地产估价报告》，标的物业评估值合计约为3.15亿元，对优先级证券的覆盖倍数为2.42，对资产支持证券的覆盖倍数为1.17，可为优先级资产支持证券提供有效增信。

（3）提前处置机制。资产评估机构在专项计划设立日后每个自然年度的12月31日对标的物业价值完成重新评估并确定相应评估价值。如果某一次估值数据较标的物业初始评估值降低20%，且经“优先级资产支持证券持有人”要求，“专项计划”进入专项计划处置期。

8.4.3 首誉光控—光控安石大融城资产案例①

1. 计划概况

本专项计划安排了优先/次级的证券分层设计。优先级资产支持证券规模为16亿元，其中优先A档资产支持证券规模为13亿元、优先B档资产支持证券规模为3亿元；次级资产支持证券的规模为9亿元。根据本专项计划的安排，在实现公开发行或处分时，优先级资产支持证券的预期收益和本金将优先于次级资产支持证券获得偿付，在专项计划终止后进行清算分配时也遵循优先级证券优先受偿的顺序。

2. 投资标的

本专项计划的物业资产为物业持有人重庆融科光控拥有的重庆观音桥

① 资料来源：作者根据上海证券交易所、深圳证券交易所公开资料整理。

大融城购物中心房产，该房产位于重庆市江北区观音桥步行街 8 号。该建筑主体结构为框架剪力结构，地上 7 层以上为公寓式住宅，地上 7 层以下和地下 3 层共 10 层楼为委托评估房产所在楼层，地上 7 层、LG 层为商用面积，B1F、B2F 为车库及设备用房，实际经营建筑面积 128657.56 平方米，2015 年出租面积达到 86636.41 平方米。

3. 计划运作结构及概括

计划管理人为首誉光控资产管理有限公司；原始权益人为上海雷泰投资中心（有限合伙）；托管人为中国民生银行股份有限公司北京分行；基础资产优先收购权人为中国光大控股有限公司；代理销售机构为光大证券股份有限公司和中银国际证券有限责任公司；基金管理人员为光控安石（北京）投资管理有限公司；基金托管人为中国民生银行股份有限公司；物业持有人为重庆融科光控实业发展有限公司。

认购人通过与计划管理人签订《认购协议》，将认购资金以专项资产管理方式委托计划管理人管理，计划管理人设立并管理专项计划，认购人取得资产支持证券，成为资产支持证券持有人；计划管理人根据《基金份额转让协议》的约定，在专项计划设立日设定时间之前向托管人发出付款指令，指示托管人将专项计划发行收入中等额于 3000 万元的金额作为基金份额购买价款划拨至原始权益人指定的账户，用于购买基金份额。托管人应根据《基金份额转让协议》及《托管协议》的约定对付款指令中资金的用途及金额进行核对，核对无误后应于专项计划设立日设定时间前予以付款；计划管理人购买基金份额后，即成为私募基金的基金份额持有人，应根据《基金合同》及《基金份额转让协议》的约定，履行向私募基金实缴基金出资的义务；在监管银行核算日，监管银行应对委贷监管账户内资金进行核算，于当日以传真或双方认可的其他方式通知基金管理人账户内资金金额。计划管理人按照《标准条款》规定的分配顺序拟定当期收入分配方案，制作《收益分配报告》和《当期资产管理报告》。托管人在核实《收益分配报告》和《当期资产管理报告》及划款指令后，于运作期托管人划款指定时间前按划款指令将专项计划当期应分配的资产支持证券所有收益和本金划入登记托管机构指定账户。

计划运作结构如图 8－11 所示。

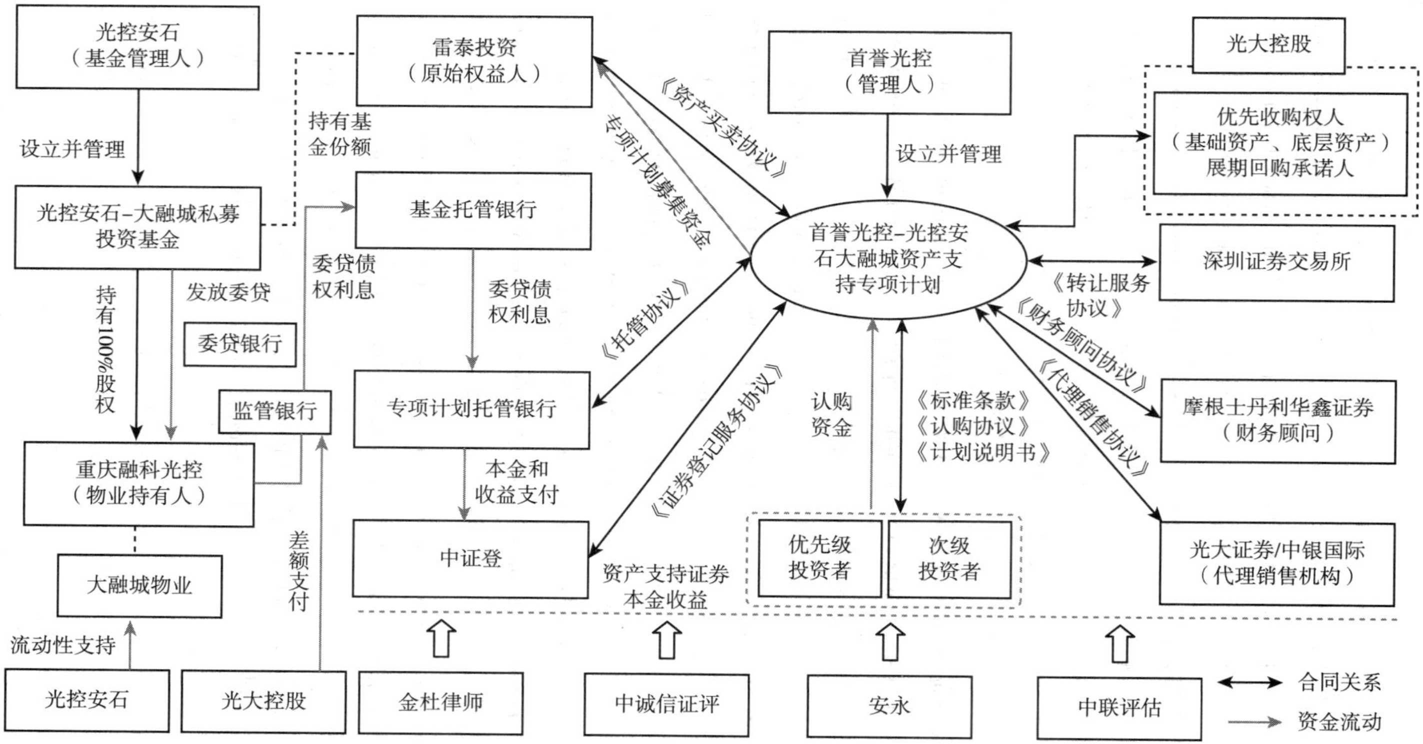

图 8-11　首誉光控—光控安石大融城资产计划运作结构

4. 盈利机制

计划管理人应根据交易文件约定，将专项计划资金投资于基础资产，即购买私募基金份额、履行向私募基金实缴基金出资的义务；私募基金通过委托贷款银行向物业持有人发放委托贷款合同约定本金金额的委托贷款，并以《特定计划—私募基金股权转让协议》约定的转让对价受让重庆融科光控100%股权，间接持有并控制物业资产。

计划管理人可以在有效控制风险、保持流动性的前提下，以现金管理为目的，指示托管人将专项计划账户中待分配的资金进行合格投资，即将专项计划账户内的资金在向原始权益人购买基础资产并在成为基金份额持有人后实缴基金出资，按照《基金合同》的约定间接对物业资产进行投资后，专项计划账户中的资金可以投资于银行存款、大额存单、货币市场基金、短期融资券、质押回购（包括协议式质押回购）以及监管机构认可的其他风险较低、变现能力较强的固定收益类产品。

专项计划资金进行合格投资的全部投资收益构成回收款的一部分，托管人应根据计划管理人的划款指令将投资收益直接转入专项计划账户项下的回收款科目，如果计划管理人收到该投资收益的退税款项，应将该款项作为回收款转入回收款科目。

5. 保障机制

（1）不动产抵押机制。本专项计划的物业资产为重庆观音桥大融城购物中心，根据光控安石、重庆融科光控和委托贷款银行签署的《委托贷款合同》，重庆融科光控将其所持有的物业资产重庆观音桥大融城购物中心抵押给委托贷款银行。根据中联资产评估集团有限公司出具的《重庆融科光控实业发展有限公司所属大融城房产拟通过设立投资基金的形式实现资产证券化评估项目资产评估报告》，重庆融科光控所属重庆观音桥大融城购物中心评估值25.017246亿元，是优先级资产支持证券发行规模的1.56倍，对优先A档资产支持证券本金的覆盖倍数分别为1.92倍，可为优先级资产支持证券提供有效增信。

（2）处置机制。专项计划设有提前终止事件，约定在专项计划固定运作期内，物业顾问于每年物业顾问报告日出具《物业估值报告》，若物业资产的估值低于每年度物业评估阈值（物业评估阈值于专项计划运作期第一年为初始评估值的85%，于第二年为80%，于第三年为75%），则有控制权的资产支持证券持有人大会有权决定是否提前终止专项计划运作期，进入专项计划处置期。

8.4.4 畅星—高和红星家居商场资产案例①

1. 计划概况

本专项计划安排了优先级和次级的证券分层设计，优先档资产支持证券规模为18.0亿元，占比68%；次级资产支持证券的规模为8.5亿元，占比32%。根据本专项计划的安排，在实现公开发行或处置时，优先级资产支持证券的预期收益和本金将优先于次级资产支持证券获得偿付，在专项计划终止后进行清算分配时也遵循优先级证券优先受偿的顺序。次级证券为优先级提供信用支持。

专项计划基础资产系指由原始权益人（作为初始的基金份额持有人）在专项计划设立日转让给计划管理人的、原始权益人根据《基金合同》在契约型私募基金“高和红星天津家居商场私募股权基金”项下持有的全部契约型私募基金份额。高和红星天津家居商场私募股权基金计划规模不超过人民币26.5亿元，首期募集金额为人民币500万元。

2. 投资标的

标的物业“红星美凯龙（河西店）”系指中国天津市河西区黑牛城道与解放南路交口美龙建材商厦1号1门、2号1门“红星美凯龙（河西店）”商业及办公房地产，为1栋商业办公物业，地上9层，建成于2003年。总建筑面积为69766.47平方米，于2016年12月31日之房地产市场价值为人民币1729900000元。

---

① 资料来源：作者根据上海证券交易所、深圳证券交易所公开资料整理。

3. 计划运作结构及概括

计划管理人为渤海汇金证券资产管理有限公司；基金管理人为天津畅和股权投资基金管理有限公司；原始权益人为北京畅和信股权投资中心（有限合伙）；优先收购权人为红星美凯龙家居集团股份有限公司；专项计划托管银行为中国光大银行股份有限公司天津分行；资产评估机构为深圳市戴德梁行土地房地产评估有限公司；会计师事务所为德勤华永会计师事务所（特殊普通合伙）。

计划管理人应根据《基金份额转让协议》的约定，在专项计划设立日当日向专项计划托管银行发出划款指令，指示专项计划托管银行将专项计划资金中的人民币500万元划拨至原始权益人指定的账户，用于购买基础资产（即原始权益人根据《基金合同》在契约型私募基金项下持有的全部契约型私募基金份额）。

计划管理人购买基金份额后，即成为契约型私募基金的基金份额持有人，应根据《基金合同》及《基金份额转让协议》的约定，向契约型私募基金履行实缴出资的义务，缴纳资金26.45亿元。计划管理人应于专项计划设立日当日向专项计划托管银行发出划款指令，指示专项计划托管银行将专项计划资金中等额于《基金合同》及《基金份额转让协议》约定的剩余基金实缴出资部分金额划拨至基金专户。

红星美凯龙及其子公司上海红星美凯龙品牌管理有限公司与项目公司、烟台红星和天津畅和签订《委托经营管理合同》，约定未来18年内对标的物业进行受托经营管理。红星美凯龙承诺，应实现在委托经营管理期限内，每个标的物业经营现金流核算期的标的物业可分配净现金流目标值。标的物业可分配净现金流初始目标值为1.46亿元，每经三个标的物业经营净现金流核算期，该目标值增长6%。

计划运作结构如图8-12所示。

4. 盈利机制

该计划通过物业租金及物业管理费收入获得主要收入。

盈利机制如图8-13所示。

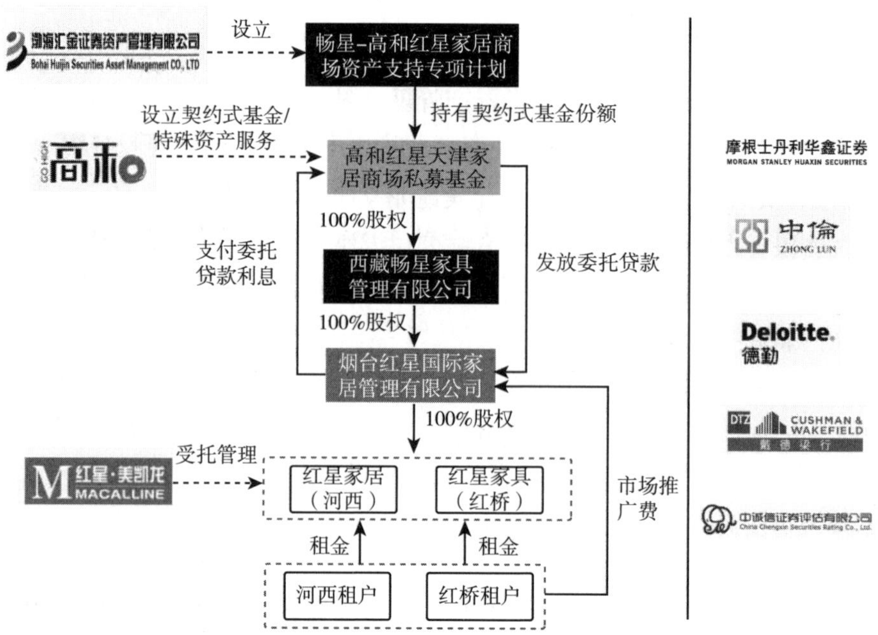

图 8－12　畅星—高和红星家居商场资产计划运作结构

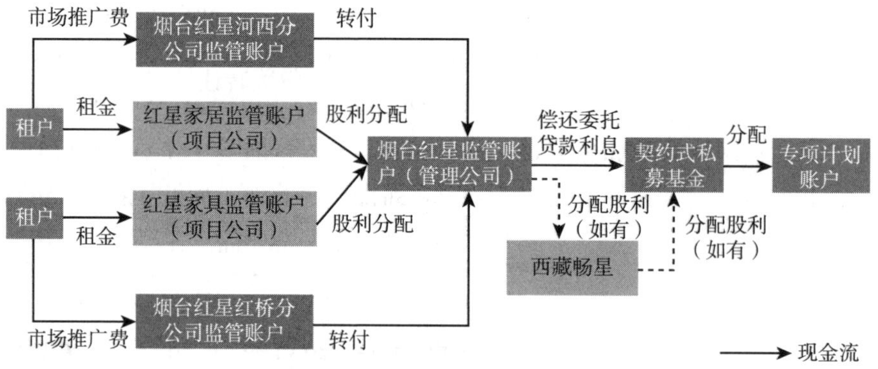

图 8－13　畅星—高和红星家居商场资产计划盈利机制

5. 保障机制

（1）不动产抵押机制。项目公司将其所持有的标的物业资产（两栋红星美凯龙家居商场）抵押给委托贷款银行。深圳市戴德梁行土地房地产评估有限公司对标的物业出具《房地产估价报告》，标的物业评估值合计约为 28.92 亿元，对优先 A 档证券的覆盖倍数为 2.11，对优先级资产支持证券的覆盖倍数为 1.61，可为优先级资产支持证券提供有效增信。

（2）股权质押担保。烟台红星作为处置人，与中国光大银行股份有限公司天津分行签订《质押合同》，将项目公司股权质押给委托贷款银行，为优先级资产支持证券提供增信。

（3）提前处置机制。资产评估机构应在专项计划设立日后每个自然年度的 12 月 31 日对标的物业价值完成重新评估并确定相应评估价值。如果某一次估值数据较标的物业初始评估值降低 20%，则计划管理人或特殊资产服务商应提交资产支持证券持有人大会决定是否进入专项计划处置期。

第 9 章

房地产市场 REITs 融资方式分析

9.1 房地产投资信托 REITs

9.1.1 REITs 的概念介绍

REITs 即房地产信托投资基金，是一种通过发行股份或受益凭证汇集资金，由专门的托管机构进行托管，并委托专门的投资机构作为管理人进行房地产投资经营管理，将投资综合收益按比例分配给投资者的一种信托投资基金。

房地产信托投资基金通过募集资金集中运作，充分发挥管理人的专业投资优势，并将募集资金主要投资于可带来收入的房地产项目，如商场、写字楼、酒店及公寓，依靠租金收入和房地产升值为投资者提供定期收入。

REITs 留存着传统信托的特点，那就是信托财产的独立、所有权与收益权相分离、有限责任和信托管理的连续性。作为一种房地产融资的创新方式，REITs 的特征还体现在以下五个方面。

1. 本质是投资基金

REITs 的本质是一种投资基金，和证券投资基金类似，两者最大的区别是投资方向不同。投资基金是一种投资者不主动管理资金，但需要承担风险的投资方式。在投资基金中，集合投资者的资金于投资基金，由投资基金甄选基金经理人进行管理，管理的结果好坏可以从投资者的选择中看出。当基金业绩表现较差时，投资者可以选择卖出或赎回份额。但是，与证券投资基金不同，REITs 可以通过对现存房地产的投资获取经营管理收益，而证券投资基金只能买卖证券，无法对发行证券的公司进行管理与经营，只能获得被动收益。

2. 能够引导不动产市场

通过 REITs，整个美国的中小型资金供给者可以有机会投资于资金需求较大的写字楼、商场等商业地产。REITs 采取股票或受益凭证的形式对投资标的物进行选择和积极管理。这些证券都可以上市交易，流通性很强。REITs 引导不动产市场的表现主要体现在两个方面。首先，大型基础设施建设可以从 REITs 中得到资金支持，有利于推动基础设施建设的进程；其次，REITs 在二级市场上交易，能有更多投资者参与进来，信息更加公开，二级市场投资者将起到一定的监督作用，优胜劣汰，保留业绩优秀的公共部门，从而使整个不动产市场良性循环，优秀的产品能够在金融市场中脱颖而出。

3. 享有税收优惠待遇

REITs 设立的初衷是为广大的中小投资者提供一种投资管道，使他们也能参与到高资金门槛的房地产行业中来，因此，美国国会给予了税收优惠支持其发展。REITs 在税法上是一个独立的经济实体，不属于应税财产，且免除公司税。因此，投资 REITs 可以获得有利的税收条件，避免双重纳税。

4. 参与主体多元

REITs 融资方式中，参与的对象主要有资金供给者、信托机构、资金托管机构、经营管理机构以及托管行等，其他对象还有地产中介、证券发行机构、证券销售机构和政府监督机构等利益相关者。

5. 享有公司制和合伙企业的双优势

一方面，基金份额持有者仅以自身的出资额为限承担基金的损失，这是公司制的典型优势；另一方面，基金份额的持有人只需要就自身收到的基金收益纳税，基金本身不再单独纳税，这体现了有限合伙的一种税收优惠。

9.1.2 REITs的发展历程

REITs在美国有上百年的历史，其最初出现在19世纪末的波士顿，但直到1960年《REITs法案》的颁布，才标志着现代REITs的正式诞生。20世纪五六十年代，经历了“二战”之后的美国，国内经济开始复苏，退伍军人不断回流，贫困居民经济水平不断提高，人们对住房的需求越来越高，REITs就是在此背景下发展起来的。1960年，美国总统签署《国内税收法》，决定不再将REITs与公司制组织等同，对REITs予以免税。在美国，REITs的发展可大致分为以下几个阶段。

1. 起步阶段

1960年，美国国会颁布了《REITs法案》，REITs获得国会授权，正式纳入法律的监管，个人投资者开始有机会通过REITs参与写字楼、商业街等收益性地产的投资。当时，整个行业持有的物业资产规模只有2亿美元，而且大部分REITs是由外部顾问管理，当时的法案禁止REITs直接经营或管理房地产。因此，早期的REITs发展较为缓慢，到1967年为止，美国只有38家权益型REITs。同时，当时REITs的组织形式不固定，是由很多管理公司共同发起的联合机构，因此产生了重大的利益冲突。

2. 成长期

1968~1974年是REITs的快速发展阶段，也是野蛮发展阶段。1967年，美国法律开始允许设立抵押型REITs，此后的1968~1974年，银行利率受到管制，REITs的发展达到巅峰。在此阶段，REITs的发展盲目且疯狂，规模扩张近25倍，投资范围增加到原来的2.5倍。从结构上看，抵押贷款型REITs的资产市值超过权益型REITs的总市值。

但是，20世纪70年代，受到国际石油输出国组织石油价格暴涨的冲击，经济形势急转直下。抵押型REITs由于其高杠杆的特性，导致严重的财务危机而纷纷倒闭。不过，REITs经过这段时间的发展被大众所熟知，为未来的发展打开道路。

3. 成熟期

20 世纪 70 年代中叶，银行信贷利率不断攀升，房地产过度开发，美国经济持续下滑，REITs 行业面临巨大的危机。当时的美国总统同意颁布《REITs 简化修正案》，将 REITs 的形式从原来的单纯信托模式拓展到公司制模式。此时的 REITs 既具有信托特征，又有上市公司的流动性优势，还有有限合伙制的税收优势。该法案对 REITs 的发展起到有力的推动作用。

1986 年，时任总统签署了《税制改革法案》，允许 REITs 自行内部管理，不需要聘请外部第三方进行资产管理。这促使 REITs 开始强调投资策略和管理理念，强调用权益资产替代抵押贷款资产，降低负债比率，从而加强了 REITs 的稳定性。

4. 高速扩张期

20 世纪 90 年代是 REITs 的高速扩张期。1991 年，美林公司承发了首支 REITs 份额，融得资金 1.35 亿美元，其标的是美国金科房地产公司旗下的购物中心业态。这意味着现代 REITs 时代的开启。

1992 年，纽交所上市公司、美国购物中心开发商陶布曼中心首次公开发行了一种新型结构的 REITs——伞形合伙 REITs，这种形式集合了诸多优势，且能规避一定的监管，成为后来 REITs 炙手可热的形式。

1993～1994 年，REITs 股票的高收益和银行低利率形成对比，吸引了大量的共同基金加入。REITs 的规模开始扩大。此轮 REITs 爆发带来了一批受人尊敬的房地产公司，如杜克物业、西蒙物业集团、DDR、金科地产集团等，它们能给公众投资者带来实实在在的股利分红。

1998～1999 年，亚洲金融危机的爆发使 REITs 再次受到打击。美国国内的 REITs 出现了负的收益。主要原因在于，国内信托单位竞争激烈，在不利预期下，部分投资者开始退出市场。同时，在当时的大背景下，房地产价格上涨，收益良好且价格合适的商业地产越来越少，投资者普遍认为 REITs 的业绩表现会下滑，因此开始退出 REITs 市场。无法在公开市场渠道募集资金的 REITs 只能通过私募和建立合资企业的方式解决资金短缺的问题，因此，在当时，REITs 筹集的资金总额仍在逐步攀升，私募资金来源成为 REITs 的主要特征。

5. 发展现状

经过半个世纪的发展，权益型 REITs 在竞争中获胜。2010 年末，83 家 REITs 市值超过了 10 亿美元，其中 20 家权益型 REITs 的市值超过了 50 亿美元。西蒙物业集团市值在 2010 年 12 月 31 日达到了 129 亿美元，被纳入标准普尔指数中。而在 1994 年末，只有几家 REITs 的市值超过了 10 亿美元。REITs 近期的新趋势是与机构投资者或个人共同组建联合企业（joint ventures，JVs）来开发、收购、持有投资级商业地产。在这个过程中，JVs 负责把待开发的物业、不成熟的或者近期开发的物业转移到 JVs，而 REITs 则负责提供管理和开发方面的专业技能，这种优势使 REITs 自身不负主要出资责任，却可以获得大比例的收益分成和管理费。

在市场成交量方面，美国 REITs 也表现出了非常高的活跃性，自 2001 年交易所上市 REITs 被纳入标普股票指数后，交易量始终保持着不断增长的趋势，到 2017 年日均成交量已经超过 70 亿美元。

相比美国十年期国债的收益率，美国权益类 REITs 的股息收益率在大多数时间都显示出了较为良好的表现，尤其是在 2008 年金融危机之后（见图 9－1）。

图 9－1 美国权益类 REITs 和十年期国债收益对比（1990～2017 年）

资料来源：万得（Wind）金融终端。

从总回报指数来看，美国的权益类 REITs 产品的收益从 2002 年前后就超过了标普 500 指数和罗素 2000 指数，即便是在 2008 年金融危机时，其表现也和其他两个指数基本持平。近年来随着美国房地产行业的持续回暖，美国权益类 REITs 的总回报指数一直远超标普 500 和罗素 2000 的表现，处于领跑地位（见图 9－2）。

图 9－2　权益类 REITs 和标普 500 及罗素 2000 的回报指数对比（1989～2017 年）

资料来源：万得（Wind）金融终端。

从平均的年回报和其标准差来看，近 20 年美国 REITs 以超过 10% 的平均年回报率遥遥领先，高于大多数产品，波动性表现甚至还优于纳斯达克综合指数，权益类 REITs 相比含有抵押类 REITs 的全 REITs 指数也体现出了更高的收益率和更强的波动（见图 9－3）。

9.1.3　REITs 的分类

1. 根据组织形式分类

根据组织形式分类，REITs 可分为公司型、契约型两种。

公司型 REITs 的组织形式以《公司法》为依据，通过设立 SPV 公司作为基金主体并通过向广大投资者发行股份的方式筹集资金，公司型

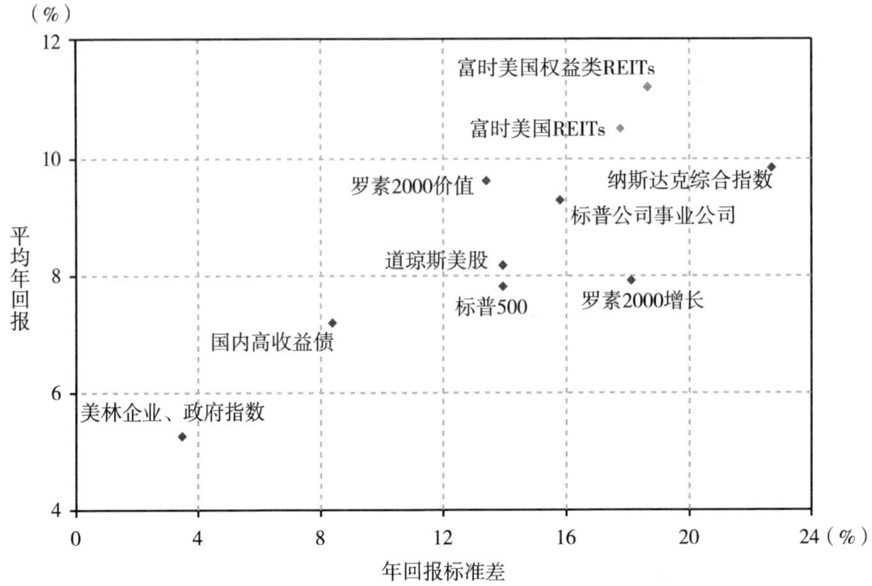

图 9-3 美国 REITs 与其他指数平均年回报和标准差比较（1997~2017 年）

资料来源：万得（Wind）金融终端。

REITs 具有独立的法人资格，以其公司资产为限投资于房地产资产，自主运作。其份额持有人实际为公司的股东，享有公司的委托管理及分享投资收益的权利。我国目前在税法制度方面对于公司型 REITs 并无完善的税制体系支撑，无法做到规避双重纳税，同时资产过户交易所产生的税费负担会直接影响投资收益，因此，公司型 REITs 目前在我国应用较少。

契约型 REITs，是投资人、经营管理商业信托的组织如投资银行或信托公司等，以及独立的第三方托管人（通常为商业银行）通过签订合同而形成的信托法律关系。我国目前的契约型 REITs 主要以信托公司的信托计划、证券公司及基金子公司的资产管理计划，以及基金公司的契约型基金为主要的组织形式。契约型 REITs 本身并非独立法人，而是属于一种资产管理计划，由基金管理人以自身的名义代表基金财产进行投资运作。由于契约型基金不涉及工商主体的注册，操作较为灵活简单，其本身也不是纳税主体，因此，目前我国的各类 REITs 主要采取契约型的形式进行运作。

2. 根据投资形式分类

根据投资形式的不同，REITs 通常可分为三类：权益型、抵押型与混合型。

权益型 REITs 投资于房地产并拥有所有权，权益型 REITs 越来越多地开始从事房地产经营活动，如租赁和客户服务等。REITs 与传统房地产公司的主要区别在于：REITs 的主要目的是作为投资组合的一部分对房地产进行运营，而不是开发后进行转售。

抵押型 REITs 是投资房地产抵押贷款或房地产抵押支持证券，其收益的主要来源是房地产贷款的利息。

混合型 REITs，顾名思义是介于权益型与抵押型 REITs 之间的，其自身拥有部分物业产权的同时也在从事抵押贷款的服务。市场上流通的 REITs 中绝大多数为权益型，而另外两种类型的 REITs 所占比例不到 10%，并且权益型 REITs 能够提供更好的长期投资回报与更大的流动性，市场价格也更具有稳定性。

REITs 不同投资形式的比较分析如表 9 – 1 所示。

表 9 – 1　REITs 不同投资形式的比较分析

项目	权益型 REITs	抵押型 REITs	混合型 REITs
投资形态	直接参与不动产投资经营	发放贷款赚取利差	二者兼有
投资标的	不动产本身	抵押债权及相关证券	二者兼有
影响收益的主因	不动产的价格、经营绩效	利率水平、融资人信用水平	二者兼有
收益的稳定性	一般	较高	中
投资的风险	较高	较低	中
类似的投资标的	股票	债券	二者混合

3. 根据运作方式分类

根据基金运作方式的不同，REITs 又分为封闭型与开放型。

封闭型 REITs 的发行量在发行之初就被限制，不得任意追加发行新增的股份；而开放型 REITs 可以随时为了增加资金投资于新的不动产而追加发行新的股份，投资者也可以随时买入，不愿持有时也可随时赎回。封闭型 REITs 一般在证券交易所上市流通，投资者不想持有时可在二级市场上转让卖出。

相对来说，开放型要经常根据 REITs 规模变动调整投资标的的构成和金额，还要为可能发生的赎回预备充足的流动性，管理难度要超过封闭型 REITs。

REITs 不同运作方式的比较分析如表 9－2 所示。

表 9－2　　REITs 不同运作方式的比较分析

类型	适合的投资主体	价格决定因素	适用范围	管理难度
封闭型 REITs	机构投资者	价格随市场供求关系波动	适用于开放程度低、交易规模小的市场	较小
开放型 REITs	中小投资者	买卖价格由份额的净资产决定	适用于开放程度高、成熟的市场	较大

4. 根据募集方式分类

根据基金募集方式的不同，REITs 又分为公募型与私募型。

私募型 REITs 以非公开方式向特定投资者募集资金，募集对象是特定的，且不允许公开宣传，一般不上市交易。公募型 REITs 以公开发行的方式向社会公众投资者募集信托资金，发行时需要经过监管机构严格的审批，可以进行大量宣传。

私募型 REITs 与公募 REITs 的主要区别在于：第一，投资对象方面，私募型基金一般面向资金规模较大的特定客户，而公募型基金的募集对象则不确定。第二，投资管理参与程度方面，私募型基金的投资者对于投资决策的影响力较大，而公募型基金的投资者则没有这种影响力。第三，在法律监管方面，私募型基金受到法律以及规范的限制相对较少，而公募型基金受到的法律限制和监管通常较多。

9.1.4　REITs 的相关会计处理

分析财务报告时，必须清楚 REITs 同其他经济实体一样，对其经营进行报账的范围相当大。有关 REITs 投资者根据财务报告和其他文件进行财务分析时应注意的问题，在这一节进行论述和解释。在由投资银行公司和其他 REITs 市场分析家提供的不同行业报告中，广泛地涉及了这些问题。下面列出了一些基本的问题，并阐明了它们对评估 REITs 及其财务报告所起的重要作用。

1. 租赁改建和免费房屋出租：对 FFO 的影响

当市场疲软以及闲置房屋数量超过正常水平时，房地产所有人就会用由 REITs 管理层提供的免费房屋出租或者改建来诱使承租人签订租约。这种可能性对了解 REITs 的收入情况是非常重要的，尤其在租约是长期的情况下更是如此。在报告工业、办公和零售用房地产的收益时，房地产的占有率和收入情况显然是非常重要的内容。可以通过改善租赁条件等形式向承租人做出重大的让步，来提高占有率和增加租赁收入。通常，新的商业承租人为了重新布置空间需要投入些费用，以使空间适应它们的经营。房地产业主为促进租赁而打折，这是房地产业中非常普遍的行为。但如果做出的折扣相对于其他房地产所有人提供的折扣过大，那么折扣就成为普遍关注的问题。由房地产业主提供的租赁改建措施经常是进行资本化的，并且随后会计入折旧。因此，用于租赁改建的现金流量并不包括在 FFO 的计算之中，因为 FFO 指的是折旧之前的收入。投资者应该注意到当前可能发生的，并且因折旧的原因随着时间的推移而造成的这种资金外流。对于包括“计划将开始的签订租约”在内的 FFO 估算的任何解释，投资者还应当予以特别的注意。这可能暗示，REITs 当前包括的租约要到将来的某个时间才生效。

投资者评估新租约暗含意思的一个方法是，确定每平方英尺的“成本”和租约所包含的租赁改建以及免费房屋出租的程度。在 REITs 准备以首次公开发行（IPO）的形式上市时，这一确定可能尤其重要。例如，假设在 IPO 前的 3 年里，新租赁合同的租赁改建平均成本是 7 美元/每平方英尺，然而，在 IPO 的前一年，这家公司支出的成本是每平方英尺 20 美元。花费在租赁改建上的这些多余支出可能表明，这家公司正在采取措施提高入住率和名义租金水平，使自己对投资者更具吸引力，从而为即将到来的 IPO 做准备。许多公司没有明确披露租赁改建每平方英尺的成本，但它们可能披露有关历史上的租赁活动的足够信息和合计的租赁改建水平，这样投资者可以自己进行评估。

2. 租赁佣金和相关的费用

许多 REITs 对外部的租赁中间商支付佣金让其招揽承租人。这些佣金通常以现金的方式支付，并且这种费用在整个租赁期限内被资本化支付。这些费用包括在折旧和分摊开支之内。因为在传统上，投资者常根据营业收入（在折旧和分摊之前的收入）来估量 REITs 的利润率，任何延迟的租赁成本都可以忽略。在披露延迟租赁成本方面没有单一、普遍被接受的标准。许多 REITs 自己开展租赁业务，向它们的雇员——中间商支付薪水或佣金，或者薪水、佣金两者都支付。然后，这些 REITs 可能支出或者资本化和推迟这些费用。租赁费用的延迟会带来两个问题：一是租赁费用是一项正在发生的经营支出来源，把它们作为经营费用而忽略掉，能降低开支并增加 FFO；二是很少有中间商会在租赁期限内得到佣金，而不是预先支付。在那种情况下，一个对将开始 IPO 的 REITs 进行投资的投资者将支付在 IPO 之前根据所签租约发生的佣金，这意味着 REITs 将来必须为以前所签订的租约向投资者支出现金。

3. 直线租金的应用

当 REITs 依靠合同规定在整个租赁期间租金增长的长期租约时，就出现了另外一个会计问题。在一个以年或按月为期限进行租赁的公寓型 REITs 中，很少出现这种问题；但对于进行长期租赁的 REITs 来说，这会是个很重要的问题。这实际上包括了商用和工业用房地产的每一个范畴。

为了理解这一潜在问题，我们举一个简单的例子。承租人签订了一个定期递增租金的为期 10 年的租约：第 1 ~ 3 年内的租金是每平方英尺 8 美元；第 4 ~ 7 年的租金是每平方英尺 10 美元；第 8 ~ 10 年的租金是每平方英尺 12 美元。如果收入确认是基于“直线”报告的话，那么租金将是在整个租期的平均值，在这种情况下就是每平方英尺 10 美元。因此，尽管第 1 年的实际现金流入是 8 美元，但是第 1 年的租金收入被计算成 10 美元。因为 FFO 计算的是折旧前的收入，所以预计的 FFO 会以 10 美元计算而不是 8 美元，除非这一预计做出其他特别的阐明。很明显，在现金流量是 12 美元而非平均的 10 美元时，在租约的后面几年中估算的 FFO 会低于实际的收入。然而，在一个 IPO 中，人们把大量的注意力放在最初的或近期的

FFO 估算上。在这种情况下，投资者就可能想转向租金流量的直线方式。管理层应当就第 1 年没有进行直线租金调整的现金流量，为投资者提供清楚的指导。通过这种方法，投资者们能够更好地评估 REITs 的股利支付能力，并根据来自一直持续到未来的合同租金调整的潜在现金流量增长，精确地对 REITs 公司进行评估。如前所述，这是许多分析师已经转向评估调整的 FFO、CAD 和现金流量的其他补充衡量尺度进行评估的一个主要原因。

4. FFO 和来自管理其他房地产的收入

许多 REITs 收到第三方管理收入，或者因管理不属于自己的其他房地产而得到收入。尽管第三方管理收入可能提供额外的收益，但由于许多管理合同可以由第三方所有人在短期通知下被撤销，因此与 REITs 自己房地产的基本租金收入相比，第三方管理收入流量可能波动较大。而且，其他情况也可能对这种收入渠道造成影响：REITs 管理的其他房地产可能被卖掉；或 REITs 在第三方房地产的管理中投入的精力过多，影响了对自己所有的房地产的管理等。因此，许多 REITs 证券分析家对管理收入创造的 FFO 部分分配了较低的乘数。投资者应当始终关注 REITs 申报的来自其他收入渠道的任何一项酬金，因为这些酬金的大部分可能是短期性质的。第三方关系的特征也是很重要的，因为 REITs 的管理者们可能有合伙利益，从而有效地锁定合同。了解第三方管理合同和其他收入来源的性质非常重要。此外，一些收入渠道可能没有包含在房地产收入内，如果这些收入超过了容许的限度，那么就可能损害 REITs 的纳税地位。因而，就成立了需要纳税的 REITs 子公司用来区分这些收入。

5. 抵押债务和其他债务的类型

在评估一项 REITs 投资时，考虑该公司抵押债务的期限是非常重要的。抵押贷款可能是长期的，也可能是短期的；可能是浮动利率的，也可能是固定利率的；既可能是非分摊付款的，也可能是分摊付款的。实际上，大多数 REITs 都不采取分期偿还债务的方法。结果是，债务市场持续得到回报，取代了到期的债务。通过使用浮动利率的短期抵押债务，REITs 借款人可以享受较低的抵押贷款利率，作为承担某些通货膨胀和利率上涨风险的交换。因为利息费用较低，所以使用短期浮动利率在近期内是比较有利的，但这使 REITs 所面临的风险更大。REITs 可以通过使用利率“上限”或者“交换”来规避这种风险，但是“上限”或者“交换”的程度和费用应该向股东披露。

6. 地皮租赁的出现

如其名称所显示的那样，地皮租赁是指使建筑以下的土地承担债务。这种租赁一般情况下期限比较长，有时租赁期长达 99 年。地皮租赁经常是“净”租赁，这意味着承租人支付所有与建筑相关的运营费用，其中包括公用设施费、税金和维修费等。土地所有人，或者说是“地产”所有者，只负责从建筑的拥有者或运营商那里收取土地租金，支付任何运营费用。在租赁期满时，土地所有人拥有在这块土地上全部的建筑和改建的权利。

地皮租赁的两种基本情况可能适用于 REITs。第一种基本情况是，REITs 拥有受限于一份地皮租赁的建筑。这个地皮租赁由另一方拥有。如果地皮租赁的支付是固定不变的话，那么 REITs 或许具有一种潜在的优势。在这种情况下，REITs 能够利用杠杆的等价性。这是因为，如果来自建筑租金的现金流量相对于固定的地皮租赁支付持续增长，那么在资产上就将获得更高的回报。地皮租赁的不利条件是，REITs 将在租赁期满时放弃建筑的所有权，或者它必须在期满之前就租约重新进行谈判。在评估过程中，投资者应该在接近到期日时对来自负有地皮租赁的建筑的现金流量进行大幅贴现。此外，一些地皮租赁会要求出租人参与增收经营。这类似于参与贷款，并且在 REITs 投资者的立场是可以进行谈判的。很明显，在租赁到期很早以前，就应该对所有地皮租赁的期限和条件重新进行谈判。

第二个适用于 REITs 的基本情况是，REITs 拥有它已经从土地所有人那里购买的地皮租赁。对 REITs 来说，地皮租赁是一种被准许的投资方向，这种投资把 REITs 的地位置于保留所有归还权利的土地所有者和建筑拥有人之间。这种安排又称为“差价投资”，在这种投资中，REITs 承担收集来自建筑拥有人的租金流量的风险，并且向土地所有人支付较低并可能是固定的付款。对第三方的地皮租赁取决于第三方的信用，可能是确保收入流量的一种安全而可靠的途径。

一些地皮租赁非常重要而且复杂，因此需要进行详尽的财务分析。例如，许多零售类REITs拥有受到地皮租赁限制的购物商场。在这种情况下，只要超过某些零售收入的下限，出租人和土地所有人就通常能享有较大份额的现金流量，但是，对地皮租赁的支付可能减少REITs的最终增长前景。

7. 续签租赁的选择权和REITs的租金增长

投资者应当检查REITs的租赁展期时间表。这对于那些专注于带有长期租约的以下领域的REITs尤其重要：地区性商业区、工业用房地产和办公类房地产。这些REITs在大多数首次公开发行时，就应当把最近租约到期的平均租金水平和新租赁的租金水平进行披露。在首次公开发行之后，大部分REITs在财务报表的补充文件中还应该披露每年租赁到期时间的计划表。再加上记录和管理层的讨论，应该能够使投资者确定有多少新的租约正在以或低于先前租金水平被签订，以及来自租赁展期的租金会增长多少。

对要预期的租赁展期应当进行检查，以确定负有续租选择权的空间数量和租金水平的范围。那些续租选择权正是在这个租金水平范围内确定的。在租赁期满时，租金可能远远低于先前的租金水平。投资者应当考虑某些承租人将选择不续租的可能性。这种情况可能发生在承租人发现现有的空间不足以满足其扩大经营的需要，或者是出于许多其他的原因考虑。因此，投资者必须考虑这些空间将被出租给新的承租人的可能性，以及这将花费REITs多长时间、消耗REITs多少费用（提供多少租赁佣金和折扣才能吸引新的承租人）。

8. 占有数字：出租空间或占用空间

当讨论占有数字时，几乎所有的REITs在解释财务报告和经营业绩时，都用到占用空间这一术语。同其他信息披露问题一样，最初它似乎看上去无关紧要，但随着进一步检查，就会发现它存在信息扭曲的可能。占用空间表示承租人现在正在支付租金的空间。出租空间包括所签租约涵盖的所有空间，尽管租约在未来6~12个月的时间里不会生效。出租空间的数量经常要比占用空间高出几个百分点。用一个REITs的占用空间与另外一个REITs的出租空间进行比较的投资者，可能在使用两种不同的，并且不具可比性的方法来计算占有。例如，对于尽管目前被出租出去但已经或将要被承租人闲置起来的某些空间，一个 REITs 可能把其报告为占用空间，而另外一个 REITs 的报告则会直接称这些空间是闲置的空间。主要由于结构和租约期限长短方面的差异，在不同的房地产部门中也会存在计算方差。保守地说，对于有理由相信会在不久后闲置起来的占用空间，REITs 不应当为占用的空间申请贷款，或者披露有关这些即将闲置的空间的信息。

9. 零售型 REITs 和每平方英尺销售额

没有标准的方法来衡量小型商店的每平方英尺零售销售额。可以有几种方法进行计算，但是投资者应当意识到每种方法的潜在含义。例如，某种方法在计算地区性商业区的直列式店铺时，排除了每平方英尺销售额；另一种方法使用了“商业区店铺销售额”，但排除了“较大空间用户”的销售额。这些较大空间的利用不是那么密集，或者总体空间的一部分由承租人拥有，或者受到一个严格限制的经营合同的管理。这两个方法出现的问题是：排除在商业区中的大面积用户会对零售总额和每平方英尺销售额的计算产生影响。尽管许多大面积用户可能在商业区中拥有自己的空间，或者有一个非常严格的经营合同——这种经营合同可以使他们对空间有很大的支配权利，但是从某种意义上说，投资者在为租赁组合或者承租人名册和所有承租人的“销售能力”付出代价。一个更好的方法可能是报告每平方英尺的总销售额而不是排除较大面积的用户。一些 REITs 将主要承租人的销售额与直列式承租人的销售额区分开来。

对于在财务报告中排除大面积用户的做法的一个合理辩护是，许多经营年限较长的商业区拥有许多拖低每平方英尺平均销售额的各种类型店铺。租赁展期可能为商业区提供销售额和收入增长的巨大机会，尤其是在这些店铺租赁期即将届满时。其结果是，如果每平方英尺销售额的定义比较广泛，则可能使商业区的长期销售潜力被大大低估。

每平方英尺销售额的第三种定义是以“在经营期内报告了 12 个月的销售额的商业区店铺承租人”为基础的。这一定义可能排除因破产或蓄意终止租约而导致报告销售额的时间不足 12 个月的承租人。这种衡量尺度可能遭到“承租人生存能力偏见”造成的损失，或者受到仅计算那些存活下来的承租人并排除那些没有存活下来的承租人的影响。被排除的承租人同那些经营更好的同行相比，可能经历了较低的每平方英尺销售额；如果被包括在内的话，他们会拉低每平方英尺销售额的平均水平。作为一种选择，这种衡量尺度没有计算季节性的“售货亭”或“移动摊位”的销售额。这些“售货亭”或“移动摊位”仅在节假日或其他需求较大的期间里在公共区域销售商品。这些销售可以带来大量收入，因为在租赁合同中通常规定了服务条款，但同时这种收入波动性也非常大。

10. 成为一家上市公司的额外费用

在通常情况下，REITs 必须为董事和官员购买保险、向董事支付薪金、为在证券交易所上市付费，并向证券和交易委员会提交年度和季度报告。尽管这些费用通常包括在一般和行政费用之内，但是其实际数额可能要大幅超过 REITs 最初的估计。

最近的重大发展便是 2002 年的萨班斯奥克斯利法案，而美国证监会是推动萨班斯奥克斯利法案的主要监管主体。该法案修改了 1934 年的证券交易法，旨在避免类如安然和世通那样的丑闻。此外，该法案还修改或新设了上市公众公司董事会的一些标准以及证券交易所的一些标准。法案的部分条款已经生效，如与审计委员会以及披露额外的金融信息和审计师独立性有关的条款。其他部分则会在接下来逐步实施，如加快定期报告的报送。此外，部分与额外披露要求有关的条款还在撰写当中。遵守该法案的成本与公司的规模不成比例，因而小的 REITs 公司面临着更大的成本压力。也正是由于该法案带来的成本，一些小型 REITs 公司采取了收购兼并其他公司或者退市的做法，而这些做法也是它们自认为很有必要的。

9.1.5 REITs 的相关税法处理

房地产投资信托从根本上说是国内税收代码的产物。它是房地产公司或房地产信托根据某些税收条款组成的，是自己成为一个具备移转实体的资格。除了房地产销售所获资本收益外，这一实体还将全部收入分配给它们的股东。根据其所依据的税收法规条款，房地产投资信托不对其所得纳税，但股东们要对其所分配的股利收入所得进行纳税。同样，任何经过分配的资本收益将根据适当的税率对股东进行征税。

1961 年 1 月 1 日开始生效的特殊所得税收益法，通过对国内税收代码

（856—858 条款）进行修正，创造了一种新型的投资机构。根据这一修正案，在纳税年度中满足上述要求的房地产投资信托，可以仅被看作将收入分配给信托受益人的一种中间机构。因此，一般作为公司进行征税的非联合信托和协会，当其具有特殊所得税的资格时，是不对其收入进行征税的。只是受益人需要就分配的所得税进行纳税。要为了纳税的目的获得房地产投资信托的资格，信托必须满足以下要求：

（1）资产要求。房地产资产、现金和政府债券必须占到 REITs 资产价值的 75% 以上；如果债券可以不包括在这 75% 之内，那么任何一个发行人的债券不能超过资产总值的 5%；如果那些债券没有包括在这 75% 之内，那么 REITs 所持有的任何一个发行人的已发行的投票权股份，不得超过资产总值的 10%。

（2）收入要求。股利、利息、租金和销售某些资产的所得，必须占到该资产总收入的 95% 以上；租金、抵押贷款的债务利息，销售某些资产的所得，或在其他 REITs 投资中所获收益须占到该资产总收入的 75% 以上；销售和处置持有时间不超过 6 个月的股票、债券或销售和处置持有时间不超过 4 年的房地产所得的收入不得超过资产总收入的 3%。

（3）分配要求。给股东分配的份额必须等于或超过 REITs 可纳税收入的 95%。

（4）股票和股东的要求。在 REITs 中，股份必须是可以转让的，并且持有人不得少于 100 人；在一个课税年度的后半年，5 个或 5 个以下的个人可以拥有不超过 50% 的 REITs 股份。

在 1986 年以前，对管理活动存在一个限制，以确保 REITs 的被动信托特征。REITs 的托管人、董事或者雇员不允许积极从事 REITs 资产的管理和运作，对 REITs 房地产进行租赁服务，并向承租人收取租金。这些活动一般是由一个独立的合约方进行的。1986 年，税收改革法案放松了对管理活动的限制，允许 REITs 进行正常的和一般的经营，可以为承租人提供其他的服务，消除了需要有一个外在的独立合约方进行资产管理活动的限制规定。政策方面的变化使当前 REITs 管理者们能够自行进行以上活动，他们创立了纵向联合的企业，并改变了 REITs 的运行机制。

1986 年以前，许多 REITs 都是由一个金融机构，如保险公司、商业银行或抵押银行，组织或主办的。主办机构还直接或通过一个分支机构充当

REITs 的顾问。授权这一顾问机构负责包括管理 REITs 资产和债务在内的 REITs 运作。根据 1986 年的税务法案，对有意于进行被动投资的房地产开发商来说，REITs 成为一个更富有吸引力的投资工具。这些房地产开发商过去从未对被动型投资工具产生过兴趣。房地产开发商和运营商成了 REITs，尤其是大规模 REITs 的主要组织者。

在帮助现代 REITs 业初具规模的进程中，有两个里程碑性质的重要发行。首先是 1991 的 Kimco 房地产发行，它提供自己的房地产和资产管理，是第一次现代纵向联合的 REITs 发行。尽管一些现存的 REITs 根据 1986 年的法案进行了改变，但 Kimco 房地产是被设计成在内部进行管理和提供顾问的第一个具有重要意义的 REITs 首次公开发行。第二个重要的发行是 Taubman 房地产的发行，它发起了公开的伞式合伙房地产投资信托（UPREIT）。

UPREIT 是一种在一个拥有房地产的有限合伙企业内享有支配权益的 REITs，它与 REITs 直接拥有房地产的传统结构不同。这种结构作为一个延迟纳税机制产生于 1992 年，通过这样一种机制，房地产开发商和其他房地产所有者可以将他们的房地产转化为 REITs 的所有权形式。由于这种转化是一方合伙权益同另一方合伙权益的交换，因此它是不征税的。这种合伙权益（称为经营合伙单位或 OP 单位），通常是可以转换成 REITs 股份的，它提供与 REITs 股票数量相对应的投票权和股利支付。

1992 年，市场上传统房地产资本渠道的大量匮乏导致了信用恐慌。“现代” REITs 以其积极管理和资产延迟纳税转换等特征，不仅对所有者，而且对投资者也有着较大的吸引力。这带来的结果便是 REITs 资产市场资本总额的大规模扩张。

2007 年和 2008 年，美国金融体系受到了次贷危机的影响，导致了非常严重的信贷紧缩，无论经营的好坏，许多房地产投资信托基金在到期时都无法对公司债务或财产级债务进行再融资。REITs 定价急剧下降，而且在 2008 年 12 月 31 日只有 136 只在美国证监会注册的 REITs 在全球主要交易市场之一的纽交所交易。这些 REITs 合计的市场份额有 1920 亿美元，而在 2006 年 12 月 31 日有 183 只 REITs，而且市场份额达到了 4380 亿美元。

随着美国金融体系逐渐从次贷危机中恢复过来，REITs 也在强劲复苏。例如，2014 年 6 月 30 日在美国证监会注册的 REITs 就有 210 只，它们在主要的交易所交易，其中有 182 只在纽交所交易。这些 REITs 的市场份额合计达到 8160 亿美元。

当今大多数资产 REITs 都是自行决策的、纵向联合运作的公司。它们积极经营投资组合，以求增加现金流量和它们的资产总和。它们与早期的“被动型” REITs 有着本质的不同。在适应房地产市场的动态变化和投资者的偏好过程中，REITs 业继续发生着变化。

（1）纳税待遇。REITs 会计核算的一个重要方面是财务报表中的折旧处理以及可纳税收入的确定。例如，REITs 可以在确定可纳税收入时使用加速折旧法；但在确定可供分配的股利收入时，则要求使用 40 年作为资产的期限。使用不一致的方法计算收入，有时会导致股东所分配的股利超过 REITs 计算的应纳税收入。然而，由于这一分配在一定程度上体现了对投资的回报，因此这些股利要作为一种正常收入进行纳税。在 2003 年 5 月，美国国会通过了《就业与增长减税协调法案》，该法案将大多数股利分配的所得税减至最高只有 15% 的税率。由于 REITs 通常不支付企业所得税，因而大多数 REITs 支付的股利被当作普通收入需要按照现行税率来缴税。诸如那些代表折旧的股利等任何额外的分配，都会被看作原始资本的回报，因此自然会降低股东的课税基础。REITs 每年要按“第 1099 表格”就分配的目录分类进行报账，并且投资者可以基于他们分配的目录分类，选择在应纳税或者非纳税账目中持有具体的 REITs。

（2）违规处罚和资格终结。如果一个资产失去了 REITs 的资格，或自愿终止其 REITs 资格，那么这个资产可以选择在当年或随后的年份终止按 REITs 待遇进行纳税。一旦发生这种资格终结，在终结之日起的 5 年后，这个资产才能重新选择按 REITs 待遇进行纳税。若是由于不能满足资格的要求而导致资产的 REITs 地位终结，如果能向国内税务署证明，失去资格是由于合理原因而并非出于蓄意，那么资产可以在 5 年的时间内重新选择 REITs 地位。在 2004 年 10 月，一项公司税法改革法案被签署成法律。该法律规定国内税务署有权采取罚款来代替取消企业的 REITs 资格，如果企业是由于合理的原因违规的话。这么做可以减少由于疏忽而致使 REITs 资格被取消的风险，从而保护股东规避 REITs 资格被取消带来的不利后果。

（3）需纳税的 REITs 分支机构。1999 年颁布了 REITs 现代化法案

（RMA）。该法案包含了一些条款，使 REITs 能够同其他商业房地产主进行更有效的竞争。而在 RMA 法案之前，REITs 向房客提供习以为常以外的服务是明令禁止的，如一个办公楼 REITs 向承租人出租家具；一个购物中心的 REITs 向顾客提供信用卡。如果 REITs 提供了超出习以为常范围的服务，那么提供这些服务的房产的收入就不被视为房地产收入了。随着房地产市场的持续发展，“习以为常”变得越来越难界定，而且监督成本也越来越高。但是，由于被界定为非房地产收入带来的风险（REITs 地位可能丢失），一些 REITs 非常不情愿提供服务，而这也限制了它们的竞争力。

RMA 法案还规定了 REITs 可以建立需要纳税的分支机构（TRS），而且可以 100% 控股。TRS 可以向 REITs 的房客提供服务，缴纳相关的所得税，而且还可以将收入转给 REITs，这些收入则被看作房产收入。这种需要纳税的 REITs 的分支机构被用来代替之前 REITs 部分持股非 REITs C 集团的股权结构。这种非 REITs C 集团的股权结构在利益分配方面存在着明显的冲突。TRS 结构则消除了这种冲突。RMA 还对 REITs 和 TRS 之间关于负债和出租支付进行了限制，而且对它们之间进行的非公平交易课征 100% 的货物税。

9.1.6 REITs 的融资结构

1. 传统结构

在美国 REITs 的发展历史上，1986 年是个分水岭。1986 年以前，REITs 可以直接持有房地产资产，它通常需要寻找合适的房地产管理公司，签订管理协议，约定由其代为管理旗下物业形态的经营管理，收取相关收益。美国 REITs 的传统结构如图 9－4 所示。

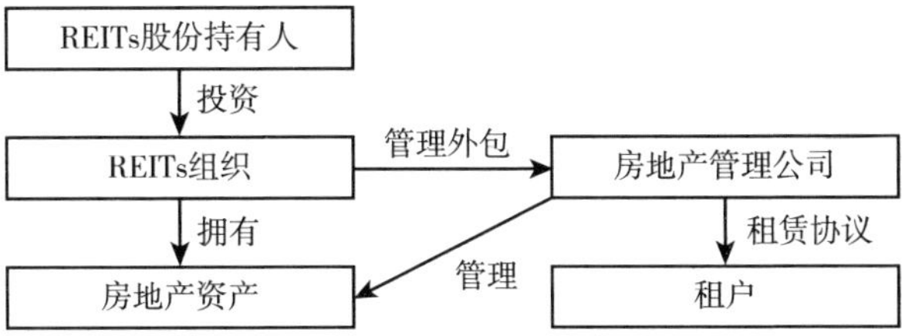

图 9－4 美国 REITs 传统结构

传统结构的税收优惠十分明显，由于该结构的 REITs 需要对投资者进行分红，根据美国法律，其在公司层面的税收将得到免除。据统计，这一结构将 REITs 行业的收益提高了 4 个百分点。同时，由于采用 REITs，复杂的避税策略设计将不再需要，投资者在这项上节省的资金能达到 REITs 行业市值的 1%～4%。因此，REITs 在税收方面所获取的收益合计起来大约为 REITs 行业总市值的 5%～8%。传统模式下的 REITs 只需要专注于融资和资本管理，虽然因此丧失了财务与经营策略的灵活性，但能获得大量的税收优惠。

2. 合订和双股结构

在合订和双股的 REITs 融资结构中，股东持有 REITs 和运营管理公司这两个实体，也就是说，这两家公司的股份被合订或者配对在一起，作为一个整体进行对外运行，所以该结构取名为合订和双股结构，两者在本质上没有差别，只是在两个实体之间的联系程度上有所差别。合订和双股结构如图 9－5 所示。

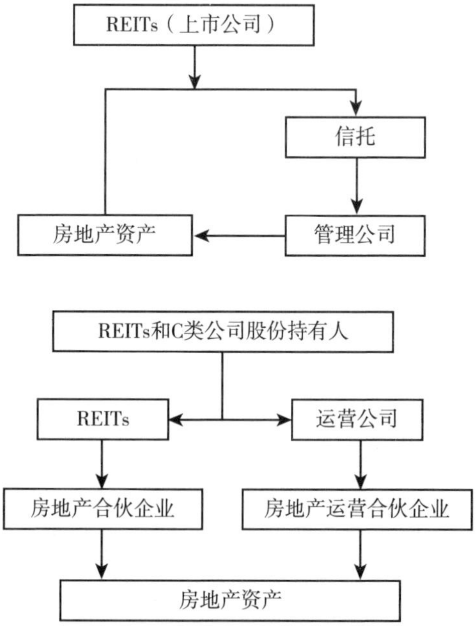

图 9－5　合订和双股结构

这种结构的 REITs 同时拥有上市公司和运营公司，因此也拥有两者共同的优势。一方面，上市公司实体的存在使 REITs 可以享受相关的税收优惠；另一方面，运营公司不受 REITs 相关法律法规的限制，可以灵活地持有各种物业类型，从事各种房地产业务。因此，与其他融资模式相比，该结构的优势十分明显。其优势主要体现为以下四点：

（1）享受税收优惠。合订结构和双股结构的 REITs 仍可以凭借其 REITs 的地位，依照《美国国内税法》规定避免双重征税。

（2）经营优势。由于美国法律规定，一般的 REITs 的经营范围受到严格的限制，很多业态，如高尔夫球场、赌场等高收益的房地产项目，都被排除在 REITs 准许经营的范围之外。其原因是，这部分业态的收入不表现为租金收入，而是经营性收入，不能算作不动产本身产生的收益。但合订和双股结构的 REITs，因为上市主体和运营主体的分离，可以经营这些业态。因此，该结构在一定程度上规避了法律的监管，有利于投资者取得更高的收益。

（3）收益优势。在传统 REITs 的结构中，负债运营的公司是第三方聘用的专门的房地产运营公司，因此房地产业态取得收入后，其中的一部分需要作为报酬支付给第三方管理公司，这在一定程度上减少了 REITs 的利润。在合订和双股结构下，投资者作为股东同时控股上市实体和运营公司，产生的收益不会向第三方流失。同时，该结构下，REITs 还可以经营一般 REITs 不能经营的物业范围，产生更高额的收益。

（4）避免利益冲突。在合订和双股结构中，REITs 的投资者，即股东，拥有上市实体和运营公司两者的股份，不存在与第三方经营者利益冲突的情况。整个结构中，主体目标一致，减少了由于利益冲突带来的不必要的成本。然而，随着美国法律的调整，这种合订和双股结构受到了更大限制，从而催生出了纸夹结构。

3. 纸夹结构

在合订和双股结构遭到税收立法限制后，纸夹结构的 REITs 被创造出来。纸夹结构的逻辑与合订和双股结构类似，都是同时控制 REITs 和管理公司，只是为了规避立法限制，纸夹 REITs 一般先成立一家房地产管理运营公司，并由这家公司从 REITs 中租借房地产物业去经营。此时，REITs

和房地产运营管理公司是相互独立的两个实体，通过协议或合同进行交易。双方的股东不相同，也没有被捆绑在一起以一个共同单位进行交易。这种结构看似松散，但内在联系其实很紧密。由于 REITs 和运营公司的部分董事和高管的重叠，两者具有共同的利益诉求，在很多经营管理决策上可以达到一致，有效降低了利益冲突的可能性。两个实体在这一结构下，通过签订合同或者协议进行交易，这种合同或协议称为“纸夹”，将双方联系起来，进一步提高了两者的利益一致性。

纸夹结构延续了合订和双股结构的经营优势，而且比合订和双股结构更加灵活。投资者还可以根据自身的喜好投资于 REITs 或运营公司，以获得相应的投资收益。所有的经营利润都可被保留在结构中，不会流失。纸夹结构如图 9－6 所示。

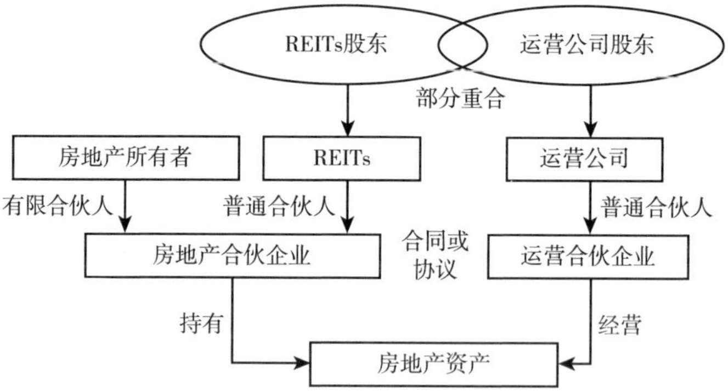

图 9－6　纸夹结构

4. 伞形合伙式结构

1986 年以后，美国税法规定 REITs 不能再直接持有物业，这对 REITs 是一个巨大的利空。然而，20 世纪 90 年代，银行启动缩表进程，银行途径融资受阻，资本市场成为房地产企业寻求融资的渠道，由此美国 REITs 行业产生了 REITs 公司股票募集的热潮。1992 年产生了伞形合伙结构的全新房地产企业运营结构。这种结构使新建立的 REITs 迅速达到公开上市融资的规模，并且可以绕开法律的约束，从而使 REITs 产生 IPO 热潮。伞形合伙式结构的出现，促使 REITs 股权结构从私人所有转变为公众所有（见图 9－7）。

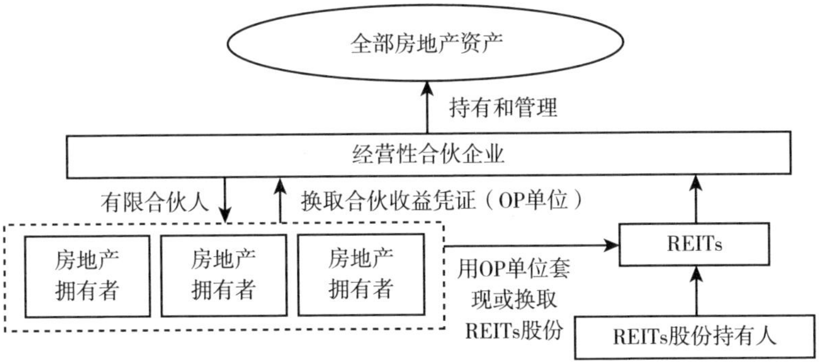

图 9-7　伞形合伙式结构

设立伞形合伙式结构的 REITs 大致要经过三个步骤。第一步，REITs 作为普通合伙人，房地产业主作为有限合伙人，共同组建经营性合伙企业（operational partnership，OP），房地产拥有者将物业转换成 OP 单位，经营性合伙企业负责运营这些房地产。第二步，在该经营性合伙企业成立后，REITs 在资本市场上发行 REITs 股票，公开募集资金。REITs 作为该企业的普通合伙人，向该经营性合伙企业出资。合伙企业获得 REITs 后可以用来扩大业务，也可以用来减少债务。第三步，伞形合伙式结构 REITs 成立。在满一个纳税年度后，有限合伙人如果希望房产变现或者增加流动性，或者觉得资本市场价格合适，可以将 OP 单位转换成 REITs 股票或者直接兑换现金，进而变现房产。而此时房地产拥有者才需要缴纳个人所得税。

这种结构的 REITs 通过伞形结构中的运营合伙企业，来间接拥有与经营房地产，而其自身不直接拥有房地产，因此可以保持税收优惠地位。这种形式的 REITs 拥有很强的扩张能力，能够容纳很多物业形式，使 REITs 的 IPO 热潮爆发。

5. 下 REITs 结构

下 REITs 结构主要是由传统结构 REITs 发展来的。在传统结构下，不能享受类似于伞形结构的税收优惠和完整的收益。因此，为了留存利益、扩大发展空间，同时规避监管，传统结构的 REITs 开始分立出下属经营合伙人企业，直接收购并持有新的房地产资产，从而演变成了下 REITs 结构（见图 9-8）。

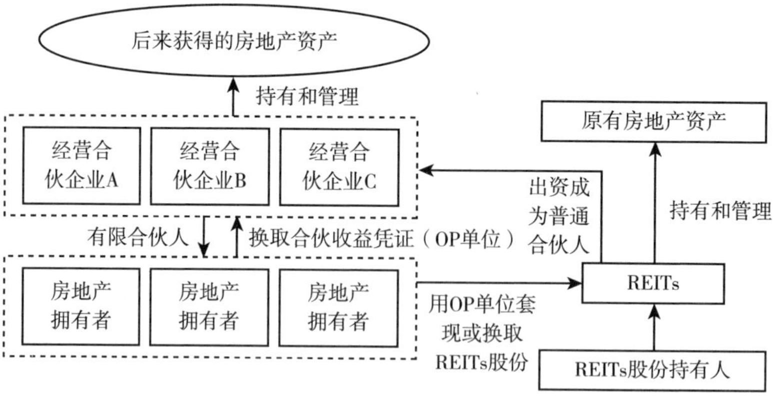

图 9-8　下 REITs 结构

下 REITs 主要集中于 REITs 层面，对专门的运营合伙企业没有特别的需求。当产生一笔新的交易时，REITs 就形成一个新的合伙企业。在新合伙企业中，REITs 担任普通合伙人，而交易对手则为有限合伙人，也可以和 REITs 一起作为普通合伙人。

下 REITs 的投资者以自己拥有的房地产作为合伙企业的出资，以此获得合伙企业的份额凭证（也称作“OP 单位”），作为有限合伙人存续。在下 REITs 中，REITs 可以成为这些合伙企业的普通合伙人，投资者也可以用房地产资产或“OP 单位”转换成 REITs 股份或者现金，成为 REITs 的股东。下 REITs 结构中拥有的物业形态，由这些合伙企业来运营。

下 REITs 结构主要有以下三个优点。一是具有更大的灵活性。下 REITs 是一种多重合伙的结构，其每次交易都形成一个新的合伙企业，形式和经营都较为灵活。二是在物业购置方面具备优势，因为该种形式能够容纳各种不同的物业形式。三是具有较小的利益冲突。由于下 REITs 在每一次交易中都形成一个新的合伙企业，因此其房地产拥有者与 REITs 的关系比较松散，对控制权要求并不强烈，控制权下沉到运营合伙企业，下 REITs 主要负责融资业务，因而利益冲突较小。

9.1.7　REITs 增加收入的途径

REITs 提高收入和增加营业收入，从而确保并增加可能的股利收入的途径有五个：通过现有房地产增加收入；通过收购增加收入；通过房地产开发增加收入；通过提供服务来增加收入；通过财务管理增加收入。这些领域中的相对收支余额与这些领域内的经营机制一样，是一种战略性的决策。

1. 通过现有房地产增加收入

在现有的投资组合上增加收入的最明显的方法是，通过出租更多的面积来提高出租率，其次是靠提高租金。很明显，这两者有着本质上的联系，并且二者都依赖于市场的供求条件。第三种增加收入的方法是对现有房地产进行再开发。再开发主要是指对空间重新进行改造以满足承租人不断变化的需求。由于再开发可以带来更美观的空间，或者使空间更适合于未来的承租者，因此这两种情况都能导致租金的提高，从而带来收入的增长。再开发还可能解决其他实际问题，诸如在一个三层的办公大楼内缺少电梯等。扩建能通过提供更多可租用实际空间来增加收入，并且这种情况在零售类房地产中相当普遍。在零售类房地产中，可以扩建主要承租人所租用的房地产，或者开发远离中心的土地以创造额外租金收入。办公和工业类 REITs，尤其是那些专门投资于工业园区/写字楼的 REITs，通常掌握着邻近其现有园区的大量土地。这些土地通常是获得许可或被批准的，持有的目的是期望对空间的需求不断扩大。如果没有出现这种需求，那么可以卖掉这宗地产，而且资产被重新分配到可以带来更多收益的地区。增加收入的另一种方式是改变市场组成部分。一个商业区可以改造成一个时尚活动中心，从而逐渐发展为再次出租的关注中心。正如在一个公寓社区取消禁止养宠物的规定一样，营销和政策也会发生变化。

2. 通过收购增加收入

通过收购增加收入有两种方法：一是利用资产成本和房地产收益之间的套利，用正利差的现金购买房地产；二是利用纳税和形式利益好处，交换 REITs 的股份或者经营合伙单位以获取房地产上的权益。在 REITs 相对于基本房地产以较低的上限利率进行交易的那段时期，正利差收购相当普遍；但当 REITs 的收益接近或超过基本房地产上的上限利率时，正利差收购就很难实现。另外一种着眼于此的术语叫作资产净值（NAV）。资产净值是指在减去它的全部负债和债务后，一个公司所有资产的净“市场价值”，其中包括但不限于该公司的房地产价值。当 REITs 在 NAV 以上进行交易时，与其在 NAV 以下进行交易时相比，就更有可能发现具有吸引力的利差。当两者的收益（价格）非常接近时，由于这些与获得资金相联系的成本，以这种方式收购房地产或许不是明智之举。

为获取房地产上的权益而交换 REITs 的股份或者经营合伙单位，具有现金需要量最少的优势。作为一般性规则，由于存在潜在的纳税时间调节，经营合伙的交换成为这两种选择中更有吸引力的选择。因为这些交换一般是按有利的上限利率进行的，同时被收购房地产的所有者愿意接受一个折扣以换取流动资金，所以现有股东能从中受益。在某些领域，这些交换还包括其他对收购有益的商业企业或人员。例如，一个发展能力有限的现有 REITs 可以制定计划，在 REITs 首次公开发行中和拥有发展能力的私营公司进行交易。进行收购的 REITs 可以得到更大投资组合以及一套与技能相关的利益。这些技能是它在先前的交易中所不具备的。被收购房地产的所有人实现了他们的某些目标：这些目标导致了考虑公开上市，而避免了在创立一个 REITs 的法律过程中可能发生的大量费用。

3. 通过房地产开发增加收入

REITs 还可以选择通过房地产的开发来增加收入。一般来说，其风险要大于改建或收购，但这些风险是可以减轻的。例如，对于受到与具有良好信用的承租人之间的长期净租赁租约限制的建成即用型房地产开发，与之相关的风险要比与那些投机性开发相关的风险低得多。这两种情况都必须进行彻底的市场分析。开发房地产提供了一个获取承包利润和显著增加营业收入的机会，然而，这些回报却被一系列风险抵消了，因为总是存在建筑延期、费用超支和出租问题等风险。在市场上，许多投资者极其重视季度业绩，或许它在像房地产这样的长期资产投资中并无太大意义，但它的确会对价格形成产生影响。当收购机会较小时，REITs 可能把注意力转向房地产开发领域。在某些情况下，REITs 具有较长的和突出的开发历史，并且正在充分利用自己的建房经验。在另外一些情况中，REITs 自己不具有建房经验，并且被迫通过收购经营公司或通过雇佣专家来获得这种经验。另外一种选择是，与一家现有的开发商发展关系，并在其建筑项目上利用这种关系。

4. 通过提供服务来增加收入

REITs 可以通过向第三方提供服务来增加收入，这些服务包括房地产管理、开发、使用权转让等。这部分收入因不同的 REITs 而异。有的公司这部分收入很多，有的却几乎没有。在大多数情况下，REITs 会和机构投资者建立合资企业，由该合资企业来直接持有房地产。而 REITs 只持有合资企业的少部分权益，并作为该合资企业的房地产和其他资产的管理者获得相对丰厚的报酬。而且，越来越多的 REITs 提供营销、金融等服务给租户。这样做的结果便是 REITs 能够扩大其专业能力的使用范围从而获取额外收入。

5. 通过财务管理增加收入

第五种选择是通过财务管理来增加营业收入。财务管理包括各种蓄意夸大营业收入的会计处理和杠杆应用措施，许多人把这些措施看作 REITs 在短期创造收益能力的最佳衡量手段。财务管理还包括获取优惠利率、融资条款和资金来源的能力。这些因素能够影响 REITs 的长期资本成本。基本上，这个概念意指 REITs 管理层可以操纵资金结构以进行最大的资金分配。下面概述了不同财务管理选择的一些风险和报酬。

会计处理可以用来夸大营业收入（FFO）。因为 REITs 一直倾向于以其营业收入的倍数进行交易，夸大营业收入能够导致股票价格的上涨。而其中存在的风险是，在被夸大的 FFO 数字基础上，REITs 无法满足股东的愿望。那些股东们会把这些被夸大的数字作为未来的增收指数，并期望得到相应的股利增加。无法满足 FFO 预测值或无法维持较高增长水平的 REITs 则一直受到投资者的严厉指责。

下面的例子能说明会计处理的影响。一些重复的费用项能够被支出或者被资本化。在一些房地产类型中，特别是多户家庭住宅房地产，重复开支是周期性循环的，它影响着 REITs 在通常情况下的资金分配能力。根据对费用处理的方式不同，REITs 也有所不同，这使得在 REITs 之间进行比较十分困难。因此，许多分析家转而考虑前面讨论过的可分配现金(CAD)。可分配现金是把重复费用看作支出，而不是资本项目，这对用于股利的潜在收入流量提供了一个较为保守的估算。但问题是，CAD 的计算不够规范，常常缺乏标准化计量所需要的信息。

REITs 还可以通过在短期内使用杠杆来夸大 FFO 数字。这是 REITs 利用短期不定利率贷款来购置房地产的一种方法。由于这种贷款的利率要低于长期的固定利率，因此，至少是在短期经营中，投资的回报率比较高。较高的投资回报会导致较高的 FFO 和股利，这在理想的情况下将会导致 FFO 和股利成倍增加，从而可以用具有吸引力价格的股票来取代债务。不幸的是，高回报率伴随的是高风险，这种杠杆可能发生反作用，扩大损失并使价格向另外一个方向运动。造成的结果可能是无法以股票取代债务，并且需要在一个不是有利的时间进行重新融资。这种再融资的风险需要进行评估和定价。

REITs 还可以改变股利发放率。股利发放率是用于支付股利的 FFO 或 CAD 的百分比，它是体现一个公司财务灵活性和股利保有能力的重要指标。让我们用两个 REITs 来举例说明。REITs 1 的 FFO 是每股 1.00 美元，支付的股利是 0.85 美元，其股利发放率就是 85%。REITs 2 的 FFO 是每股 0.93 美元，支付股利是 0.85 美元，其股利发放率就是 91.4%。如果两家 REITs 的收入每股都下跌 0.10 美元，那么在同等股利率情况下的股利发放率就分别是 94.4% 和 102.4%。同时，REITs 1 能够在不动用现金储备的情况下支付股东股利，而 REITs 2 则需要用自己储备的现金来支付。在特殊环境下，这种类型的股利分配能被 REITs 短期保留一段时间，然而却不能在不损害发展前景的情况下无限期地保留下去。

9.2 REITs 在中国的发展及演变

9.2.1 中国房地产信托市场

1. 中国房地产信托市场背景

对于我国来说，发展房地产信托投资基金是社会经济环境发展的需求，也是提高居民投资能力的最佳路径。一方面，我国个人投资者投资能力不断增强，但苦于投资渠道有限。伴随着我国房地产业的飞速发展，许多投资者都对房地产行业极具热情。现有的房地产行业投资大多只能通过“炒房”完成，这一投机行为又在某种程度上搅乱了我国房地产市场的正常交易秩序，加大了房地产泡沫的风险积累。另一方面，蓬勃发展的房地产行业急需寻求新的资金来源。房地产行业属于资金密集型行业，一直以来，房地产企业的开发资金除自有资金外，还包括建筑企业垫资、银行贷款、预售款等部分。陈樱（2009）研究发现，在房地产开发过程中，各环节合计房地产贷款比例占房地产开发资金总额的60%以上。商业银行在这一过程中直接或者间接地承担了房地产开发各个环节的市场风险和信用风险，增加了银行体系的风险，一旦房地产行业有风吹草动，就会直接造成经济危机。

我国房地产企业融资渠道经历了“股权为主—非标兴起—定增重启—债券放量—回归信托、贷款”的变迁过程。2006～2009年，股票市场火爆，IPO和股票增发是房地产企业主要的融资渠道。2009年，“国四条”的颁布，使房地产企业股权融资受阻，于是信托等非标融资方式兴起。2014年后，由于市场监管的加强，定向增发融资又再次兴起。到2015年，证监会放松了对发债主体的限制，房地产企业开始大规模发债融资。2017年以来，债市资金较紧，房地产企业又开始寻求新的融资途径，房地产企业信用债发行缩量75%，重新回归银行贷款和房地产信托。

2016年房地产信托新增发行7327亿元，同比增长36%，创历史新高。2017年第一季度，房地产信托新增发行2328亿元，同比增长53%，延续增长势头；房地产信托余额1.58万亿元，同比增长21%，占资金信托余额的8.4%。[①] 信托对房地产企业来说是受限较少的融资渠道，虽然《2017年信托公司现场检查要点》的出台会对房地产信托产生一定影响，但房地产信托仍保持高度景气。

2. 中国房地产信托业的发展与现状

我国信托业整体法律框架搭建于2001～2002年间，当时我国陆续颁布了《中华人民共和国信托法》《信托公司管理办法》以及《信托公司资金托管业务管理暂行办法》。在此后的十多年中，在既定的法律框架下，信

---

① 资料来源：万得（Wind）金融终端。

托模式不断创新，资产规模不断扩大，到 2017 年第二季度末，全国 68 家信托公司的受托资产达到 23.14 万亿元，信托业利润为 209.48 亿元。[①] 信托业成为我国社会融资的一种重要途径。

2003 年，中国人民银行开始加强对商业银行向房地产企业放贷的条件控制。在房地产公司融资渠道封锁的情况下，中国的房地产信托开始逐渐生长。经过多年发展，我国房地产信托的规模、参与主体都在不断增长，融资方式也在不断创新。我国房地产信托呈现出两个方面特征。一是房地产信托业务规模占比持续降低。与 2010 年以及 2011 年的高位相比，2012 年起房地产信托发行及成立规模开始呈下行趋势。有数据显示，2016 年集合地产信托成立规模同比减少 35%，是自 2007 年以来连续 5 年上行之后的首次下滑。从信托公司资产行业分布来看，房地产业资产的分布在 2011 年第三季度末达到峰值 17.24%，2012～2015 年这 4 年中均在 10% 左右，2015 年末降至 8.76%；2016 年 68 家信托公司投向房地产的信托规模为 1.52 万亿元，房地产信托在信托资产规模占比 7.5%，呈现持续下降趋势。[②] 2017 年初加强对银行通道业务的影响，可能会进一步限制房地产信托业务的扩张。二是房地产信托行业集中度有所下降。通过梳理信托行业年报可见，排名前十位的信托公司管理规模占市场总体规模的 36.77%，较 2015 年下降了 2.13 个百分点。房地产信托规模排名前十位的信托公司中，安信信托、华融信托、中信信托和中原信托增长较快，增速都在 40% 以上。从房地产信托的业务占比来看，杭工商信托为 69.91%，依然位居行业第一位，自 2013 年以来，该公司房地产业资产比例已连续 4 年相对稳定在 69%～84%。[③]

3. 中国房地产信托融资模式

我国的房地产信托融资模式在不断创新，主要的融资模式有四种：抵押贷款信托模式、股权投资信托模式、财产收益权信托模式、组合型信托模式。

（1）抵押贷款信托模式。抵押贷款信托模式是指信托公司在以土地使用权或在建工程抵押的前提下，为房地产企业提供贷款的融资模式，房地产公司在产品到期时还本付息。这种融资模式基本上是银行开发贷款的拓展，是房地产开发公司的重要资金来源。不同之处在于资金来源于信托公

---

①②③ 资料来源：万得（Wind）金融终端。

司募集的资金。由于信托贷款发行简便，信托贷款的发行量一直在房地产信托总量中占比最高。

（2）股权投资信托模式。信托公司成立信托计划，以募集资金入股房地产公司，信托计划到期时，项目公司或指定第三方回购股权，以收回信托本金。相对抵押贷款模式来说，该模式下信托公司承担的风险较高，一旦房地产开发商现金流量与预期不符，很容易发生烂尾的情况。这种融资模式要求企业给予较高的风险补偿。

（3）财产收益权信托模式。与资金信托不同，该种模式的信托具有财产性。所谓财产信托，其投资标的不是一般的项目，而是股权、债券、应收账款等收益权，以每期稳定的收入作为现金来源。信托计划发行收益份额给投资者，以募集相应资金。在这种方式下，房地产企业可以盘活应收账款、出租性物业等，以获得流动资金。这种方式是目前我国最接近房地产投资信托基金的产品。

（4）组合型信托模式。该种信托融资模式融合了股权和债券的优势。一方面，信托计划的收益权比一般股权优先；另一方面，信托计划对公司有一定的管理权。因此，这种方式集合了股权债券的优势，丰富了单一的信托结构，是国内房地产信托的一种创新，也是未来的发展方向之一。

9.2.2 中国 REITs 市场的发展历程

REITs 直到 2003 年才开始进入我国房地产市场。2005 年 11 月，领汇房地产投资信托基金在香港上市，成为香港第一只 REITs 基金。从内地来看，2005 年 11 月，商务部明确提出“开放国内 REITs 融资渠道”的建议；2006 年，证监会与深交所启动退出国内交易所 REITs 产品的工作；2009 年，央行联合银监会、证监会等部门成立“REITs 试点管理协调小组”，明确信托基金投向已经使用且具有稳定现金流的房地产物业；2014 年 11 月，根据住建部和有关部门的部署和要求，北京、上海、广州、深圳四个特大城市先行开展 REITs 发行和交易试点工作；2015 年 1 月，住建部发布《关于加快培育和发展住宅租赁市场的指导意见》，提出要积极培育经营住宅租赁的机构，积极推进房地产投资信托基金试点。但由于发展 REITs 的基础设施和法律条件仍有待进一步发展，REITs 在内地发展较为缓慢，目前还没有一款境外市场上的标准化 REITs 产品，已发行产品在一定程度上属于“类 REITs 产品”，而非真正意义上的 REITs 产品。

中国 REITs 市场的发展历程如图 9－9 所示。

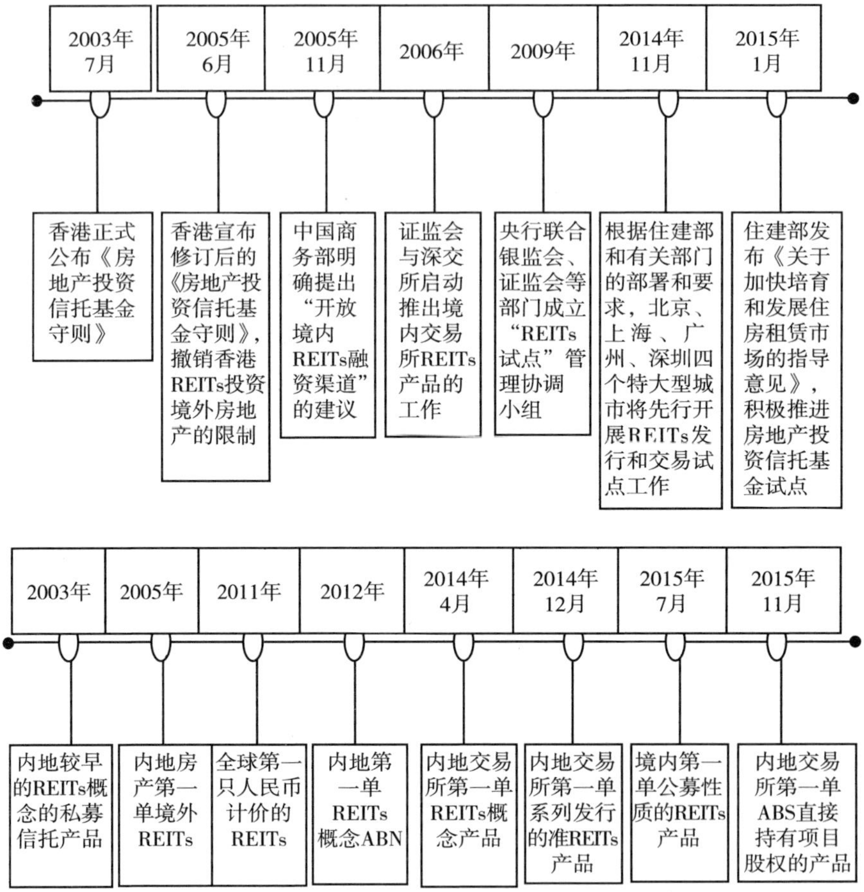

图 9－9　中国 REITs 市场的发展历程

9.2.3　中国类 REITs 产品的出现

1. 香港 REITs

2003 年 7 月，香港正式公布《房地产投资信托基金守则》，但境外资金无法投资于 REITs。在香港，REITs 是主要以契约型基金形式存在，投资者与投资公司或 REITs 管理者签订信托契约，后者又与基金管理人订立信托契约，通过发行收益凭证而组建的投资信托基金。香港 REITs 设立基本条件如表 9-3 所示。

表 9-3　　香港 REITs 设立基本条件

基本要求	投资于能够产生持续现金流的房地产
	频繁交易房地产是被限制的
	大部分收入应当来源于租金
	大部分收入应当以分红形式分配给投资者
	关联交易应得到持有者的批准
设立	应以信托形式而非公司形式设立
	受托人为银行或银行下属的信托公司
	受托人应被单独审计，净资本不低于 1000 万元港币
	应聘请管理公司对 REITs 进行管理
	应聘请资产评估机构对资产进行评估
投资限制和分红政策	至少资产总值的 75% 应投资于能够产生持续现金流的房地产
	投资于酒店、娱乐设施等需通过特别子公司
	除投资者同意外，持有每项不动产期限至少为两年
	经审计的年度净收入的 90% 以上应分配给投资者
债务上限	资产总值的 45%

香港 REITs 在境内境外均需设立 SPV。境内 SPV 通过持有项目公司的形式持有商业物业；境外 SPV 控股境内 SPV，达到实际控制物业的目的。在交易结构的最上层，由 REITs 持有境外 SPV（见图 9-10）。香港 REITs 具体的发行流程为：

（1）确认首次公开发行 REITs 目标物业（资产），建立资产池。首次发行 REITs 的目标资产宜锁定在房地产产业链中相对成熟的收租型商业物业，挑选理想物业进行组合，建立资产池，资产池的大小根据实际情况而定。

（2）对物业进行审计及资产评估。在此过程中，宜与国外知名投行紧密合作，并与审计师事务所、律师事务所、评估机构等共同对物业状况、财务、税务和法律等方面进行尽职调查，出具相应报告。

（3）上市前融资安排。根据实际情况，为内地资产涉及过桥融资方案，安排上市前融资。

（4）实施资产重组。在方案操作过程中，为了获得上市融资最大化效果，将根据物业的基本特征（所在城市、具体地段、出租率、物业业态、建筑年代等）及整个资产池的总体特征，建议对交易结构进行微调，大致包括以下四个方面：设立 BVI 公司的具体方案；REITs 的融资比率；REITs 基金单位的定价，对不同机构投资者的优惠认购价；承销商上市路演的具体方案。在完成上述可能的微调后，将确定 REITs 上市的最终交易结构。

（5）成立相关公司，与信托公司签订信托服务协议。设立 BVI 公司，将资产转移至 BVI 公司；设立资产管理公司；与信托公司签订信托服务协议。

（6）发行地当局审核。这是 REITs 上市前的重要环节，必须把准备好的所有材料报送拟上市地——中国香港相关部门审核，主要内容包括上市条件、资产管理人和受托人资格、信息披露等方面。

（7）公众发售基金单位。设立 REITs 的申请获得批准后，REITs 海外上市业务就进入发售环节——向公众发售基金单位。同时，发起人将认购一定比例的基金单位。除了一般公众外，基金单位认购者还包括机构投资者和战略投资者。

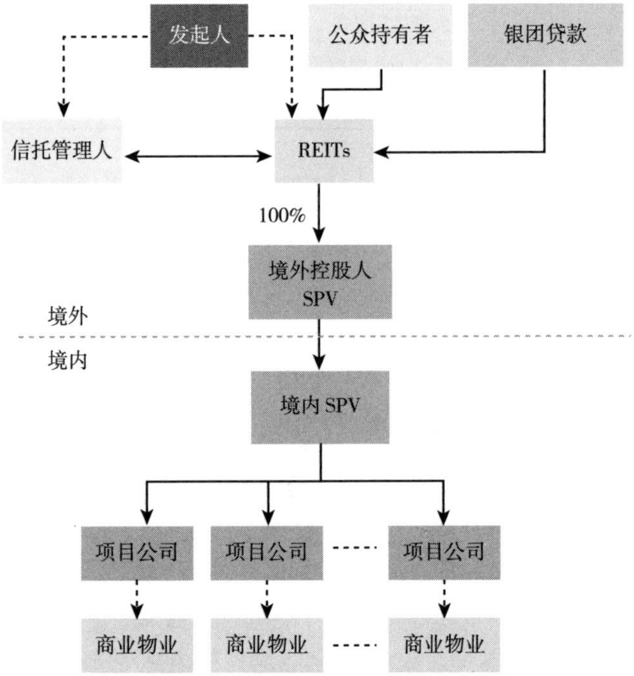

图 9－10　中国境内资产在香港设立 REITs 简易交易结构

2. 内地 REITs

在内地，REITs 主要以专项资产管理计划作为载体，投资者通过认购专项资产管理计划份额参与专项资产管理计划，发起者转让资产或收益权至专项资产管理计划中。A 档投资人为优先级投资人，B 档投资人为次级投资人。一般发起人认购 B 档投资，作为结构化增信措施。根据项目需求，可设计由专项资产管理计划持股 SPV 进行控制项目公司。计划管理人在专项资产管理计划存续期间进行管理及分配。到期后，以原始权益人赎回或上市等渠道实现 REITs 的退出。具体交易结构如图 9－11 所示。

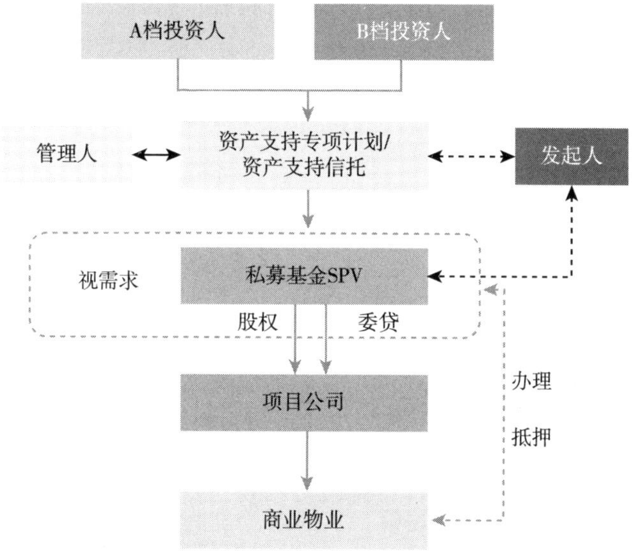

图 9－11　中国境内资产在内地设立 REITs 简易交易结构

结合美国 REITs，对我国香港 REITs 和内地 REITs 进行特点分析可以发现，境外市场中所发行的 REITs 是一种以信托为载体的证券，可以在证券市场上公开交易，并且具有较强的流动性，股价具有波动性，投资者可以通过交易获得差额收益，同时，不同于一般证券，REITs 产品具有强制分红的要求，在一定程度上类似于优先股的结构。对于设立 REITs 的原始权益人而言，将资产剥离至 REITs 中，还可以获得税收方面的优惠。

而我国内地 REITs 产品并不具备强制分红、投资比例要求及收入来源等相关法律要求。在我国内地，REITs 发行和交易的场所仍集中于证监会监管下的交易所。

在房地产企业运营过程中，产品开发完成后，企业可以选择销售产品以获得销售收入及利润；或者持有产品，通过后续持续运营获得现金流。

对于持有型物业而言，每年收取的租金收入虽然是稳定的现金流入，但无法在短时间内覆盖所投入的成本。通过设立 REITs，可以将若干年内的现金流进行折现，从而迅速收回投入。因此，REITs 可被视为一种融资方式，通过发行 REITs，可以获得规模较大、期限较长的资金。

在 REITs 的交易结构中，实际上是将资产出售给 SPV，出售资产在财务报表中可以体现资产增值收益，改善利润表。同时，使用 REITs 进行融资，可以不体现为负债，从而改善资产负债表，降低资产负债率水平。

同样是公开市场融资，目前我国内地 REITs 发行不占用公开发债额度，因此可以为企业提供额外融资额度。

9.2.4 中国的类 REITs 产品

我国的类 REITs 产品是指在上海证券交易所、深圳证券交易所等交易场所发行的类 REITs 资产证券化产品，通过多层 SPV 的架构设计，使投资者可间接持有标的物业资产，享有固定收益以及资产增值。

近年来中国 REITs 的发展速度逐步加快，但仍受很多制度上的限制，在税收方面没有相应的支持政策。在国内，自持物业出租时需要缴纳增值税、房产税、所得税，分红还得缴纳个人所得税，导致租金收益较低，若进行物业出售或最终收益分配，需要缴纳土增税或资产转让所得税。在市场交易方面，相关的政策如登记制度、上市交易条件、退出机制不完善；相关法律如《中华人民共和国信托法》《中华人民共和国公司法》相关部分不能支持 REITs 形式；此外，REITs 需要较好的流动性、较低的投资门槛和产品标准化，目前国内市场还无法达到这些要求。

2014 年 11 月 19 日，证监会正式发布了《证券公司及基金管理子公司资产证券化业务管理规定》及配套工作指引（以下简称“规定与指引”），类 REITs 产品开始快速发展。这类产品通过繁复的交易结构设计，实现了不动产资产的资产证券化，虽不能完全解决上述 REITs 面临的各种难题，但在一定程度上实现了部分 REITs 功能，同时通过多 SPV 的结构，为未来发行真正 REITs 产品做好了准备。

根据 Wind 数据统计，自 2014 年我国首只类 REITs 产品中信启航专项资产管理计划在深圳证券交易所挂牌转让以来，证监会监管的类 REITs 产品已发行 16 支，总规模超过 474 亿元，尽管从原始权益人、券商到投资者的各市场参与主体呼声较高，但相对于我国庞大的不动产资产储量，类 REITs 及其发展环境并未取得实质性进展。

9.2.5 资产支持证券、房地产信托与 REITs

1. REITs 与资产支持证券之间的联系与区别

在内地市场设立的 REITs 产品，与资产支持证券一样，通过设立资产支持计划持有物业，并在交易所上市交易。在我国的监管体系中，将 REITs 纳入与资产支持计划相同的监管体系中，并且按照专项资产管理计划的相关法律法规进行审批及后续管理工作。

但是，从美国和中国香港的经验来看，我国内地目前所发行的 REITs 产品实际上和境外所发行的 REITs 产品具有本质差异：

（1）发行后仍由原始权益人进行管理，不进行并购等，本质是债券而非证券。境外发行的 REITs 中，管理人水平至关重要。原始权益人在将商业物业转移至 REITs 后，即实现了退出。REITs 的后续分红和持续运营将由管理人负责。而目前我国内地所发行的 REITs 产品，在存续期间仍聘请原始权益人对物业进行管理，甚至还设计了由原始权益人进行回购的结构，也就是说，所发行 REITs 并未将商业物业实质剥离，而是为原始权益人提供了融资。在交易结构中，REITs 虽然控制了股权，但计划管理人并未对物业进行后续管理，REITs 也无法进行并购扩张等。

（2）产品流动性较差，波动率较低。REITs 产品成功设立并发行后，即可在交易所进行公开交易。然而，目前所发行的 REITs 产品中，产品流动性较差，主要体现在市值的波动率较低，投资者投资于 REITs 产品的初衷是获得固定收益回报，即把 REITs 视作一个固定收益产品，到期还本付息，而非将 REITs 视作投资于商业物业的配置产品。

（3）目前退出路径尚未明确。目前所发行的 REITs 产品中，最近到期日为 2019 年，其余均存续期间较长。在产品说明书中，其退出路径为到期在公开市场上交易，或到期后由原始权益人、原股东或实际控制人进行回购。目前，能否通过在公开市场交易的方式退出尚不明确。

2. REITs 与房地产信托之间的联系与区别

2008～2012 年，信托作为金融行业的一个分支，在政策利好下得到了快速发展。而房地产信托是支撑信托业快速发展的基石之一。房地产信托与在我国内地发行的 REITs 初衷相同，都是为房地产企业提供融资，但是，从交易结构等方面分析，两者之间差异显著。

（1）信托和 REITs 所采用的基础资产性质明显不同。信托多为项目融资，即为建设中的项目提供融资。金额一般以项目建设所需资金为限。信托项目一般要符合“四三二”的标准，即“四证齐全”“30% 自由资金”“开发商二级资质”。而 REITs 是以已建成并可以产生稳定、可预见现金流的物业作为融资标的。

（2）信托和 REITs 投资者受众群体不同。信托资金按来源分为单一资金和集合资金。单一资金即为某一合格投资者，通过单一信托计划将资金委托至信托公司进行投资。一般而言，银行等机构投资者为单一信托计划的委托人。若无法找到单一资金，则需要通过发行集合信托，募集多个委托人的资金成立信托计划。集合信托计划因需要进行营销、发行等工作，往往成本高于单一信托计划。即使是单一信托计划，其资金成本也是根据信托市场中平均水平而定。

而我国发行的 REITs 产品，其资金来源分为两种。第一种是在产品设计过程中已经逐渐和资金方进行洽谈，或者是根据资金方的需求量身定做的产品。这种产品资金来源类似于信托单一资金。第二种则是在产品设计完成后，通过在公开市场的路演、销售，获得产品在公开市场上的定价。也就是说，真正市场化意义上的 REITs，其定价应是公开的、充分反映市场信息的。

（3）房地产信托和 REITs 存续期限不同。房地产信托项目以信托计划为载体，通过贷款等方式进入项目，期限通常以单体项目施工建设周期为限。而 REITs 产品设立的初衷是利用其所持有物业能够稳定产生现金流的能力将物业变现。因此，REITs 产品的存续期间一般较长。值得一提的是，在境外发行的 REITs 产品，其本质为证券，因此没有存续期的限制。

9.2.6 未来 REITs 发展需要解决的问题

1. REITs 流动性问题

自 2014 年以来，交易所共挂牌发行 REITs 产品 9 只。从这 9 只产品的表现来看，除启航 2014 - 1 产品由于特殊原因对部分投资者进行回购外，其余产品均由初始投资者持有。这些产品并不具备交易属性。缺乏流动性，导致目前发行的 REITs 产品收益率无法体现其价值。

对此，我国在发展 REITs 产品的同时，应做好交易场所基础建设及投资人教育。交易场所可以依托现有上海证券交易所、深圳证券交易所的基础设施，完善 REITs 转让、撮合交易系统；对投资人，要大力宣传 REITs 产品的本质和发展方向，引导投资人从证券投资及估值的角度对 REITs 价格进行判断。

2. REITs 收益率问题

目前，我国发行的 REITs 产品是一种类固定收益的产品。投资人在投资于 REITs 产品时即对收益率进行锁定。REITs 收益率并不会随着时间的推移、物业的增值以及管理水平的提高而得到应有的体现。也就是说，收益率仅仅反映了 REITs 产品发行时点市场对于该产品所承载物业的价值判断，而没有动态均衡的过程。

从国外经验来看，REITs 是一种证券产品，也就是说其收益率应当充分体现其内在价值，而不是类固定收益证券。没有活跃的交易，也就无从反映市场对其价值的判断。

3. REITs 税收优惠问题

REITs 在设立及后续运营过程中，会涉及房地产税、增值税等税种。例如，在物业运营产生租金收入时涉及房地产税；产品存续过程中，运营收益及发生资产转让时会涉及企业所得税、契税、印花税等。REITs 所涉及税种的纳税环节包括增值税、企业所得税、土地增值税、印花税等。

境外所发行的REITs产品都有对应的税收法律，在税收方面予以优惠。然而，目前我国对REITs产品并未给出明确法规对REITs产品予以税收优惠，因此，对原始权益人而言，税收优惠的不健全仍是影响其发行REITs产品的障碍之一。

第 10 章

促进中国房地产市场稳健发展的政策建议

本书运用双市场均衡的结构化方程组和金融资产估值方法估算了我国商品房住宅价格与租金的背离程度，实证结果表明，自 2005 年起我国一线城市商品房住宅市场销售价格相对租金等基本面信息呈现一定程度的价格偏离，虽然价格跃升的惯性在近年政府颁布积极的管制政策之后表现出萎缩的趋势，但是伴随而来的是主要城市租金价格全面上涨的局面，租金的上涨使住宅价格具备再次上涨的潜力。

房地产市场的价格跃升必然导致资本向本领域集中，严重牵制经济结构转型，构成长期经济剧烈波动的隐患，一旦房地产价格持续上涨的惯性推动市场一致预期，就易形成脱离基本面的住宅价格泡沫，进而助推系统性金融风险的暴露。如果监管不力，则市场微观个体的行为便会在高额利润的驱动下导致信贷扩张，使房地产相关的贷款规模在贷款业务中的占比突增，从规模和结构上影响银行资产质量，形成巨大的金融风险。因此，防范房地产价格泡沫十分必要。

本书的分析结论表明，“限购令”的效果在长期存在着推动租金上涨从而带动房价再次上涨的可能性，因而扩大租赁供给满足居住需求的相关配套政策必须迅速就位。租金的上涨会将刚性购房需求传递到租赁市场成为租赁需求方，城市中普通安家者面临“不能买，租不起”的困境，最终导致社会福利降低。结合本书的理论与经验分析，我们在此提出促进我国房地产市场稳健发展的几点政策建议。

第一，房地产价格调控不应是我国宏观调控的政策锚。理论上，调控房地产市场价格水平，以使其回归“基础价格”或“公平价格”不应当作为宏观调控的政策锚，而只能作为政府宏观调控在微观市场进行结构化调节的政策配合。因此，房地产调控政策应当从“一刀切”的价格管控或数量管控转变为发展和繁荣房地产销售市场和租赁市场，尤其是扩大住宅租赁的供给端，建立健全各项针对房地产发展的法律法规和价格监控体系。然而，必须承认的是，一个繁荣、理性的房地产市场是会受到宏观基本面的深刻影响的，在这个意义上，政策上短期内可以调节单一房地产市场，但在长期必须进行根本的全社会资产价格调控，使全社会各个行业资本收益处于合理水平，溢出到房地产领域的套利资本将自动疏导至效率市场。

第二，提高信贷门槛，加强信贷监管。必须加强对银行的监管，包括银行资本充足率、资产流动性、风险控制能力等。首先，要进一步健全金融监管体系，增加监管手段，增强监管能力，提高监管水平；其次，要加强信用总规模的控制，不使社会总信用过度脱离实体经济的需求而恶性膨胀，从源头上防止泡沫经济发生；再次，要加强投资结构的调控，通过利率、产业政策等，引导资金流向生产经营等实质经济部门。房地产金融业应尽快与国际接轨，尽早发展房地产投资基金，大力推进房地产抵押贷款证券化，尽快成立购房担保机构，推进保险业尤其是寿险业与住宅产业的结合。积极地借鉴海外成功经验，加强研究与国外不断创新的房地产金融手段和新型的房地产金融资本市场结合的方式、方法和步骤，促进开发信贷与消费信贷的同时发展，建立起健康繁荣的房地产金融市场（包括一级市场和二级市场），有效化解金融风险。同时，进一步提高商业银行抵御风险的能力。应从基础设施建设入手，提高我国银行业自身抵御金融风险的能力；金融监管部门应从制度建设入手，完善个人信用制度、抵押制度、抵押保险制度和抵押二级市场的发展，这样才能防范房地产业信贷泡沫，有利于房地产业与金融业的共同发展。

第三，“限购”与扩大租赁供给并行，稳定房地产市场预期。“限购令”是中央和地方政府用于解决房价上涨过高、上涨速度过快以及供应紧张问题的一项管制措施，在短期内通过差别化信贷的“限贷”政策和按照户籍供应的“限量”政策，从需求方面限制了自住性购房需求之外的其他购房需求，降低了房地产市场的成交量，对抑制房价上涨速度产生了一定的积极效果，尽管它在一定程度上推高了房屋租赁市场的租金价格。我们认为，“一刀切”的限购政策需要做适当调整，“限购令”不是权宜之计，它与我国独特的消费文化和人口结构特征密切相连，也与房地产市场本身的特性相关。因此，我们应该继续在一个中长期内实行“有差别性的信贷政策”与“引导合理性需求”的限购管制措施，以居民收入的提高来缓和乃至消除房地产价格的泡沫成分，稳定房地产市场价格预期，以时间换空间，实现房地产市场调控的“软着陆”。同时，我们应积极地实施税收制度改革，完善保障性住宅体系，全方位地引导住宅需求。

第四，兼顾房地产销售市场和租赁市场的均衡发展。现阶段在治理泡沫化的商品住宅销售市场中所采用的主要是价格、数量调控手段，罕有发展住宅租赁市场的具体手段，所导致的结果是：基于投资预期（租金回报）购买所产生的租赁市场供给与长期租赁需求之间存在相当规模的缺口。若为了获取资本利得而非租金收入的投机持有行为持续，住宅租赁市场的供给会进一步萎缩，租金水平在中长期将呈现显著上升的态势。这给城市普通居民带来的后果是“不能买，租不起”，最终导致限购政策失效。因此，现有的“一刀切”的限购政策需要做适当调整，应针对不同城市情况分类调控，其总体原则是严控投机性住宅需求、允许投资性需求、发展住宅租赁市场。在大型城市倡导住宅的价值投资功能也是解决住宅销售价格泡沫化的途径之一。在保障性住宅供给不能满足市场的需求时，则须在政策上采取措施保证住宅租赁市场功能的正常发挥，以满足限购所导致的租赁市场新增需求，包括对住宅租赁市场的投资（即以收取租金为目的的投资性购买）须予以鼓励。具体地说，可以考虑通过税收优惠等价格工具实施租金补贴，在交易环节对于商品房价格投机行为实施惩罚性税赋的同时，配合以区别化的利率、税率鼓励“购转租”。其他的辅助性政策措施还包括对投机性土地购买征收重税、切实打击囤地行为、将由政府民生性的基础设施建设（如交通网络等）所抬高的楼盘价格纳入税收征管范畴等。

第五，彻底转变房地产的融资方式，由银行信贷转变为资产支持证券和权益类产品（REITs）。目前房地产市场的融资方式高度依赖银行信贷，这会带来两方面问题：一是银行信贷期限短导致住宅项目风险高，如果不在尽量短的时间内去化，则开发商、银行会双双受困；二是商业银行持有大量的土地开发、项目开发等涉房地产信贷，流动性变差，资金效率极低，且不利于多元化经营。因此，推动房地产市场（住宅销售和租赁）健康发展的治本方法应当是尽可能降低银行在房地产类贷款的集中度。因而，资产支持证券和房地产信托投资基金的大幅度放开，就成为发展的必然。资产支持证券在监管到位和市场定价有效的两个条件下，能够成为分散商业银行风险、提高资金效率的重要手段，而 REITs 这种权益类产品由于带有高分红、低风险、无杠杆等特性，可为房地产行业的若干分支（如物业）提供良性的融资方式。

参 考 文 献

［1］安体富、窦欣：《论土地财政与房地产市场调控》，载于《地方财政研究》2011 年第 2 期。

［2］巴曙松、田磊：《房价波动、货币政策与经济周期波动：一个 dsge 分析框架》，载于《当代财经》2015 年第 8 期。

［3］卞志村：《泰勒规则的实证问题及在中国的检验》，载于《金融研究》2006 年第 8 期。

［4］卜永祥：《人民币升值压力与货币政策：基于货币模型的实证分析》，载于《经济研究》2008 年第 9 期。

［5］蔡明超、黄徐星、赵戴怡：《房地产市场反周期宏观调控政策绩效的微观分析》，载于《经济研究》2011 年第 1 期。

［6］曹广忠、袁飞、陶然：《土地财政、产业结构演变与税收超常规增长——中国“税收增长之谜”的一个分析视角》，载于《中国工业经济》2007 年第 12 期。

［7］曹如月：《中国房地产开发项目的资金来源研究》，https：//wenku. baidu. com/view/9436c26916fc700abb68fc7d. html。

［8］陈耿、范运：《调控房地产市场过热的货币政策选择：提高房贷利率还是提高首付比例》，载于《生产力研究》2007 年第 20 期。

［9］陈建、陈英楠、刘仁和：《所有权成本、投资者预期与住宅价格波动：关于国内四大城市住宅市场的经验研究》，载于《世界经济》2009 年第 10 期。

［10］陈健、高波：《住房保障与财富效应逆转——基于平滑转换回归方法的实证分析》，载于《经济评论》2012 年第 1 期。

［11］陈利锋：《不同抵押约束机制下的房地产市场调控政策效应——基于 nk - dsge 模型的分析》，载于《广东财经大学学报》2016 年第 31 卷

第4期。

［12］陈利锋、范红忠：《房价波动、货币政策与中国社会福利损失》，载于《中国管理科学》2014年第22卷第5期。

［13］陈鑫、方意：《房地产调控政策的实施和退出效果研究——基于vecm和dsge模型相结合的分析》，载于《当代经济科学》2016年第38卷第3期。

［14］陈彦斌、刘哲希：《推动资产价格上涨能够“稳增长”吗？——基于含有市场预期内生变化的DSGE模型》，载于《经济研究》2017年第7期。

［15］陈樱：《我国房地产信托投资基金（REITs）发展问题研究》，厦门大学博士论文，2009年。

［16］陈颖佳、陈君：《利率政策对城市房地产市场的影响——基于贷款利率时滞的测算和分析、对策与思考》，载于《市场论坛》2011年第12期。

［17］陈昭翔、陈立文：《房地产泡沫指数研究》，载于《价格理论与实践》2017年第11期。

［18］陈志勇、陈莉莉：《“土地财政”：缘由与出路》，载于《财政研究》2010年第1期。

［19］丛颖：《房地产市场周期与宏观经济周期关系的实证研究》，载于《东北财经大学学报》2014年第3期。

［20］方建国：《房地产资产证券化对企业产融结合发展模式的影响研究》，载于《建筑经济》2015年第12期。

［21］高波：《房价波动、住房保障与消费扩张》，载于《理论月刊》2010年第7期。

［22］高波、王文莉、李祥：《预期、收入差距与中国城市房价租金“剪刀差”之谜》，载于《经济研究》2013年第6期。

［23］高波、王先柱：《中国房地产市场货币政策传导机制的有效性分析：2000～2007》，载于《财贸经济》2009年第3期。

［24］顾红春：《基于hodrick－prescott滤波的中国房地产周期实证研究》，载于《建筑经济》2013年第12期。

［25］郭庆旺、贾俊雪：《地方政府行为、投资冲动与宏观经济稳定》，

载于《管理世界》2006 年第 5 期。

［26］韩克勇、阮素梅：《中国房地产泡沫测度及成因分析》，载于《东岳论丛》2017 年第 38 卷第 11 期。

［27］韩立达、肖云：《购房贷款首付比例变化对房地产市场的影响分析》，载于《价格月刊》2008 年第 1 卷。

［28］何青、钱宗鑫、郭俊杰：《房地产驱动了中国经济周期吗?》，载于《经济研究》2015 年第 12 期。

［29］何小锋：《资产证券化》，北京大学出版社 2002 年版。

［30］洪涛、西宝、高波：《房地产价格区域间联动与泡沫的空间扩散——基于 2000—2005 年中国 35 个大中城市面板数据的实证检验》，载于《统计研究》2007 年第 24 卷第 8 期。

［31］黄德权：《外部经济失衡、流动性过剩与房地产投资过热》，载于《中央财经大学学报》2008 年第 5 期。

［32］黄静、屠梅曾：《房地产财富与消费：来自于家庭微观调查数据的证据》，载于《管理世界》2009 年第 7 期。

［33］黄文：《货币供应量对我国房地产市场的溢出效应——基于 dsge 模型的仿真分析》，载于《审计与经济研究》2018 年第 5 期。

［34］黄征学：《经济适用房的政策效应分析》，载于《经济科学》2004 年第 3 期。

［35］贾俊雪：《中国税收收入规模变化的规则性、政策态势及其稳定效应》，载于《经济研究》2012 年第 11 期。

［36］贾俊雪、郭庆旺：《财政支出类型、财政政策作用机理与最优财政货币政策规则》，载于《世界经济》2012 年第 11 期。

［37］贾俊雪、郭庆旺：《政府间财政收支责任安排的地区经济增长效应》，载于《经济研究》2008 年第 6 期。

［38］贾俊雪、郭庆旺、赵旭杰：《地方政府支出行为的周期性特征及其制度根源》，载于《管理世界》2012 年第 2 期。

［39］贾康、刘微：《“土地财政”：分析及出路——在深化财税改革中构建合理、规范、可持续的地方“土地生财”机制》，载于《财政研究》2012 年第 1 期。

［40］贾庆英、孔艳芳：《资产价格、经济杠杆与价格传递——基于国

际 pvar 模型的实证研究》，载于《国际金融研究》2016 年第 345 卷第 1 期。

［41］江小涓：《大国双引擎增长模式——中国经济增长中的内需和外需》，载于《管理世界》2011 年第 6 期。

［42］蒋省三、刘守英、李青：《土地制度改革与国民经济成长》，载于《管理世界》2007 年第 9 期。

［43］蒋贤锋、王贺、史永东：《我国金融市场中基准利率的选择》，载于《金融研究》2008 年第 10 期。

［44］金德伯格：《Palgrave 经济学大词典》，经济管理出版社 1987 年版。

［45］况伟大：《房价与地价关系研究：模型及中国数据检验》，载于《财贸经济》2005 年第 11 期。

［46］况伟大：《预期、投机与中国城市房价波动》，载于《经济研究》2010 年第 9 期。

［47］况伟大：《中国住房市场存在泡沫吗》，载于《世界经济》2009 年第 12 期。

［48］况伟大：《住房特性、物业税与房价》，载于《经济研究》2009 年第 4 期。

［49］李成、王彬、马文涛：《资产价格、汇率波动与最优利率规则》，载于《经济研究》2010 年第 3 期。

［50］李锐：《我国房地产泡沫缘何难以抑制》，载于《人民论坛》2016 年第 27 期。

［51］李世美、韩庆兰、曾昭志：《房地产价格的货币沉淀效应研究》，载于《管理评论》2012 年第 24 卷第 4 期。

［52］李松华：《我国货币政策对房价调控效应的模拟——基于新凯恩斯 dsge 模型》，载于《深圳大学学报（人文社会科学版）》2015 年第 32 卷第 5 期。

［53］李扬、殷剑锋、陈洪波：《中国：高储蓄、高投资和高增长研究》，载于《财贸经济》2007 年第 1 期。

［54］梁云芳、高铁梅：《我国商品住宅销售价格波动成因的实证分析》，载于《管理世界》2006 年第 8 期。

［55］梁云芳、高铁梅：《中国房地产价格波动区域差异的实证分析》，载于《经济研究》2007 年第 8 期。

［56］梁云芳、高铁梅、贺书平：《房地产市场与国民经济协调发展的实证分析》，载于《中国社会科学》2006 年第 3 期。

［57］铃木淑夫：《日本的金融制度》，中国金融出版社 1987 年版。

［58］刘骏民：《虚拟经济的研究及其理论意义》，载于《东南学术》2004 年第 1 期。

［59］刘民权、孙波：《商业地价形成机制、房地产泡沫及其治理》，载于《金融研究》2009 年第 10 期。

［60］刘仁和、陈奕、陈英楠：《租金房价比失效了吗——基于四大城市的经验研究》，载于《财贸经济》2011 年第 11 期。

［61］刘守英、蒋省三：《土地融资与财政和金融风险——来自东部一个发达地区的个案》，载于《中国土地科学》2005 年第 5 期。

［62］刘晓欣、贾庆英：《房地产业价格变动对物价的影响——国际比较及启示》，载于《现代财经（天津财经大学学报）》2014 年第 8 期。

［63］刘晓星、姚登宝：《金融脱媒、资产价格与经济波动：基于 dnk - dsge 模型分析》，载于《世界经济》2016 年第 39 卷第 6 期。

［64］刘雅娇、胡静波：《房地产价格对实体经济波动的动态影响——基于 sys - gmm 模型的实证分析》，载于《财经科学》2018 年第 4 期。

［65］刘元春、阎衍、朱戎：《2009 - 2010 年中国宏观经济分析与预测》，载于《中国人民大学学报》2010 年第 1 期。

［66］龙奋杰、董黎明：《经济适用房政策绩效评析》，载于《城市问题》2005 年第 4 期。

［67］楼江、李静：《遏制房价过快上涨之长效机制研究》，载于《中国房地产》2010 年第 4 期。

［68］陆军、钟丹：《泰勒规则在中国的协整检验》，载于《经济研究》2003 年第 8 期。

［69］陆烨彬、吴应宇：《我国资产证券化的发展模式探析》，载于《现代管理科学》2004 年第 12 期。

［70］吕冰洋、聂辉华：《分税制的契约与改革》，中国人民大学工作论文，2012 年。

[71] 吕江林：《我国城市住房市场泡沫水平的度量》，载于《经济研究》2010 年第 6 期。

[72] 牛凤瑞、李景国：《中国房地产发展报告》，社会科学文献出版社 2008 年版。

[73] 牛毅：《经济适用住房政策的绩效评价》，载于《财贸经济》2007 年第 12 期。

[74] 平新乔、陈敏彦：《融资、地价与楼盘价格趋势》，载于《世界经济》2004 年第 7 期。

[75] 三木谷良一：《日本泡沫经济的产生、崩溃与金融改革》，载于《金融研究》1998 年第 6 期。

[76] 上海社会科学院房地产业研究中心：《中国房价周期波动区域差异的经济分析》，上海社会科学院出版社 2009 年版。

[77] 沈悦、刘洪玉：《住宅价格与经济基本面：1995 - 2002 年中国 14 城市的实证研究》，载于《经济研究》2004 年第 6 期。

[78] 宋玉华、李泽祥：《麦克勒姆规则有效性在中国的实证研究》，载于《金融研究》2007 年第 5 期。

[79] 陶然、袁飞、曹广忠：《区域竞争、土地出让与地方财政效应：基于 1999 - 2003 年中国地级城市面板数据的分析》，载于《世界经济》2007 年第 10 期。

[80] 王诚庆：《经济适用房的历史地位与改革方向》，载于《财贸经济》2003 年第 11 期。

[81] 王嘉：《对我国房地产市场金融调控政策的分析》，复旦大学硕士学位论文，2010 年。

[82] 王举、吕春梅、戴双兴等：《土地财政与房地产业发展》，载于《地方财政研究》2008 年第 10 期。

[83] 王擎、韩鑫韬：《货币政策能盯住资产价格吗？——来自中国房地产市场的证据》，载于《金融研究》2009 年第 8 期。

[84] 王维：《房地产基础价值及泡沫类型解析——以上海市为例》，载于《经济学家》2009 年第 7 卷第 7 期。

[85] 王曦：《从美、日房地产泡沫看我国房地产市场》，东北财经大学硕士论文，2007 年。

[86] 王雪峰:《中国房地产市场泡沫的测度研究》,载于《现代经济探讨》2005 年第 8 期。

[87] 王云清、朱启贵、谈正达:《中国房地产市场波动研究——基于贝叶斯估计的两部门 dsge 模型》,载于《金融研究》2013 年第 3 期。

[88] 王泽宇:《基于改进 bp 神经网络的房地产泡沫测度评价研究》,载于《财经理论与实践》2013 年第 34 期第 4 卷。

[89] 王子明:《泡沫经济理论与实证研究》,南开大学博士论文,2002 年。

[90] 吴利学:《中国能源效率波动:理论解释、数值模拟及政策含义》,载于《经济研究》2009 年第 5 期。

[91] 吴锐、李跃亚:《经济适用房与高房价关系的实证分析——基于 VAR 模型》,载于《技术经济》2011 年第 4 期。

[92] 吴云勇、马会:《中国经济适用房政策保障绩效的实证研究》,载于《未来与发展》2010 年第 12 期。

[93] 肖争艳、彭博:《住房价格与中国货币政策规则》,载于《统计研究》2011 年第 28 卷第 11 期。

[94] 谢经荣、吕萍、乔志敏:《房地产经济学》,中国人民大学出版社 2008 年版。

[95] 谢平、罗雄:《泰勒规则及其在中国货币政策中的检验》,载于《经济研究》2002 年第 3 期。

[96] 杨绍媛、徐晓波:《我国房地产税对房价的影响及改革探索》,载于《经济体制改革》2007 年第 2 期。

[97] 杨帅、温铁军:《经济波动、财税体制变迁与土地资源资本化》,载于《管理世界》2010 年第 4 期。

[98] 杨赞、张欢、赵丽清:《中国住房的双重属性:消费和投资的视角》,载于《经济研究》2014 年第 1 期。

[99] 杨子晖:《财政政策与货币政策对私人投资的影响研究——基于有向无环图的应用分析》,载于《经济研究》2008 年第 5 期。

[100] 尹志超、宋全云、吴雨:《金融知识、投资经验与家庭资产选择》,载于《经济研究》2014 年第 4 期。

[101] 余华义、黄燕芬:《货币政策效果区域异质性、房价溢出效应

与房价对通胀的跨区影响》，载于《金融研究》2015 年第 2 期。

［102］约翰·凯恩斯：《就业、利息和货币通论》，商务印书馆 1999 年版。

［103］约翰·伊特维尔，默里·米尔盖特等：《新帕尔格雷夫经济学大辞典（第一卷)》，经济科学出版社 2004 年版。

［104］张斌、何晓贝、邓欢：《不一样的杠杆——从国际比较看杠杆上升的现象、原因与影响》，载于《金融研究》2018 年第 2 期。

［105］张成思：《全球化与中国通货膨胀动态机制模型》，载于《经济研究》2012 年第 6 期。

［106］张成思：《通货膨胀、经济增长与货币供应：回归货币主义?》，载于《世界经济》2012 年第 8 期。

［107］张杰平、刘晓光：《价格结构性上涨：货币、物价和房价》，载于《经济评论》2016 年第 6 期。

［108］张莉、王贤彬、徐现祥：《财政激励、晋升激励与地方官员的土地出让行为》，载于《中国工业经济》2011 年第 4 期。

［109］张清勇、郑环环：《中国住宅投资引领经济增长吗?》，载于《经济研究》2012 年第 2 期。

［110］张双长、李稻葵：《“二次房改”的财政基础分析——基于土地财政与房地产价格关系的视角》，载于《财政研究》2010 年第 7 期。

［111］张文斌、刘选、田玉忠：《基于测度体系模型的房地产泡沫测度研究》，载于《干旱区地理（汉文版)》2016 年第 39 卷第 4 期。

［112］张晓晶、孙涛：《中国房地产周期与金融稳定》，载于《经济研究》2006 年第 1 期。

［113］张屹山、张代强：《前瞻性货币政策反应函数在我国货币政策中的检验》，载于《经济研究》2007 年第 3 期。

［114］赵进文、高辉：《资产价格波动对中国货币政策的影响——基于 1994—2006 年季度数据的实证分析》，载于《中国社会科学》2009 年第 2 期。

［115］郑挺国、刘金全：《区制转移形式的“泰勒规则”及其在中国货币政策中的应用》，载于《经济研究》2010 年第 3 期。

［116］智研咨询：《2018—2024 年中国房地产行业深度调研及投资前

景预测报告》，2018 年。

［117］钟伟、黄海南：《宏观视角房地产专题系列之二：房地产泡沫的成因与识别》，2013 年。

［118］周彬、杜两省：《“土地财政”与房地产价格上涨：理论分析和实证研究》，载于《财贸经济》2010 年第 8 期。

［119］周达：《房地产宏观调控政策解读》，载于《中国金融》2010 年第 10 期。

［120］周黎安：《中国地方官员的晋升锦标赛模式研究》，载于《经济研究》2007 年第 7 期。

［121］周文兴、林新朗：《经济适用房投资额与商品房价格的动态关系》，载于《技术经济》2011 年第 1 期。

［122］朱英姿、许丹：《官员晋升压力、金融市场化与房价增长》，载于《金融研究》2013 年第 1 期。

［123］Agnello, Luca., Castro, Vítor., and Sousa, Ricardo M., 2011, “How Does Fiscal Policy React to Wealth Composition and Asset Prices?”, NIPE Working Papers, 24/2011.

［124］Ahuja, Ashvin, Lillian Cheung, Gaofeng Han, Nathan John Porter, and Wenlang Zhang, 2010, “Are House Prices Rising Too Fast in China?”, IMF Working Paper, No. WP/10/274.

［125］Arellano, M. and O. Bover, 1995, “Another Look at the Instrumental Variable Estimation of Error – components Models”, *Journal of Econometrics*, 68.

［126］Arellano, M. and S. Bond, 1991, “Some Tests of Specification for Panel Data: Monte Carlo Evidence and an Application to Employment Equations”, *Review of Economics Studies*, 58: 277 – 297.

［127］Bernake Ben, S., and Gertler Mark, “Agency Costs, Net Worth, and Business Fluctuations”, *American Economic Review*, 1989, 79 (1): 14 – 31.

［128］Bernanke, B. S., and M. Gertler, 2001, “Should Central Banks Response to Movements in Asset Prices?” *American Economic Review*, 91 (2): 253 – 257.

［129］Blanchard, Olivier, and Robert Perotti, 2002, “An Empirical

Characterization of the Dynamic Effects of Changes in Government Spending and Taxes on Output", *Quarterly Journal of Economics*, 117 (4): 1329 – 1368.

[130] Blundell, R. and S. Bond, 1998, "Initial Conditions and Moment Restrictions in Dynamic Panel Data Models", *Journal of Econometrics*, 87.

[131] Brown, S., & Warner, J., 1980, "Measuring Security Price Performance", *Journal of Financial Economics*, 8: 205 – 258.

[132] Brunnermeier, M. K., and Julliard, C., 2008, "Money Illusion and Housing Frenzies", *Review of Financial Studies*, 21 (1): 135 – 180.

[133] Campbell, J. Y., and Ammer, J., 1993, "What Moves the Stock and Bond markets? A Variance Decomposition for Long – term Asset Returns", *Journal of Finance*, 48 (1): 3 – 37.

[134] Campbell, J. Y., and Shiller, R. J., 1988, "The Dividend – Price Ratio and Expectations of Future Dividends and Discount Factors", *Review of Financial Studies*, 1 (3): 195 – 228.

[135] Campbell, J. Y., Lo, A. W., and MacKinlay, A. C., 1997, *The Econometrics of Financial Markets*, Princeton: Princeton University Press.

[136] Campell, Sean D., Davis, Morris A., Gallin, Joshua and Martin, Robert F., 2009, "What Moves Housing Markets: A Variance Decomposition of the Rent – Price Ratio", *Journal of Urban Economics*, 66 (2): 90 – 102.

[137] Cao, Guangzhong, Feng, Chuangchun, and Ran, Tao, 2008, "Local 'Land Finance' in China's Urban Expansion: Challenges and Solutions", *China & World Economy*, 16 (2): 19 – 30.

[138] Case, Karl E. and Robert J. Shiller, 2003, "Is There a Bubble in the Housing Market?" *Brookings Papers on Economic Activity*, 2003 (2): 299 – 342.

[139] Cetorelli, N. and L. S. Goldberg, 2012, "Banking Globalization and Monetary Transmission", *The Journal of Finance*, 67 (5): 1811 – 1843.

[140] Chen, Yu – Fu, Funke, Michael, and Aaron Mehrotra, 2011, "What Drives Urban Consumption in Mainland China? The Role of Property Price Dynamics", Working Papers 152011, Hong Kong Institute for Monetary Research.

[141] Cho, Man, Kim, Kyung - Hwan and M. Susan Wachter, 2011, "Interest Rates, User Cost of Capital, and Housing Price Dynamics", The 46th Annual AREUEA Conference Paper.

[142] Chow, Gregory C., and Niu Linlin, 2010, "Demand and Supply for Residential Housing in Urban China", *Journal of Finance Research* (in Chinese), 355 (1).

[143] Claeys, Peter, 2006, "Policy Mix and Debt Sustainability: Evidence from Fiscal Policy Rules", *CESIFO Working Paper*, NO. 1406.

[144] Clarida, Richard, Gali, Jordi, and Mark Gertler, 1998, "Monetary Policy Rules in Practice: Some International Evidence", *European Economic Review*, 42 (6): 1033 - 67.

[145] Den Hann, W. J., Summer, S. W., and G. M. Yamashiro, 2011, "Bank Loan Components and the Time - varying Effects of Monetary Policy Shocks", *Economica*, 78 (312).

[146] Driscoll, J. C. and A. C. Kraay, 1998, "Consistent Covariance Matrix Estimation with Spatially Dependent Panel Data", *Review of Economics and Statistics*, 80: 549 - 560.

[147] Du, Hongyan, Ma, Yongkai, and An Yunbi, 2011, "The Impact of Land Policy on the Relation between Housing and Land Prices: Evidence from China", *Quarterly Review of Economics and Finance*, 51 (1).

[148] Favero, C. and Monacelli, T., 2003, "Monetary - fiscal Mix and Inflation Performance: Evidence from the US", *IGIER - Bocconi Working Paper*, No. 234.

[149] Gordon, Myron J., 1959, "Dividends, Earnings, and Stock Prices", *The Review of Economics and Statistics*, 41 (2): 99 - 105.

[150] Gordon, M., 1962, the Investment, Financing, and Valuation of the Corporation, Irwin, Homewood, IL. Hendershott, P., and Slemrod, J., 1983, "Taxes and the User Cost of Capital for Owner - Occupied Housing", *Journal of the American Real Estate and Urban Economics Association*, 10 (4): 375 - 393.

[151] Goukasian, L. and M. Majbouri, 2010, "The Reaction of Real

Estate – Related Industries to the Monetary Policy Actions", *Real Estate Economics*, 38 (2).

[152] Guo, Qingwang, Jia, Junxue, Zhang, Yongjie, and Zhao Zhiyun, 2011, "Mix of Fiscal and Monetary Policy Rules and Inflation Dynamics in China", *China &World Economy*, 19 (5): 47 –66.

[153] Hamilton J. D., *Time Series Analysi*, Princeton: Princeton University Press, 1994.

[154] Hardin W., Jiang, X., Wu, Z., 2010, "REIT Stock Prices with Inflation Hedging and Illusion", *Journal of Real Estate Finance and Economics, forthcoming*.

[155] Hayunga, K. D., and Lung, P., 2011, "Explaining Asset Mispricing Using the Resale Option and 24 Inflation Illusion", *Real Estate Economics*, 39 (2): 313 –344.

[156] Hiebert, P., and Sydow, M., 2011, "What Drives Returns to Euro Area Housing? Evidence form a Dynamic Dividend – discount Model", *Journal of Urban Economics*, 70 (2): 88 –98.

[157] Himmelberg, C., Mayer, C., and Sinai, T., 2005, "Assessing High House Prices: Bubbles, Fundamentals, and Misperceptions", *Journal of Economic Perspectives*, 19 (4): 67 –92.

[158] Hort, K., 1998, "The Determinants of Urban House Price Fluctuations in Sweden 1968 –1994", *Journal of Housing Economics*, 7: 93 –120.

[159] Hott, C. and Monnin, P., 2008, "Fundamental Real Estate Prices: An Empirical Estimation with International Data", *Journal of Real Estate Finance and Economics*, 36 (4): 427 –450.

[160] Hui E. and Wong J, 2007, "The Impact of Supply of Subsidized Sale Flats on Private Housing Prices in Hong Kong", *Journal of Real Estate Literature*, 15 (2): 255 –280.

[161] Hwang, Min and John M. Quigley, 2006, "Economic Fundamentals in Local Housing Markets: Evidence from U. S. Metropolitan Regions", *Journal of Regional Science*, 46 (3): 425 –453.

[162] Iacoviello, Matteo, 2005, "House Prices, Borrowing Constraints,

and Monetary Policy in the Business Cycle", *American Economic Review*, 95 (3): 739 - 764.

[163] Jorgenson, D. W., 1963, "Capital Theory and Investment Behavior", *American Economic Review*, 53 (2): 247 - 259.

[164] Junjie, Yang, 2012, "The Micromechanism of Real Estate Price Fluctuation to Macroeconomic Fluctuation", *Economic Research Guide*, (1): 117 - 127.

[165] Kaiji Chen and Yi Wen, 2014, "The Great Housing Boom of China", Working Paper at Federal Reserve Bank of St. Louis Research Division.

[166] Kim, Soyoung and Nouriel Roubini, 2007, "Twin Deficit or Twin Divergence? Fiscal Policy, Current Account, and Real Exchange Rate in the U. S. ", *Journal of International Economics*, 74 (2): 362 - 383.

[167] Kim, Yong, 2008, "Rent - Price Ratios and the Earnings Yield on Housing", Working Paper.

[168] Leeper, E. M., 1991, "Equilibria under 'Active' and 'Passive' Monetary and Fiscal Policies", *Journal of Monetary Economics*, 27 (1): 129 - 147.

[169] Li Ling Hin, 2005, "The Impact of Social Stigma: An Examination of the Public and Private Housing Markets in Hong Kong", *Appraisal Journal*, 73 (3).

[170] Li, Hongbin, and Zhou Li - An, 2005, "Political Turnover and Economic Performance: The Incentive Role of Personnel Control in China", *Journal of Public Economics*, 89 (9 - 10): 1743 - 1762.

[171] Lifeng, Chen, 2016, "The Effects of Real Estate Policies under Collateral Restrictions", *Journal of Guangdong University of Business Studies*, (4): 16 - 30.

[172] Liyong, Wang, and Wei, Huang, 2012, "The Relationship Between China's House Price and Income Distribution Differences", *Price Theory and Practice*, (11): 39 - 40.

[173] Matteo, Iacoviello, 2005, "House Prices, Borrowing Constraints, and Monetary Policy in the Business Cycle", *American Economic Review*, 95

(3): 739 - 764.

[174] McCallum, B. T., 1988, "Robustness Properties of a Rule for Monetary Policy", *Carnegie - Rochester Conference Series on Public Policy*, 29: 173 - 204.

[175] McCarthy, J., and Peach, R. W., 2004, "Are Home Prices the Next Bubble?", *FRBNY Economic Policy Review*, 11: 1 - 17.

[176] McCarthy, J., and Peach, R. W., 2005, "Is there a Bubble in the Housing Market now?", NFI Policy Brief, No. 2005 - PB - 01.

[177] Mishkin, F. S., 2007, "Housing and the Monetary Transmission Mechanism", NBER Working Paper, No. 13518.

[178] Modigliani, F. and L. Papademos, 1975, "Targets for Monetary Policy in the Coming Year", *Brookings Papers on Economic Activity*, No. 1.

[179] Ménard S., 2009, "The Social Housing and Rental Housing Markets in an Equilibrium Rent Search Model", Annals of Economics and Statistics, No. 95/96, July/December: 183 - 199.

[180] Naughton, Barry, 2007, *The Chinese Economy: Transition and Growth*, Massachusetts, Cambridge: MIT Press.

[181] Ong S. E. Sing T. F., 2002, "Price Discovery between Private and Public Housing Markets", *Urban Studies*, 39 (1): 57 - 67.

[182] Otto, G., 2007, "The Growth of House Prices in Australian Capital Cities: What Do Economic Fundamentals Explain?", *Australian Economic Review*, 40 (3): 225 - 238.

[183] Persyn, D. and J. Westerlund, 2008, "Error Correction Based Cointegration Tests for Panel Data", *Stata Journal*, 8 (2): 232 - 241.

[184] Phang S. Y. and Wong W. K., 1997, "Government Policy and Private Housing Prices in Singapore", *Urban Studies*, 34 (11): 1918 - 1929.

[185] Plazzi, A., Torous, W., and Valkanov, R., 2010, "Expected Returns and Expected Growth in Rents of Commercial Real Estate", *Review of Financial Studies*, 23 (9): 3469 - 3519.

[186] Poterba, J., 1984, "Tax Subsidies to Owner Occupied Housing: An Asset Market Approach", *Quarterly Journal of Economics*, 99 (4): 729 - 752.

[187] Qing, He, and Zongxin, Qian, and Junjie, Guo, 2015, "Has Real Estate Price Driven Chinese Economic Cycle?", *Economic Research Guide*, (12): 41 – 53.

[188] Qingyong, Zhang, and Huanhuan, Zheng, 2012, "Has China's Housing Investment Led the Economic Growth?", *Economic Research Guide*, (2): 67 – 79.

[189] Sachs, Jeffrey D., 1982, "Aspects of the Current Account Behavior of OECD Economies", *NBER Working Paper*, No. 859.

[190] Shen P. Q. and Dong Q. A., 2002, "Structural Analysis of Hong Kong's Housing Sector in the Aftermath of the Asian Financial Turmoil", *International Journal of Construction Marketing*, 2: 1.

[191] Shiller, R. J. and Beltratti, A., 1992, "Stock Prices and Bond Yields: Can Their Comovements be Explained in terms of Present Value Models?", *Journal of Monetary Economics*, 30 (1): 25 – 46.

[192] Sinai T. and Waldfog J., 2002, "Do Low – Income Housing Subsidies Increase Housing Consumption?", NBER Working Paper, No. 8709.

[193] Sinai, T. and Souleles, N. S., 2005, "Owner – occupied Housing as a Hedge against Rent Risk", *Quarterly Journal of Economics*, 120 (2): 763 – 789.

[194] Smets, F., 1997, "Financial Asset Prices and Monetary Policy: Theory and Evidence", CEPR Discussion Papers, 1751.

[195] Tagkalakis, Athanasios., 2011, "Fiscal Policy and Financial Market Movements", *Journal of Banking & Finance*, 35 (1): 231 – 251.

[196] Taylor, John B., 1993, "Discretion versus Policy Rules in Practice", *Carnegie – Rochester Conference Series on Public Policy*, 39: 195 – 214.

[197] Tian, Li, and Ma, Wenjun, 2009, "Government Intervention in City Development of China: A Tool of Land Supply", *Land Use Policy*, 26 (3): 599 – 609.

[198] Tsai I. C., Chen M. C., 2006, "Price Dynamics in Public and Private Housing Markets in Singapore", *Journal of Housing Economics*, 15: 305 – 320.

[199] Turner B. and Malpezzi S. , 2003, "A Review of Empirical Evidence on the Costs and Benefits of Rent Control", *Swedish Economic Policy Review*, (10): 11 -56.

[200] Vuolteenaho, T. , 2002, "What Drives Firm - level Stock Returns", *Journal of Finance*, 57 (1): 233 -264.

[201] Wadhwani, Sushil. , 2008, "Should Monetary Policy Respond To Asset Price Bubbles? Revisiting the Debate", *National Institute Economic Review*, 206 (1): 25 -34.

[202] Wang, Shing - Yi, 2011, "State Misallocation and Housing Prices: Theory and Evidence from China", *American Economic Review*, 101 (5).

[203] Woodford, M. , 1995, "Price - Level Determinacy without Control of a Monetary Aggregate", *Carneige - Rochester Conference Series on Public Policy*, 43: 1 -46.

[204] Wu, Jing, Gyourko, Joseph and Deng Yongheng, 2012, "Evaluating Conditions in Major Chinese Housing Markets", *Regional Science and Urban Economics*, 42 (3): 531 -543.

[205] Xiaojing, Zhang, and Tao, Sun, 2006, "Chinese Real Estate Cycle and Financial Stability", *Economic Research Guide*, (1): 23 -33.

[206] Yaming, Ma, and Cui, Liu, 2014, "The Real Estate Price Fluctuations and Choice of Monetary Policy Tools", *Studies of International Finance*, (8): 24 -34.

[207] Yongmin, Luo, and Wenzhong, Wu, 2012, "The Macroeconomic Effects of Real Estate Tax and Housing Price Changes", *Journal of Financial Research*, (5): 1 -14.

[208] Yu, Huayi, 2011, "Size and Characteristic of Housing Bubbles in China's Major Cities: 1999 -2010", *China & World Economy*, 19 (6): 56 -75.

[209] Yunfang, Liang, and Tiemei, Gao, and Shuping, He, 2006, "The Empirical Analysis of the Coordinated Development of Real Estate Market and National Economic Growth", *Social Sciences in China*, (3): 74 -84.

[210] Yunqing, Wang, 2013, "The Analysis of China's Real Estate Price Fluctuations", *Journal of Financial Research*, (3): 101 -113.

[211] Zhang, W., 2009, "China's Monetary Policy: Quantity versus Price Rules", *Journal of Macroeconomics*, 31: 473 – 484.

[212] Zhu, H., 2006, "The Structure of Housing Finance Markets and House Prices in Asia", *BIS Quarterly Review*, 12: 55 – 69.

图书在版编目（CIP）数据

中国房地产市场价格决定机制与房地产金融/刚健华著.
—北京：经济科学出版社，2019.4
ISBN 978-7-5218-0453-9

Ⅰ.①中… Ⅱ.①刚… Ⅲ.①房地产市场-研究-中国
②房地产金融-研究-中国 Ⅳ.①F299.233

中国版本图书馆 CIP 数据核字（2019）第 067064 号

责任编辑：初少磊
责任校对：王肖楠
责任印制：李 鹏

中国房地产市场价格决定机制与房地产金融
刚健华 著
经济科学出版社出版、发行 新华书店经销
社址：北京市海淀区阜成路甲 28 号 邮编：100142
总编部电话：010-88191217 发行部电话：010-88191540
网址：www.esp.com.cn
电子邮件：esp@esp.com.cn
天猫网店：经济科学出版社旗舰店
网址：http://jjkxcbs.tmall.com
北京季蜂印刷有限公司印装
710×1000 16 开 16 印张 250000 字
2019 年 5 月第 1 版 2019 年 5 月第 1 次印刷
ISBN 978-7-5218-0453-9 定价：48.00 元
（图书出现印装问题，本社负责调换。电话：010-88191510）